Education Begins With a Beautiful Soul

教育从美丽心灵开始

著　者：李　丽
编　委：（排名不分先后）
黄莉莉　刘　鹏　陈万迎　葛　璐
梁　静　赵修德　马秀杰　常明凤

中国石油大学出版社
CHINA UNIVERSITY OF PETROLEUM PRESS
山东·青岛

图书在版编目(CIP)数据

教育,从美丽心灵开始 / 李丽著 . -- 青岛:中国石油大学出版社,2023. 8

ISBN 978-7-5636-7905-8

Ⅰ. ①教… Ⅱ. ①李… Ⅲ. ①教育工作－文集 Ⅳ. ①G4-53

中国国家版本馆 CIP 数据核字(2023)第 138591 号

书　　名:教育,从美丽心灵开始
　　　　　JIAOYU, CONG MEILI XINLING KAISHI
著　　者:李　丽

责任编辑:魏　瑾(电话　0532-86983564)
责任校对:刘　洋(电话　0532-86983583)
封面设计:青岛友一广告传媒有限公司(电话　0532-86767739)

出 版 者:中国石油大学出版社
　　　　　(地址:山东省青岛市黄岛区长江西路 66 号　邮编:266580)
网　　址:http://cbs.upc.edu.cn
电子邮箱:jichujiaoyu0532@163.com
排 版 者:青岛友一广告传媒有限公司
印 刷 者:青岛国彩印刷股份有限公司
发 行 者:中国石油大学出版社(电话　0532-86983437)
开　　本:889 mm × 1 194 mm　1/32
印　　张:9. 375
字　　数:212 千字
版 印 次:2023 年 8 月第 1 版　2023 年 8 月第 1 次印刷
书　　号:ISBN 978-7-5636-7905-8
定　　价:46. 00 元

前言

近几年，全国各地的名师办公室、名校长办公室、名班主任工作室如雨后春笋般发展起来。工作室作为教师发展的载体有着非常重要的作用。

2019年12月，山东省教育厅公布了首批齐鲁名师、名校长领航工作室名单，经过申报、推荐、审批，50个齐鲁名师领航工作室和50个齐鲁名校长领航工作室获批。齐鲁名师李丽领航工作室是山东省第一批齐鲁名师领航工作室之一。我作为工作室主持人于2020年1月12日在济南参加了“2020年山东省首批齐鲁名师名校长领航工作室主持人培训班”。经过几天的学习，我明确了工作室的职责和任务，确定了工作室的发展方向和思路，也在成功案例中学到了工作室的管理方法。

在培训结束后，各市的教体局开始筹备工作室成立事宜。2020年3月底，聊城市教体局田凤奎副局长亲自主持启动了工作室成员的申报和筛选工作。根据省里的要求，八名骨干教师被选为工作室成员，他们是：聊城高新技术产业开发区实验中学黄莉莉、东阿县第三中学赵修德、聊城市第一实验学校葛璐、聊城市第六中学梁静、聊城高新技术产业开发区顾官屯镇中学马秀杰、济南市历下区德润初级中学陈万迎、聊城高级财经职业学校刘鹏、聊城市茌平区乐平铺镇中学常鸣凤。

2020年6月，工作室各项工作正式启动。在山东省教育厅名师、名校长工作室管理办法指导下，工作室制定了《工作室学员任务》《工作室章程》《工作室三年发展规划》等相关制度。

经过若干次研究、探索，工作室确定了追求“美心思政”的教育主张，共同规划了我们的愿景：“本工作室遵循携手共进、众行致远的发展理念，逐步成为名师成长的摇篮、课程建设的基地、教育研究的灯塔，助力学校发展，放飞教育梦想，成为区域教育腾飞的羽翼。”同时，探索归纳出工作室成员的“读写教研讲训”六步成长路径，设计了工作室的徽标，申请了工作室的公众号，建设了工作室的组织架构。

工作室聘请山东省教育科学研究院初中道德与法治教研员张彩霞和临沂市实验中学道德与法治正高级教师王有鹏为工作室导师。2020年10月，我调到青岛市城阳区实验中学之后，又聘请青岛市教育科学院初中道德与法治教研员徐开颜为工作室导师。三位导师在工作室的各项活动中都给予了非常有力的支持，指导和帮助工作室成员成长。在此，衷心感谢三位导师！

三年来，我带领工作室成员扎根课堂做研究，立足教学一线开展了一系列活动，包括专业培训、读书交流、课题研究、送教送培、参观听课、全省直播课等，通过线上线下相结合的方式,搭建业务成长、沟通交流、成果展示的平台。大家不仅收获了专业的提升、业务的精进、理念的更新,而且在一次次心灵的叩问中获得了灵魂的净化,对教育的认识更加深刻而丰满,自我发展的内驱力和为教育奉献的责任心被点燃。每一位工作室成员都是一颗火种,在他们各自的学校点燃了一个个火堆,影响了周围的很多人。他们的行为证实了自己的诺言:“助力学校发展,放飞教育梦想,成为区域教育腾飞的羽翼”。

《教育,从美丽心灵开始》收录的是我和工作室成员三年来读书研究成果和所思所悟的部分内容,虽然有些语言缺少优美的意境,有些感悟缺少理论的高度,但是,这些文字见证了大家专业成长的历程和思想蜕变的路径,是非常难得的。相信大家在专业成长的道路上将一路向前!我们的工作室也会在教育主管部门的领导下,在各位专家和教育同仁的帮助指导下发展得越来越好!

李　丽

2023 年 6 月

目 录

·第一篇　教育教学随笔·

· 第二篇 读书感悟 ·

· 第三篇　课例研究 ·

·第一篇·

教育教学随笔

点亮心中那盏灯

有一位大学教授曾回顾自己小时候的生活经历：小时候家里没有电灯，每天晚上都要点煤油灯照明，灯光非常昏暗。随着初中学习科目和作业的增多，在昏暗的煤油灯下写作业的时间越来越长，没多久眼睛就近视了。更让人难以忍受的是，每天晚上两个鼻孔都被熏得黑黑的。于是，天天挖鼻孔成了既尴尬又不得不做的事情。那个时候，他最大的愿望就是能够用上电灯，一想到在明亮的灯光下看书，就感到幸福至极。所以，他当时就立志要努力学习，长大后给家里安上电灯，再也不用煤油灯照明了。

正是心中的这盏灯激励他克服困难，不断前进。这盏灯成为指引他前进的灯塔。每当他学习累了想放弃时，心中的这盏灯就在远处闪烁，召唤他前进；每当他受到外界光怪陆离的事物诱惑时，心中的这盏灯就会更加明亮。这盏灯时刻在远方召唤着他，指引他考上大学，最终取得博士学位，成为一名大学教授。看起来非常简单幼稚的思想，却是最坚定执着的理想，那就是要改变现状，不让自己一生生活在昏暗的煤油灯下，想要一个明亮的学习环境，想要一个更好的生活环境，想要一个和父辈不一样的人生。

而今天的孩子，生来就有优渥的生活条件，物质方面什么都不缺，但是思想上却缺少了前进的动力。有的学生不知道自己为什么学习，没有理想追求，没有向往的未来，感觉现在的状况就挺好的，没有改变的必要。在这样的思想状态下，学生怎么会有努力学习的动力？他们不明白学习有什么用，出现种种懒惰的行为就不足为奇了，例如做作业拖延、上课无所事事、思想游离于课堂之外等。有的学生小病大养，有一点儿嗓子疼也要请好几天假。更有甚者，每到周一就不舒服，赖在被窝里不起来，家长没办法就只好给老师打电话请假，久而久之，形成恶性循环，厌学情绪根深蒂固。究其原因，这些学生没有内在的人生追求。学生就像一辆汽车，如果只依靠老师和家长前面拉、后面推，又能跑多远、跑多快呢？只有启动发动机，加满油，这辆车才有可能持续快速地前进。也就是说，教育要解决的就是如何启动学生前进的发动机，唤醒学生内在的人生追求，点亮学生心中那盏指引未来的明灯。

一、点亮孩子心中职业理想的明灯

恩格斯说："劳动创造了人本身。"人与动物的本质区别在于人能够主动地、有目的地、有计划地改造自然，而不是简单地适应自然。劳动不仅是人类维持生存的一种社会行为，还是一种需求。现代社会中劳动的价值、劳动的报酬都是靠职业实现的。

记得小时候写过一篇作文《我的理想》，很多同学都写了自己的职业理想，长大之后要当教师、警察、解放军、科学家、医生……那个时候，这些职业就是我们的理想，我们一遍遍幻想，实现这样的职业理想是件多么令人骄傲的事情。当然，随着科技的进步、社会的发展，新的职业不断出现，职业的种

类变得越来越多。每一个孩子长大之后都要有一个赖以生存、养家糊口的职业。选择什么样的职业就是孩子们长大之后面临的最实际的问题。经常听到家长这样教育孩子：好好学习，考个好大学，以后找个好工作。虽然这样的话听起来有些功利，但也是非常实际的。

从小树立职业理想，可以让孩子为了成为心中的那个人而不断努力，让职业理想成为激励孩子前进的明灯。为此，我指导学生围绕职业开展了一系列探究和实践活动，例如“职业认知”“职业体验”“职业规划”等，从对职业的初步认识，到深入了解，再到亲身体验，对学生进行引导。经过这样一番探究和实践，学生就会认识到，即使一个看似简单的职业，其要求也是非常严格甚至苛刻的，在自己进行职业规划时就会非常慎重。一旦有了来自亲身经历的规划，就会激发学生努力实现职业理想的动力，点燃前进的引擎，期待持续快速前进。

二、点亮孩子心中生活理想的明灯

东京奥运会火爆全网的跳水小将全红婵在接受记者采访时，表达了自己要挣很多钱，要把妈妈的病治好，要让家里人过好日子的心愿，引发了广大网友的理解和认同。这是全红婵最简单、最直接的生活理想。我曾经问过很多学生为什么要努力学习。有的学生说：“为了让爸爸妈妈过上好日子。”这是多么质朴又真实的愿望啊！习近平总书记说：“人民对美好生活的向往，就是我们的奋斗目标。”为了实现过上好日子这一生活理想，很多人付出了辛勤的劳动。每天凌晨，环卫工人开始了城市的保洁工作，早餐店的店主开始准备早餐，菜市场的摊贩开始了一天辛苦的劳动；每天深夜，许多辛苦加班的劳动者迈着疲惫的步伐回到出租屋，为了能够多挣些钱买一个属于自己的温暖小窝……他们心中对美好生活的憧憬是一盏明亮的灯，照亮他们辛苦奋斗的路。不管前面有多少艰难险阻，不管前路多么遥远，他们都在坚持一步步前行，从未停下前进的脚步。反观有些孩子生活无忧，学习上却缺乏进取心，从不考虑父母是如何为自己创造现在的生活条件的，不知道自己该为此做些什么。

我曾让学生思考过一些问题：你的爸爸妈妈可以为你提供一个良好的生活和学习环境，你今天不努力学习，没有一技之长，没有生存的能力，你又怎么为自己的后代提供一个良好的成长环境呢？你长大之后又怎么能让你的父母有一个衣食无忧、舒适的环境安享晚年呢？

随着社会的发展，人们对未来生活的要求越来越高，社会对未来建设者素质的要求也越来越高。为了将来能够旅游观世界、手捧咖啡享受午后阳光、陪伴自己的孩子成长、让父母安享幸福晚年……为了让生活越来越好，点亮心中生活理想的明灯，向着光明的前方奔跑吧！

三、点燃孩子心中社会理想的明灯

我曾在网上看到过一篇文章——《如果孩子说“我家的钱够吃三辈子，为什么还要努力”，你该咋回答？》。周围也有学生直接向老师摊牌：“我家有十几套房子，我长大了光收房租就比上班挣得多，我为什么还要学习？为什么还要考大学呢？”面对身边个别富二代、拆二代们的这些想法，我们除了觉得可笑之外，更加担忧他们在飞速发展的时代列车上该

如何自处。教育者要让学生明白一个既浅显又深刻的问题：为什么学习？1911年，在奉天省官立东关模范两等小学校（今沈阳市东关模范学校）的课堂上，老校长问同学们："你们为什么读书呀？"有的回答为了当官，也有的回答为了发财。老校长失望地摇摇头，走到了周恩来面前。周恩来神色肃穆、铿锵有力地回答道："为中华之崛起而读书！"老校长欣喜地称赞："伟哉，周生！"当时周恩来只有13岁。那个时候，周恩来就把自己的理想和国家民族的命运结合在一起。正是因为胸怀宏大格局，心有鸿鹄之志，周恩来才能为中华民族的解放、崛起做出卓越贡献，成为世人景仰的一代伟人。

新时代的青少年生活在一个最好的时代，也是最具挑战性的时代。新时代的中国经济发展，科技进步，人民安居乐业，国家繁荣昌盛，民族凝聚力空前提高，国家综合国力持续提升。这是一个大有作为的时代，国家发展需要大量知识丰富、创新能力强、合作意识强、道德水平高、爱党爱国的新时代建设者，我们有什么理由让钱物捆住翱翔的翅膀，让自己的一生消耗在无价值的物质享受中呢？我们又有什么资格腐化堕落，让伟大而高贵的灵魂在无意义的消耗中沉沦呢？

古今中外，有多少伟人摆脱个人荣辱、金钱物质的羁绊，他们胸怀天下、心忧万民，有着"先天下之忧而忧，后天下之乐而乐"的情怀，有着"数风流人物，还看今朝"的担当，有着"大道之行，天下为公"的追求……他们心中都有一盏社会安定祥和、国家繁荣发展的明灯。

四、点燃孩子心中道德理想的明灯

为人一世，要做一个什么样的人，是值得思考的重要问题。中国自古以来君子文化盛行，人们注重追求个人的道德理想。《礼记·大学》中写道："身修而后家齐，家齐而后国治，国治而后天下平。"宋朝王安石在《洪范传》中写道："修其心治其身，而后可以为政于天下。"古人把正己修身放在实现造福家国远大抱负之前，说明了追求个人道德至高境界的重要性。

2013 年 5 月 4 日，习近平总书记在中国空间技术研究院对青年科技工作者讲了一番意味深长的话："我到农村插队后，给自己定了一个座右铭，先从修身开始。一物不知，深以为耻，便求知若渴。上山放羊，我揣着书，把羊拴到山峁上，就开始看书。锄地到田头，开始休息一会儿时，我就拿出新华字典记一个字的多种含义，一点一滴积累。我并不觉得农村 7 年时光被荒废了，很多知识的基础是那时候打下来的。现在条件这么好，大家更要把学习、把自身的本领搞好。""修身"一词始终贯穿于习近平总书记的经历中。作为新时代的青少年，更应该抓住大好时光，读书学习，重视自我提升，勇敢担当，在时代的洪流中实现自我价值。修身的核心为修德。习近平总书记说："道德之于个人、之于社会，都具有基础性意义，做人做事第一位的是崇德修身。"《礼记·大学》中说："德者本也。"德是一个人的立世之本。对于青少年来说，最大的德就是爱党、爱国、爱人民、爱社会主义，树立和培育社会主义核心价值观，树立报国之志，培育服务人民之心，培养家国情怀。有了大德，就有了道德的航标，所有的行为就有了最终的道德准则。习近平总书记说："要立志报效祖国、服务人民，这是大德，养大德者方可成大业。"修身还要"见贤思齐焉，见不贤而内自省也"。每个时代都有具有时代特

点的楷模和榜样：战争年代有战斗英雄董存瑞、黄继光、邱少云；和平时代有助人为乐的榜样雷锋，人民公仆的楷模焦裕禄、孔繁森，优秀大学生的代表徐本禹，等等。要向榜样看齐，向时代楷模学习。学习和传承他们的精神品质，努力做一个对国家和人民有用的人。正像毛泽东在《纪念白求恩》中说的那样，做"一个高尚的人，一个纯粹的人，一个有道德的人，一个脱离了低级趣味的人，一个有益于人民的人"。这应该成为每位学生内心的道德理想追求，成为指引人生之路的道德灯塔。在此灯塔的指引下，才能扣好人生第一粒扣子，走好人生每一步。

（李　丽）

考前拜孔子现象分析

临近期中考试，网上疯传学生考前在校园中拜孔子的视频。从视频中可以看出，这些孩子煞有介事地作揖，甚至跪拜，还准备了水果等祭品。

考前祭拜不是件新鲜事，每年的高考或中考前后都有学生或家长到各地寺庙烧香拜佛。烧高香、作揖、叩首、捐香火钱……考前祈求正常发挥、考出好成绩，考后祈求顺利升学。对于这一现象，不同的人有不同的看法：有的人认为这是迷信，应该制止；有的人认为可以理解，应该宽容；有的人认为这是私事，他人不应该过问。

学生为什么会在考前拜孔子？

原因一：好奇和模仿。初中阶段是学生逐步社会化的过程，孩子们逐步由家庭、学校走向社会，在这个过程中，孩子们用自己的方式去探究性地认识社会。孩子们对社会现象充满着好奇，我们可以从孩子们充满好奇和疑问的眼光中看到他们探究的渴望。同时，初中生模仿力极强，他们会将自己通过各种渠道获得的行为认知用自己的方式展示出来。模仿是孩子们探究、认识世界的方式。他们对孔子的祭拜很大程度上是因为好奇心强，感觉好玩，模仿某些成人的行为。当然，也不排除有的孩子有恶搞的企图。

原因二：考试焦虑。每位学生都希望自己能够在考试中取得好成绩，这是正常的。但是，现在很多家长过度关注教育的结果，也就是孩子的考试成绩是否突出，而忽略了教育的过程。在学校，老师因为班级成绩评比而更加看重成绩。这些都会给孩子传递考试重要、成绩重要、名次重要的信息。有的孩子会出现考试焦虑的现象，例如：心慌、出汗、肚子疼、大脑空白、手哆嗦等生理反应。于是，想通过拜孔子或者祈求神灵保佑的方式，求得心理安慰，获得积极的心理暗示，从而达到化解考试焦虑的目的。

原因三：不劳而获的侥幸心理。子曰："学而时习之，不亦说乎？"学习是一个有苦有甜的过程，也是一个持续攀登、螺旋式上升的过程。在这一过程中需要坚持不懈地努力。学习没有捷径，"勤"且"恒"才能品尝到收获的甘露。张衡说："人生在勤，不索何获？"。如果平时不努力学习，想靠"临时抱佛脚"取得优异成绩，是一种不劳而获的侥幸心理，是不可取的。

面对考前拜孔子现象，教师应该如何应对呢？

首先，引导学生端正对考试的认识。考试是一种对学习情况进行评价的方式，也是一种发现问题并及时纠偏的学习方式，还是教师反馈教学效果、调整教学策略的教学方式。教师要正确引导学生重视考试，目的是实现自我诊断，对自己的学习情况有一个全面的认识。但是不可过度，不能因为一次考试成绩的优劣就给自己贴上“优生”或“差生”的标签。

其次，帮助学生掌握情绪调控的方法。考前适度的紧张有助于集中精力，提高书写速度、反应速度和答题效率。但是过度的考试焦虑会带来心理或生理的危害。教师可以通过主题班会、经验交流会等形式，帮助学生掌握调控情绪的科学方法。比如：积极的心理暗示——起床时大喊“我行！我行！我一定行！”坐在考场里，在心里对自己说：“我已经复习得很好了，一定能考好。”注意力转移法——想一件让自己高兴的事情或看看窗外的景色等。睡眠化解法——保障充足的睡眠，化解因学习压力过大、睡眠不足引起的焦虑。合理宣泄情绪——包括运动宣泄、书写宣泄、倾诉宣泄、哭泣宣泄等多种宣泄方式。当然，调控情绪的方法还有很多种，大部分学生的考试焦虑情绪采用以上方法能得到有效调控，严重的考试焦虑需要咨询心理专家等专业人员。教师还应该让学生明白，不管采用什么方法，都要遵守道德和法律的要求，不能伤害别人，也不能伤害自己。

再次，帮助学生辨别是非，形成正确的世界观、人生观和价值观。学校是学生成长的殿堂，是圣洁的地方。孔子是我国古代伟大的思想家和教育家，儒家学派创始人，世界著名的文化名人之一。矗立在校园中的孔子雕塑是优秀传统文化的传承丰碑，是古圣先贤的精神丰碑，是中华民族文化自信的信念丰碑，是对教育不懈追求的理想丰碑，应该赢得所有师生的尊敬。

最后，帮助学生树立“学习本身就是幸福快乐的”观念。取得好成绩、考上理想的学校无疑是幸福快乐的，但是学习的过程也并非都是痛苦的，也是一个幸福快乐的过程。在学习中和同学交流互助，收获真挚的友谊；在课堂上与教师互动沟通，收获丰富的知识和经验；在阅读中与伟人名家进行灵魂对话，享受心灵的洗礼；在攻克学习难关中不断拓宽思路、磨炼意志；在社会实践中用行动体验，让自己更快融入社会……我们渴望享受学习成果的美好幸福，同时也要体验学习过程的奋斗艰辛，这样我们的人生才能更加丰厚，才能积淀应对激烈社会竞争的知识资本、能力资本，以及迎难而上的自信。

教育就是不断提醒。作为教师，要不断提醒学生，不能听之任之，应及时纠正学生思想和行为上的偏差，不放过树叶上哪怕针眼大小的虫眼儿。

不管学生是出于什么目的和原因而进行的校园祭拜都可以休矣。

（李　丽）

暗示意味着什么？

昨天下午上课前，课代表来找我说：“老师，昊洋还没有

背下来上节课的题。”我听了有点着急。上课时，我语气严厉地问昊洋：“上节课的题为什么还没有背下来？为什么还没有让课代表检查？”他低着头，没有解释原因，只是说：“我还没有背过。”考虑到不能耽误课程进度，所以我就将此事暂且放到一边。

下课后，我把昊洋叫到办公室，亲自检查他对题目的掌握情况。他在背完题目之后，神秘地对我说：“老师，我想跟你说个事。”

我微笑着看着他：“你说吧。”

他转身看到课代表在旁边，立刻说：“你先出去吧。”把课代表推出了办公室。

我有些不解，好奇地看着他。他神秘地凑到我跟前，说：“老师，我有病！”

这孩子平时活蹦乱跳的，不像有病的样子啊！看着他神神秘秘的样子，我不禁笑了，问：“你有什么病啊？”

他一脸严肃地说：“老师，我有鼻炎，记忆力不好。所以我背不下来题。”

我又笑了，问：“谁告诉你有鼻炎的人记忆力不好的？”

他说：“我妈妈。”

我笑着说：“你妈妈说得不对。鼻炎是一种很普遍的病，大部分是很轻微的，没有什么影响。即使有的鼻炎比较严重，经过治疗也不会有什么影响的。我也有鼻炎。我女儿也有鼻炎，现在在上大学。我的很多学生都有鼻炎，都考上大学了，有的考上山大，还有的考上了清华大学。你背不下来题是鼻炎的事吗？不要把责任推给鼻子。从背诵的方法上找原因，勤奋是学习好的必备条件。”

他下意识地点点头。

这个孩子为什么会有这样的表现和想法？很明显是妈妈给了他消极的心理暗示。我们暂且不追究他的妈妈说这些话的原因，从这些话带来的后果可以看到，这种消极的心理暗示影响着孩子的自我认知和学习效率。“既然得了鼻炎会影响记忆力，我有鼻炎，我的记忆力下降很正常，我背不下来题就是很正常的事了。”这种想法误导着孩子为自己背不下来题寻找外界客观原因，而不是多复习几遍，或者探寻更好的记忆方法，也就是说，孩子失去了积极改进的动力。

所谓心理暗示，是指人受外界或他人的愿望、观念、情绪、判断、态度等影响的心理特点。心理暗示是一种常见的心理学现象。心理学家巴甫洛夫认为：暗示是人类最简单、最典型的条件反射。

心理暗示的形成首先需要有一种被主观意愿认定的假设，这种假设无所谓对错，也不一定有客观依据，但是已经被主观认定是真实存在的，于是在心理上就会不断提醒自己向着这个假设的方向发展。著名的罗森塔尔效应就是一个典型的例子。在生活中，这样的事例也是很普遍的。例如，我们经常看到铺天盖地的广告，这些广告反复播放，重复出现在我们眼前，对我们的购物选择产生了一定的影响。又如，“双 11”“双 12”等凭空造出来的购物节已经在人们心中深深扎根，甚至有人说，如果不买点什么就觉得有点亏。这些就是广告的暗示和导向作用。

处于成长阶段的孩子对于教育者的暗示非常敏感，一句话、一个动作、一个眼神等都能给孩子带来意想不到的影响。作为教育者，我们应该如何恰当地运用心理暗示呢？

首先，运用心理暗示树立孩子的自信心。

自信心是成功的必备条件。树立孩子的自信心是一个长期的、艰难的任务，但是摧毁孩子的自信心却是立竿见影的。所以，作为教育者，我们要恰当运用心理暗示，帮助孩子树立自信心，小心呵护孩子的自信心。我的班里曾有一个厌学的孩子，上课睡觉、不写作业是经常的事情，批评和惩罚对于他来说是家常便饭，他对此已经有了免疫力。有一次，我发现他正在抄写语文课文，我装作非常自然的样子走到他身旁，看了一眼他写的内容。这时他抬起头看我，我冲他笑了笑，说："字写得不错！"他听了之后马上坐正了身子，说："我从小字就写得好。"话语中带着些许骄傲。之后，我在不同的场合下夸奖他的卷面整洁，字写得干净漂亮，于是孩子的自信心慢慢树立，他开始主动问问题，主动记笔记，后来在中考中取得了不错的成绩。作为教育者，可以运用微笑的表情、鼓励的语言、肯定的手势或者善意的眼神，给孩子以认可和鼓舞，帮助孩子形成积极的自我认知，从而树立成才的自信心。

其次，运用心理暗示激发孩子自我发展的积极性。

所有的教育最后都要走向自我教育。受教育者要实现自我发展才能最终成就自我。但是，有些教师或家长却经常有意或无意地摧毁孩子自我发展的积极性。例如，有一个孩子说："我的理想是考上复旦大学。"爸爸鄙夷地说："看你那个熊样儿！你要是能考上复旦大学，我就头朝下走。"一瓢冷水浇灭了孩子雄心勃勃、热血沸腾的热情。如果换一种方式，比如对孩子说："我相信你通过努力一定会实现自己的理想的。"然后对孩子竖起大拇指，给孩子鼓励和肯定的微笑，将大大地激发孩子前进的积极性。

再次，运用心理暗示帮助孩子养成良好的行为习惯。

良好行为习惯的养成和巩固是一个长期的过程，在这个过程中，需要教师和家长不断提醒、纠偏，给孩子以积极的心理暗示。比如，孩子刚到一个新班级，家长不要忙着给班主任介绍："我家孩子爱做小动作，老师上课时一定要多关注他，把他的座位放在前面。"而应该说："我家孩子自律性很强，特别遵守纪律。"然后给孩子一个鼓励的拥抱。在这样多次强化下，孩子就会形成"我自律性强，我遵守纪律"的观念。慢慢地就会养成良好的行为习惯。再比如，对于写作业慢、爱摆弄东西的学生，家长不能反复强调："你怎么这么慢啊！你又摆弄东西，怎么就是管不住自己啊？"这样的指责和抱怨对孩子形成良好的行为习惯是无益的，只能更加强化坏习惯。而应该在做作业前帮助孩子做好计划，在规定的时间内完成适当的任务。教育者积极的心理暗示是对孩子成长的极大支持，孩子从教育者的眼神、语言和态度中读懂了自己行为的方向，良好行为习惯就是在这种鼓励、强化和帮助下慢慢树立起来的。

最后，运用心理暗示挖掘孩子自我发展的潜能。

经常给孩子积极的心理暗示能够促使孩子保持一种积极向上的态度，自我发展的潜能就会被激发出来。当然心理暗示并非一定要用语言鼓励，在孩子失落、紧张、不自信时，给孩子一个信任的微笑和点头、向孩子竖起大拇指、拍一拍孩子的肩头或者给孩子一个温馨的拥抱……这些都是信任和支持的暗示。平时很难背的课文和题目，在老师的暗示下，学生很快就能背熟。参加演讲比赛是件很容易紧张的事，赛前适当放松，给孩子一个轻松而坚定的眼神，孩子就会读懂背后的支持，有助于孩子消除紧张心理，挖掘潜能，实现自我超越。

作为教育者，要给孩子积极的心理暗示，对孩子进行正向引导，帮助孩子实现自我成长和自我教育，最终成为最优秀的自己。

（李　丽）

给孩子足够的教育爱

在办公室里几乎每天都有老师抱怨：班里总有几位学生经常不写作业、不交作业，老师催得紧了，就赶紧补一点，老师不催，干脆就不写。真让人头疼！有的老师甚至说："我们的精力和时间都用在他们身上了，而这些学生考高中又没有希望，简直是浪费时间！"听得多了，似乎也觉得有些道理了。以功利思想来考虑，为了这些考学无望的学生付出时间和精力似乎得不偿失，但我们是否就可以放弃这些学生呢？他们为什么会成为软硬不吃的"硬骨头"呢？我们又有什么好的方法改变这些学生呢？

今天的孩子从出生到长大并不缺少爱，父母嘘寒问暖的疼爱，祖父母、外祖父母有求必应的溺爱，亲朋好友以孩子为中心的关爱。但教师的爱却与这些爱有明显的不同，多了些智慧和理性。作为教师，我们除了关心孩子的生活和健康，更多的是在教孩子如何做人和如何学会学习，细致观察孩子的言行举止、思维习惯、行为习惯，巧妙地进行点拨，理性地进行分析和引导。教师用自己的教育智慧和理性引领学生走向社会，走向健康，走向广阔的人生。教育家马卡连柯说："爱是教育的基础，没有爱就没有教育。"这里的爱就是教育爱。教育爱具有以下特点：

一、教育爱具有引导性

教育爱是以爱为起点、以受教育者的成长为目标的。教育爱与父母的亲情之爱和单纯的生活关爱不同，是具有引导性的。

记得有一年新年刚过，我就接了全校出名的难管理的班，班里有一名身材瘦弱矮小的小女孩，父母离异后她跟父亲和继母生活在一起，不断受欺负和特殊的家庭背景使她变得孤僻，性格极其反叛，总是以不信任的眼光审视周围的人和事，没有人知道她在想什么，她也不和别人接触，甚至说话都很少，总想报复别人。开学第一天她就旷课了，之后的每一天都在给老师制造麻烦。在多次谈话无效后，我决定家访。当我踏进那间没有院墙的黑洞洞的小房子时，我深深感到孩子成长的不易，之前准备好的一肚子言之凿凿、追之有据的告状之词已经灰飞烟灭。我当着她继母和年迈奶奶的面大大表扬了这个孩子开学后的变化，神情慌张的继母放松了下来。这时，孩子回来了。我微笑着搂着她的肩膀，告诉她，老师很喜欢她。我看到她的眼睛在放光。此后，我经常找机会和她说话，站在教室门口等她，放学后和她一起回家。在路上，我们谈学习、谈生活、谈今后的打算……我发现，孩子发生了神奇的变化，她会对别人笑了，学会帮助别人了，虽然她

不是成绩优秀的学生，但却有了一颗洒满阳光的心，孩子感觉到了生活的幸福，我也感觉到作为教师的职业幸福。这颗幸福的火种需要用足够的教育爱去点燃。

也许我们的谈心、鼓励、批评甚至呵斥并不能立竿见影，也许孩子们并不能因我们的教育爱而顺利地考上高中、考上大学，但孩子们终将长大，走向社会，拥有健全的人格、健康阳光的性格和积极进取的心态是比上大学更重要的收获。

二、教育爱具有广泛性

教育爱的广泛性不仅指受教育主体的广泛，还指教育爱内容的广泛。家庭是充满爱的环境，包括夫妻之爱、父母子女之爱、长辈晚辈之爱等，而这些爱是专属于家庭这个小圈子中的某个人或者某几个人的。所以，虽然父母对子女的爱也包含着教育的期待，也有教育的成分，但是毕竟家庭环境的特殊性决定了这样的教育爱是融合在亲情之爱中的。教育者对被教育者的教育爱就不同了，主体极其广泛，包括自己教的学生，也包括学校内其他自己不教的学生，甚至包括随时可能遇到的任何一位学生。对教师而言，对每位学生的教育爱是没有边界的，为了促进学生健康成长，教师要全方位关注学生，不管是在校内还是在校外，即使在假期中也不放弃对学生的关注和关爱。

教育者在课堂的学科教学中充满爱和期待，用心备课，讲究授课艺术，锤炼教学语言，所有这些努力都是为了使孩子们获得更多的知识，受到更优质的教育。

三、教育爱具有理智性

教育爱的理智性是指教育者在教育过程中的思想和行为要以孩子的发展为出发点，清醒分析，冷静做出决定，思维不能被情绪控制，不能受感情左右。一位年轻气盛的老师在检查班级学生作业时发现有很多学生没有做完，做完了的卷面也不整洁，他很气愤，在班内大声批评全班学生，越说越气，终于控制不住愤怒的情绪，把全班的作业撕得粉碎，撒了一地，摔门而去，留下孩子们面面相觑，正襟危坐，没有一个敢说话。这位老师肯定是爱这些孩子们的，但是和许多家长一样，这位老师也犯了一个错误，认为爱的表达方式就是严格要求孩子们，在他们犯错时严厉呵斥、发脾气，甚至打骂。虽然这些方式都是以爱为理由实施的，但是孩子们除了害怕、失望又得到了什么呢？

一个调皮的男生出于恶作剧，揪了一个女生胸前的校牌，女生来向老师告状。老师批评这个男生："你为什么要拽女生的校牌？"男生辩解道："我没有拽，我只是动了一下。"老师顿时火冒三丈，情绪激动起来，对男生大声呵斥。其实，冷静分析一下，很明显这个男生是在胡搅蛮缠，他把关注的重点放在了是"拽"还是"动"上。其实事情的关键是女生戴在胸前的校牌是不能"拽"也不能"动"的，这是男女生交往的界限问题，是男生对女生尊重的表现。回到班里，这个男生还是不服气，指着这个女生说："你等着！"这一幕恰巧被老师看到。老师把他叫到级部办公室。当着级部主任的面，师生二人吵了起来。老师说："你对人家女生说'你等着'，这是在威胁人家。"男生不服气地说："我就说了，怎么样吧？"师生的情绪都被点燃，再谈下去必然失控。这时铃声响了，

级部主任顺势支走了老师，留下了这个男生，一步步帮他分析他行为的错误点在哪里，有可能产生什么后果，然后教给他如何处理这件事。他临走时对级部主任说："老师再见。"很明显，两位老师处理违纪学生的方式不同。

人们经常说："冲动是魔鬼。"人在被情绪支配的时候，往往会做出不利于事情解决的决定。特别是十三四岁的孩子，正处于身体发育的旺盛时期，但是心理不成熟，如果一味地批评压制，不进行理性疏导，他们很有可能做出一些不计后果的极端事情。教育从来就不是靠声音高、火气旺、气势盛走进学生心里的。陶行知先生任育才学校校长时，只用四颗糖就解决了学生打架事件，没有吼叫、呵斥、讽刺、批评和挖苦。最后，打架的学生声泪俱下地说："我错了！"教育爱的表达要理智。

四、教育爱具有公平性

教师往往都喜欢那些衣着整洁、乖巧可爱、学习成绩优秀、能够很快领悟教师意图的学生，而对于那些邋里邋遢、调皮捣蛋、成绩差、不断制造麻烦的学生多多少少有些反感。教育爱的公平性意味着给予所有受教育者真正需要的爱。当然，这并不意味着给所有人平均分配数量相同的爱。有些孩子渴望老师不断关注，老师对他们的一个微笑，或者一个关爱的动作，都能让他们高兴一天。而有些孩子却不太喜欢老师经常性的关注，关注会让他们感到不舒服。所以要根据学生的不同特点给予适合的爱。教育爱的公平性表现在爱不能因为相貌、成绩等附加条件而有所不同。

期末考试前夕，好多学生都在课堂上提出很多问题，有的问解题方法，有的问疑难知识点，这时一个平时经常不听课的学生也举起手来，老师问："你有什么问题？"学生说："老师，能不能给我说一下重点知识是什么？"老师不屑地说："我上课时都讲过了，你平时不好好听课，现在着急了吧？没办法，我也不可能再给你讲一遍，你自己看着复习吧。"对于这个孩子来说，有想取得好成绩的想法，想抓住最后的机会好好弥补一下以前的失误，但是老师却给了他一个闭门羹。他没有从老师那里得到赏识、支持或者指导。而另一位老师在复习课上发现有些学生因为平时没有认真听讲，所以笔记记得不全，于是很着急，就对学生们说："大家想想办法，这么短时间内怎样才能帮助这几个同学把笔记补全呢？"大家七嘴八舌地想办法。有的说："老师，我的笔记可以借给他。"也有的说："可以让小组成员轮流给他讲解一下笔记的内容。"经过协商，最终确定由小组负责帮助和督促笔记不完整的同学完善好笔记内容。大家在相互学习和督促中培养了感情，提升了合作能力。那几个平时没有认真听讲的学生也感受到了老师和同学的关爱。

五、教育爱具有严格性

苏联教育家赞科夫说："不能把教师对儿童的爱，仅仅设想为用慈祥的、关注的态度对待他们，这种态度当然是需要的，但是对学生的爱，首先应当表现在教师毫无保留地贡献出自己的精力、才能和知识，以便在对学生的教学和教育上，在他们的精神成长上取得最好的成果。因此，教师对儿童的爱应当同合理的严格要求相结合。"作为教师，严格要求学生养成良好的学习习惯和行为习惯是本分，也是对学生教育爱

的表现。除了部分自律性较强的学生之外，大多数学生都会在好习惯的养成过程中出现反复试错的情况，如果离开了严格的纠错和教导，“爱”就会成为无标准、无底线的放纵。

有位教师为了培养学生写作业专注、作业整洁规范的习惯，曾经非常严格地要求学生的作业不能有修改的痕迹。对于部分写作业习惯不好的学生来说，这个要求是非常严格的，甚至可以说是苛刻的。有个学生为了写好一次作业竟然撕了 22 张作业纸，终于在第 23 张作业纸上完成了作业。在一次次撕掉不合格作业的过程中，写作业的严格标准已经在学生的心里刻下了深深的印记。正是这种严格性，让学生从心底里对教师、教育产生敬畏，而这种敬畏之心也将会在学生离开学校后伴随其今后的生活。

总之，教育爱要具有教育性，教师不仅要从学习上、生活上关爱学生，更要从思想上、行为上严格要求学生，而且要讲究策略和方法，要做到严而有理、严而有度、严而有方、严而有恒，这才是真正的教育爱。

对孩子们的未来发展负责，给孩子们足够的教育爱！

（李　丽）

“漫长”导入的思考

课堂是动态的，是不会完全按照教师预设的步骤发展的。当课堂上出现偶发事件时该如何处理？这既是对教师课堂驾驭能力的考验，也是教师教育教学理念的展现。特别是在一些重要的赛课或公开课上，教师想要展示自己完美的教学流程，但如果这时出现了一些与教学设计不同步的学生，作为教师的我们该如何对待呢？

多年前，我参加学校的优质课评选，在赛课前是要做充分的准备的。我提前发下学案，并要求学生做好预习和资料的搜集。我自己精心备课，自以为凡事都考虑得很细致，但课堂上却出现了我意料不到的事情，让我措手不及。

我讲课的题目是“高擎民族精神的火炬”。导入时，我画了一个北京奥运会的会徽，即“中国印·舞动的北京”，并提出问题：谁能说一说这个图案所蕴藏的内涵是什么？这时，有两位学生主动站了起来。其中王同学虽然学习好，但语言表达能力并不强，从未主动回答过问题，即使提问到他，也经常词不达意。这次他主动站起来回答问题确实让我大吃一惊，并且他抢在另一位学生的前面读起了课前精心搜集的资料。资料非常翔实而有条理，从画面含义到背后的文化底蕴，说得淋漓尽致，看来他课前确实下了很大功夫。但这时，我的大脑在飞快地运转：该不该让他继续读下去？读下去，会不会使评委认为这是事先安排好的？即使他们不这样想，全部资料读完也需要四五分钟的宝贵时间。我分明看到听课的几十名老师有些着急了，学生也感觉到不对劲，都回头看王同学。但如果不让他读下去，这个沉默的孩子第一次主动展示自己就被压制，自信心将会受到打击。我看了看表，已经四分钟了，他还没有读完。我实在无法再沉默了，因为我设计的导入环节最多不超过两分钟，于是打断他问道：“后面的内容还多吗？”“不多了。”说完又接着把剩下的内容读完了。我笑了，学生和听课的老师们都笑了。我说：“王同学课

前搜集了充分的材料，学习很主动，并且善于抓住课堂机会展示自己。”得到老师的赞扬，他非常满足地坐下了。我再次看了看表，导入用了五分多钟。

课后，对于这节课的导入有两种不同的观点：有的老师认为这节课让学生充分树立了自信，也体现了教学要以学生的发展为依据来调控课堂节奏；有的老师认为导入用时过长，占用了后面教学活动的时间。有人给我建议，在他站起来开始读材料时，我就应该打断他，说：“你课前搜集了充分的材料，下课后可以把它做成墙报，让大家都来阅读。现在让我们听一听其他同学的认识好吗？”我陷入了深深的思考中，如何处理好课堂教学环节的完整性和学生生成性之间的关系？

后来，我不再纠结了。因为这之后的几天，王同学每次见到我都在微笑，不是以前那种怯怯的笑，而是昂起头来自信的笑。可能孩子感觉自己的主动展示给老师争了光，因此而自豪。

课堂是变化的，具有生成性，课前预设的环节或活动有时不得不随着课堂的变化而临时调整。但这种调整有一个原则，就是不仅要有利于学生知识的建构，还要有利于学生长远的发展，培养学生良好的性格和健全的人格。如果我打断王同学的展示，我就有了一个完整、从容、无可挑剔的课堂，但也许这位学生以后就再也不会主动回答问题了。处理课堂偶然事件的原则应该是以学生为主，而不是以课堂为主。

我们都当过学生，多年之后，我们在课堂上学到的知识大多已经遗忘殆尽了，但是那些触动我们心灵的事情会成为永久的回忆。正是这些事情让我们有了感悟，真正成长。当学科教学走向学科教育，我们的课堂就成为育人的场域，而不是教师表演的走秀场。华东师范大学的叶澜教授认为一节好课应该是真实的，是有待于完善的，是可以重建的，是有缺憾的。我感觉这节课最大的成功之处，就在于这五分钟的导入，因为它树立了孩子的自信心，我很欣慰。

（李　丽）

家庭教育的三大理念：崇真、向善、尚美

——对电视剧《流金岁月》里家庭教育的思考

中国有句老话“富不过三代”，国外也有一句意思相同的话“培养一个贵族需要一百年的时间”。其实，贫穷和富裕之间最大的区别并不是金钱，而是修养和格局。在培养孩子修养和格局的过程中，我觉得离不开家庭教育的三大理念——崇真、向善、尚美。

在电视剧《流金岁月》中，蒋南孙是天生“拿了一副好牌”的大家闺秀。她从小就被爸爸当成公主一样养，享受着最好的生活，接受着最好的教育。蒋爸爸毫不吝啬地富养她，给她请最好的老师，买最贵的小提琴。蒋爸爸想要她跻身上流社会，结识优秀的男性，光耀门楣，延续家族的富贵。然而，蒋爸爸没有正经的工作，最后坐吃山空，股票被套，把祖传的

房产和妻子的首饰全部抵押后跳楼自杀。如果自己的精神不够富有，内心不够强大，给孩子的繁华也不过是过眼云烟。中国改革开放初期有很多这样的家庭，家长因为自己吃的苦比较多，所以就不愿让孩子吃苦，要给孩子最好的教育，什么事情都要给孩子最好的，而不问孩子需要什么，这就是后来有些孩子特别叛逆，有些孩子养成了衣来伸手、饭来张口习惯的家庭原因。

反观朱锁锁，为什么她的人生轨迹一直是往上走的？有一个很重要的原因，她的逆商很高。逆商(adversity quotient，简称 AQ)，全称为逆境商数，一般被译为挫折商或逆境商。它是指人们面对逆境时的反应方式，即应对挫折、摆脱困境和克服困难的能力。朱锁锁是一个生下来没见过妈妈、从小寄人篱下的女孩子，从小就懂得察言观色。当舅妈对她恶语相加时，她学会了忍受；当感情被欺骗时，她大口吃饭自我调节。朱锁锁身上还有真诚、善良、美丽等元素。整个电视剧中关于崇真、向善、尚美的理念很多，我认为这是家庭教育中不可缺少的三个部分。

一、家庭教育的底色，应该是做真实的自己

朱锁锁的原生家庭并不好，她一直很勤奋，很努力。她从小便学会了做各种家务，甚至到了职场也会每天帮同事们买咖啡。朱锁锁对客户非常真诚，有一天，她遇到了带着一瓶昂贵的威士忌来看房的客户谢宏祖，朱锁锁给谢宏祖推荐房子，俩人边喝边聊，最后谢宏祖答应买一套房子，约好了第二天签购房合同。不料第二天一早，谢宏祖看中的这套房子却被朱锁锁的上司卖了。为了表示歉意，朱锁锁借钱买了

一瓶一模一样的酒给谢宏祖送了回去，这才有了朱锁锁的第一单生意，而且一卖就是几百平方米的大房子。她工作特别努力，生病了打着吊瓶依然在医院里推销自己公司销售的房子，得到了原本把钱放在股市里的退休老大爷、老大妈的支持和认可。

剧中蒋南孙的男友章安仁来自贫困地区，一心想要融入上海的生活。可是他太自私，甚至为了获得留校的机会算计竞争对手。贫穷不可怕，可怕的是为了摆脱贫穷而不择手段。这个社会上有太多戴着面具生活的人，其他人看着累，他们自己也累，与其去演别人，不如去做真实的自己。家庭教育的底色，就应该是让孩子知道自己是谁，如何做真实的自己。

二、家庭教育的亮色，应该是善待他人

朱锁锁被家里人赶出来的时候，是闺蜜蒋南孙收留了她，给她提供了基本的生活保障。作为一个从小就寄养在舅舅家不受欢迎的人，蒋南孙的家就是她温暖的港湾。后来蒋南孙一家发生变故，被债主逼得走投无路时，刚刚上班的朱锁锁拿出自己所有的积蓄，租了一间大房子，让蒋南孙一家搬过来住。她们之间的感情已经不仅仅停留在友谊的层面，因为她们已经变成情浓于水的一家人。在《引路人》一书中，有一句话曾深深打动我："那个真正的引路人，是自己的母亲。母亲一直在为我带路，陪我一起走过人生的风雨历程。"优秀的母亲和父亲就是家庭中的指路明灯，家庭教育的亮色就是善待身边生命中出现的每一个人。

蒋奶奶刚出场时并不是一个受欢迎的角色，她是一个冷漠、低调的大家长，啥事都要说了算，也因为有着重男轻女的

观念，对自己的孙女并没有表露出来有多喜欢。剧情的转折是蒋爸爸炒股输掉了家产，迫于无奈，老太太来到朱锁锁的出租屋避难，学会换位思考，善待别人，这个家才变得越来越和谐，直到后来美好生活的出现。

三、家庭教育的特色，应该是创造美好

我喜欢世间所有美好的东西。和“美”有关的词语太多了，“美食”“美景”“美文”等。“美好”这个词经常出现在课堂上，如“人民对美好生活的向往”，而对“美学”这个词研究得不多。付出劳动，精致生活，就是一种生活的“美学”。在剧中我最喜欢的角色是蒋奶奶，正是她不动声色的教育，最终成就了蒋南孙，也让家成了一个美好的地方，她的教育真经才是值得我们好好取的。蒋奶奶在儿子破产后，对生活依然非常讲究，不会因为欠债而应付生活。用蒋奶奶的话说：“过一天日子，就要是一天的样子。今天不做饭了，明天不梳头了，衣服也不熨了，那才是没有家，没有生活呢。”蒋奶奶用自己的言传身教，用自己的不将就演绎了一种精致生活，也搭建出了温暖的家。无论在什么环境下，都应该优雅地对待生活。中国的学校教育中缺少“美学”的教育，在家庭中研究“美学”的父母更少。在花瓶里插几朵花，让家庭充满芳香；去书店买几本精致的线装本，让桌台充满书香。当我们去发现美、欣赏美、传播美、创造美的时候，就会发现生活美好，人间值得。

蒋南孙终于靠着自己独立长大，朱锁锁终于认清自己、重新出发，她们的流金岁月刚刚开始。希望我们可以在电视剧中人物的身上看到我们养育孩子的真相——崇真、向善、

尚美。培根有句话："深窥自己的心，而后发觉一切的奇迹在你自己。"我也在反思自己的教育，教育的最终目的应该是让孩子拥有一个属于自己的精彩人生。

也许真正的成长，就是蒋南孙若干年后在国外的舞台上忘情地拉着小提琴，才想起原来那个逼着自己练琴的已经去世的父亲是正确的，然后瞬间觉醒、顿悟，这也许就是教育最大的魅力吧。

（刘　鹏）

静待花开

——陪伴就是最好的教育

女儿的学校建议所有走读的学生住校，女儿不想住校，所以这几天就表现得非常烦躁不安。我和孩子妈妈准备了她住校所需的东西，但她磨磨蹭蹭地，一点儿都不愿意拿。她还写了一张纸条儿给我，大致的意思是她不愿意住校。而我和她妈妈为了培养她的自立能力，坚持让她住校，她居然以不吃饭相威胁。

如果没有看《心灵奇旅》这部电影的话，我们可能还是会让她去住校的，但是看了这个电影之后，我们改变了自己的看法，也有了几点对于教育的思考。

一、静待花开——珍惜当下，陪伴成长

女儿上学比其他的孩子早了一年，年龄比较小，这已经

是第三次让她去住校了，她一直很抵触。我总觉得住校能让她在学校多休息一会儿，却忽略了孩子的感受。班主任告诉我说孩子很敏感，住校的那几天偷偷地哭，半夜经常起来，睡不好，影响第二天的上课质量。我想起自己在高中时因不愿意住校给爸爸妈妈写过的一封信，一晃二十多年过去了，自己当了父亲，日子一天天过去，住校或者不住校已经不重要了，和父母在一起的时光才是最宝贵的。影片主人公乔伊•高纳的妈妈一直不想让他学爵士乐，想让他继续做老师，有一份安稳的工作。当他要与著名爵士乐演奏家一起登台演出时，妈妈虽然不情愿，可还是给心爱的儿子准备了演出的服装，让他去追求梦想，直到乔伊•高纳实现梦想。每个孩子都是一朵花，有自己的花期，我们家长只需要耐心浇灌，给予阳光、养料，孩子自然会还给我们一片芬芳。现在孩子依赖父母，等孩子上大学、毕业、工作、组建家庭以后，不管孩子是什么样的，陪伴我们的时间都会减少，所以，珍惜当下，去陪伴孩子，我们不希望“子欲孝而亲不待”，更不希望“父欲伴而子成年”。

二、生命教育——欣赏生命，敬畏生命

女儿经常问我她是从哪里来的，我们告诉她：“你就是天上的一颗星星，有一天你挑中了爸爸妈妈，就偷偷地跑到妈妈肚子里，爸爸妈妈就看着你慢慢地长大。”她现在学生物学了，知道了一些生命的知识，但对于生命教育，我觉得学校给的还不够。七年级的“道德与法治”课程中有关于“生命教育”的内容，我要求她认真学习，除了背诵知识，还要掌握生命技能。《心灵奇旅》这部电影首先是一部生命教育的电影，

其次才是一部哲学电影。影片解释了人生的几个哲学问题：我从哪里来？我要到哪里去？我是谁？影片用“生之来处”“生之彼岸”两个地方来解释人的生死两端。“生之彼岸”是虚无空间里一段长长的楼梯，楼梯尽头有一个巨大又白得刺眼的光球，通往谁也不确定的未来。而“生之来处”则是一个很梦幻的地方：天空是粉紫色的，草地是宝蓝色的。地上有一群天蓝色的球形不明生物，一个个蹦蹦跳跳，会说话，还长着眼睛。每个灵魂去地球之前，其实都在“生之来处”生活，只是出生的过程太过痛苦而丧失了出生前的记忆。这些蓝汪汪、软乎乎、会蹦会说的球形不明生物都是人类出生前的小灵魂，他们在“心灵学院”里被赋予各种体质、气质、天赋、智力等，然后可以获得五块勋章。但最重要的是要找到第六块“火花”勋章，集齐六块勋章就可以兑换地球通行证，在地球链接口一跃而下去投胎，开始作为人类的一生。有过教育学或心理学背景的人都知道，人的发展很大程度上是由先天决定的，比如脑科学的研究表明，孩子智力的70%是由基因决定的。影片想表达的就是“心灵学院”在每个灵魂出生之前就给他们打上了不同体质、气质、天赋、智力等的标签，每个灵魂投胎后就会带着这些与生俱来的特性经历一生。每个生命来到这个世界上都不容易，我们要学会欣赏生命，敬畏生命。

三、差异教学——尊重差异，因材施教

在“心灵学院”中，有导师和学生，导师根据学生们的个体差异将他们安排进不同的学院，学习不同的知识。前几天的济南名师工作室培训活动中就有关于“差异化教学”的

内容。早在19世纪末期，欧美国家就出现了“差异教学”。1953年，我国教育部颁发了《关于有重点地办好一些中学与师范学校的意见》。1970年，布卢姆提出“掌握学习”，以班级授课制为基础，为学生提供所需的个性化帮助及额外学习时间。1980年，加德纳提出“多元智能理论”，主张抓住孩子智能发展的关键期。1995年，汤姆林森在《多元能力课堂中的差异教学》中首次提出在常规课堂中面向所有学生的差异性教学，并将其命名为“differentiated instruction”，将其界定为“一种根据学生不同的准备状态、学习风格和兴趣而不断调整教学内容和教学进程的教学，它需要教师预先积极地做好教学规划，目的在于保证每一位学生最大限度地实现最有效的学习”。1997年，《能力缺陷者教育法》从法律上保障了全纳教育的必要性，倡导教师关注所有在学习上有能力的学生，为差异而教。2002年，黛安·赫克斯提出，实施差异教学意指教师改变教学的速度、水平和类型，以适应学习者的需要、学习风格或兴趣。

四、教学相长——旁观心灵，换位思考

“心灵学院”会培养每一个灵魂的性格，并为其分配一个灵魂导师，带领其找到自己的“火花”，完成性格拼图后将其送往地球出生。学生“22”是“心灵学院”的异类，所有伟大的导师（心理导师荣格、美国总统林肯、断头女皇玛丽、哥白尼、亚里士多德）都不能让她找到那个“火花”，她对所有人类的工作以及所有伟大导师的过往都不感兴趣，她气走了所有的导师。她一直在“心灵学院”当着学生，直到她遇到了导师乔伊·高纳。她很好奇为什么乔伊·高纳的一生碌碌无为、

平淡无奇却仍然很想回到地球。这对师徒在“忘我之境”中获得神秘人类的帮助，最终乔伊•高纳的心灵进入猫的身体，“22”进入了乔伊•高纳的身体，两个灵魂作为各自心灵的旁观者，在地球上生活。梅洛•庞蒂在《知觉现象学》中指出，“感知的心灵是肉身化的心灵”，而意识乃是“在其身体中、在其世界中”的东西，意识不是透明的、绝对的，意识总是和世间的对象与身体以及种种意义积淀纠缠在一起，“意识就是通过身体的中介而朝向事物”。“22”通过乔伊•高纳的身体学着走路、吃比萨、坐地铁，听着各种声音和音乐，等等，最重要的是，“22”通过这具处于世间的身体来与他人进行交流……正是这些看似琐碎和日常的身体化的感受和行为，让原本只是作为“纯粹意识和灵魂”的“22”渐渐获得了“活着”的直观感觉，由此真正地开始思考生活、人生和个体的意义。当我们作为一个旁观者去看自己生活的时候，就会有不一样的感受。“22”说了乔伊•高纳不敢说的话，也做了他不敢做的事情。在理发店里，当“22”用哲学理论去反抗驳斥地痞无赖的时候，乔伊•高纳自己也觉得出了一口恶气。我们如果站在学生的角度或自己家孩子的视角去看问题，也许会有不一样的答案。

五、幸福层次——感官愉悦，忘我利他

积极心理学讲：幸福有三个层次。第一个层次是感官愉悦。第二个层次是投入让自己特别忘我的一件事情中，就是“火花”，进入“忘我之境”就会感觉特别的幸福。第三个层次是利他，让别人因自己的存在而感到幸福。第一个层次，我们停留在自我的阶段，就是让自己感到愉悦。第二个层次

就是有自己特别喜欢的一项爱好、工作，产生“火花”。在最近的初三复习中，我除了让同学们忘我地大声背诵，有时候还会从相反的角度让学生保持安静的状态在轻音乐中学习。当思政课碰上轻音乐，同学们很容易进入“忘我之境”，保持较高的学习效率。第三个层次是跳出了自我的阶段，跟他人进行沟通、相处，让他人过得幸福，让他人感觉更好。初中的“道德与法治”课程中讲到要学会谦让、分享、助人，养成亲社会行为。《心灵奇旅》里有句台词，大意是说有些人自己做不出什么成绩，于是就喜欢贬低别人找优越感。挖苦、贬损别人，往往是因为自己没有做过别人做的那件事，不知道事情有多复杂。所以，我们要学会换位思考，学会欣赏和赞美他人。

六、最近发展——享受成功，快乐学习

发展心理学有一个特别重要的理论，叫作最近发展区。通俗来讲就是，现在学的知识，孩子们跳一跳、够一够，努力一下就能够得着，这就是他们的最近发展区。上面提到的差异教学就是要使每个人都达到课标规定的基本要求，在此基础上，让每个人都达到自己的最近发展区。这也就意味着：课标中规定的主题及程度是底线，老师需要进行扩展。在最近发展区里学习，孩子们就能感受到学习的快乐。如果让孩子们学一个超级难的知识，远远超过孩子们现有的知识储备，孩子们接受不了，就会感受到挫败与痛苦。相反，如果孩子们已经达到某种层次了，但是家长说，再刷 10 套同样类型的题，再写 100 遍某个字，孩子们就会觉得太枯燥了。所以，有时候很多孩子不喜欢学习，要么是因为太无聊了，要么是

因为太难了学不会，孩子们没有在学习中找到快乐。其实学习也是很快乐的，只要靠近孩子的兴趣，接近孩子的能力，靠近孩子的最近发展区，让孩子体验成功，享受成功，这样的学习就会快乐很多。

七、发现“火花”——享受人生，坐看云起

马克斯•韦伯曾说：“人是悬挂在自己编织的意义之网上的动物。”人类除了生理性的需求之外，对意义的追求或许更加紧迫。电影中有一个故事非常精彩——在大海里，一条小鱼问大鱼：“大海在哪里啊？我想去大海。”大鱼回答说：“你在的地方就是大海。”小鱼十分震惊：“我还以为我在的地方是水。”这个故事给我的启发很多，人生是一场追求目标和梦想的旅程，不要在追求终点的路上忽略了周围，应当更多地感受生活的美好。生活不在遥远的他处，而就在我们当下，或者说就在我们一直都身处其中的地方。当我们找到自己的“火花”，我们会发现阳光明媚、树影斑驳，活着就是“享受当下的每一分钟”。“行到水穷处，坐看云起时”，这看似稀松平常的事情，对当下匆匆复匆匆的我们而言，或许依旧是最难的日常之事。放平心态不是佛系，而是更尊重成长、尊重生命、尊重生活。

有一首歌《简单的幸福》中唱道：“平平淡淡简单的幸福，在漫长的旅途等下一站结束。”人生是一列单程的火车，默默地陪在孩子身边，看人生一站一站的风景，也是幸福的，虽然很简单。

静待花开，陪伴就是最好的教育。

（刘　鹏）

做一个陷入炽热深邃情思的教育舞者

——读王有鹏老师《心忧何求》感悟

王有鹏老师《心忧何求》这本书的封面上写着“心忧何求——教育舞者炽热深邃的情思”。我见过王有鹏老师几面，也有幸在一起交流沟通，对王有鹏老师非常崇拜，有了跟他在教育舞台学舞的冲动，想要做一个陷入炽热深邃情思的教育舞者，也就有了这篇文章。

朱永新教授说过：“教育是神圣而崇高的。教育需要激情，需要全身心的投入与无私的奉献。”王有鹏老师说过：“敬业、追求、研究，才能使教师永远保持跳跃的激情。”

一、保持跳跃的激情要敬业

一个教师是否有教育激情，从其是否敬业就能非常清晰地看出来。有教育激情的教师，会全身心地投入教育教学工作中，对学生充满无限的爱心，对教师职业、教育事业也充满无限的热爱。他们与教育共舞，为教育而喜，为教育而忧；他们任劳任怨、无怨无悔地从事自己心爱的工作，不计较时间和精力的耗费，不计较物质报酬和个人荣誉的多寡，把自己的身心都无私地奉献给教育事业。正是这种端正的敬业态度、崇高的敬业精神和扎实的敬业行为，使他们焕发出无限的教育激情。王有鹏老师就是一个特别敬业的老师，记得有一次在茌平做报告，那是关于高效课堂的讲座，王老师以四节优质课为例，通过课例教学内容简介、教学过程、课件展示、课例分析几个方面，展示出了教师在课堂教学中不同的教学思路、教学情境、教学活动、教学设计以及教学策略等。王有鹏老师讲道，教师在日常教学中存在几种缺陷：教学主题不够鲜明，教学思路不够清晰，教学情境不够简约，课堂设问有些肤浅，课堂活动不够出彩，课堂语言缺少锤炼，教学策略有所欠缺。他一针见血地指出了在日常教学过程中存在的问题，让我开始反思自己的教学过程和教学设计，觉得自己还有很长的一段路要走。

二、保持跳跃的激情要追求

我们经常看到这样的景象：有的教师存在职业倦怠，工作没有劲头、没有乐趣，课余时间就是看看电视、玩玩手机、打打扑克、下下象棋、喝喝小酒，整天无所事事、无精打采、百无聊赖，这是无所追求的表现，也是缺乏教育激情的表现。相反，有的教师工作劲头十足，精力充沛，活力迸发，乐此不疲，课余时间很少看电视、玩手机，很少把时间花在无聊的事情上，他们整天忙忙碌碌却高高兴兴，整天勤奋工作却精神焕发，这是有所追求的表现，也是拥有教育激情的表现。我在看王有鹏老师这些理论之前，也是有职业倦怠的，经常会在课余时间喝喝小酒、打打扑克，工作了十多年，好像没有了任何追求。加入齐鲁名师李丽领航工作室以后，在李校长的带领下，自己慢慢有了新的追求，对教育也更加充满激情。毫无疑问，有追求的教育人生，就是充满教育激情的人生！

三、保持跳跃的激情要研究

从事教育研究是艰苦的脑力劳动，是充满智慧的创造性工作，需要研究者耐得住寂寞，抛得开名利，受得了艰辛，经

得住失败。教育研究虽然充满研究的乐趣，但是研究的艰辛和困难也不言而喻。一名教师是否愿意搞教育研究，是其是否具有教育激情的试金石。为了搞好研究，教师需要读书，读书，再读书，学习，学习，再学习，永远不能停下读书、学习的脚步；为了搞好研究，教师需要思考，思考，再思考，探究，探究，再探究，永远不能停下思考、探究的脚步；为了搞好研究，教师需要实践，实践，再实践，践行，践行，再践行，永远不能停下实践、践行的脚步。王有鹏老师在高效课堂报告中讲到教材的整合，这就是研究。对此我有自己的一些看法。整合教材是十分必要的，它是新课程改革的要求，是促进学生发展的需要，也是提高教师专业素养的需要。教师在整合教材时要遵循目的性原则、最优化原则、实效性原则等。我校的高效课堂理念中重视学生自主学习、合作探究，发挥学生的小老师作用，重视学生的质疑以及老师的精讲和对学生的鼓励、堂测。为了让课堂更高效，教师需要认真整合教材，筛选适合学生最近发展区的知识点，让学生自主学习、合作探究，同时也要关注每位学生不同的学习情况和接受情况。在课堂教学的过程中，要关注每位学生的状态，结合教材挑选贴合学生生活的案例，创设情境，让学生进行探究分享，在探究分享中提升能力和情感。在整合教材的过程中，要调整教材结构，力求教学内容结构更合理，挑选出学生难以理解的方面进行精讲，让知识更易于被学生掌握。教师可以挑选学生之前已经掌握的教材中的知识内容，让学生进行讲解，发挥学生的小老师作用，鼓励学生当小老师，对课堂教学中提出质疑的学生进行表扬，培养学生的批判意识。同时结合教材内容进行适当拓展和堂测训练，检查学生的知识掌握程度，训练学生分析材料和解决问题的能力。通过合理有效地整合教材，促进课堂高效进行。我们通过研究教材，研究学生，研究课堂，研究课件，让自己始终拥有教育的激情。

王有鹏老师是1962年出生的，从2001年39岁开始研究教学，并不断发表论文著作。我是1981年出生的，从2020年39岁开始有所追求，想去做教育舞者。同样的年龄段，生活感悟和教学经历也都差不多，我愿追随导师李丽校长和王有鹏老师，去敬业，去追求，去研究，让自己做一个永远充满激情的教育舞者。

（刘　鹏）

对"阳光教风"和"自主学习"的教学思考

我们学校最近提出"阳光教风五项行动"和"自主学习六项行动"，分别对教师和学生提出了具体的要求，在学习这两项行动的过程中，我有了一些自己的思考。

老师的"阳光教风五项行动"包括以下五个方面：一是与学生"死磕"三清，即堂清、日清、周清；二是认真设计并批改作业；三是认真备课、上课；四是训练学生自主学习六项行动；五是用心学习，不断获得专业成长。我觉得认真备课与批改作业应该属于教师的职业道德范畴，是作为老师基本的要求，这两个要求太笼统，应该有一些具体的做法。对于堂清，我认为学生存在个体差异，不能一刀切，优等生清什么，

中等生清什么，待优生清什么，应该有层次。对于不断获得专业成长的要求，我很赞成，先有教师的成长，才有学生的成才、学校的发展。

学生的“自主学习六项行动”包括以下六个方面：一是限时练习，二是自主预习，三是自主建立错题本，四是用双色笔做听课笔记，五是自主绘制思维导图，六是自主补弱。培养孩子的自主学习能力的做法值得肯定，所有的教育最后都会变成自我教育，这种自我教育既包括学生，也包括老师。

根据学校这两个活动的情况，为了提高学生复习效率，使学生取得优异成绩，我制定了我们初中政治组复习阶段教师的教学一日常规流程。

一、激情早读

1. 出示早读任务单：教师布置好早读前十分钟的具体任务与要求，安排课代表把任务写到黑板上提醒学生。

2. 早读要求：坐（站）姿端正、肩平足安、双手持书、专注投入、声音洪亮、充满激情。可以提前与班主任协商好并督促学生完成。

3. 与学生“死磕”三清：教师每天抽查当天的任务（小组长或课代表具体分工，具体到负责人），未过关的学生当天自行找老师或课代表二次过关。

二、认真上课

1. 学生自主预习：训练学生自主学习，预习方式包括通读提纲、完成导学案上的预习题、自主绘制思维导图等。在期末复习阶段，教师提前布置好复习或背诵的任务，在课堂上指导学生完成，通过思维导图制作出一或两个单元的知识点或给定思维导图进行填写背诵，达到双基扎实，理解更深。

2. 小组合作：对于课堂上教师下达的任务知识，学生如有疑问可在小组合作中解决，不能解决的以组为单位把问题写在黑板上的“问题暂存处”，寻求其他小组的帮助。如果所有的小组都无法解决，就寻求教师的帮助。这样一来，既展示了全班学生的智慧，也展示了个人扎实的基础知识与良好的思维能力。

3. 教师精讲点拨：教师对学生未解决的问题及重难点问题进行精准点拨，语言要精练、精准、精辟。学生用双色笔做听课笔记，可以酌情在课本上标记重点，在课堂笔记本上记录，等等。

4. 限时练和堂测：限时练是指教师根据课前设计好的任务单，在最后 8～10 分钟进行堂清，可以通过学生相互检查背诵的方式，也可以通过解答题目的方式完成。堂测采取对子互改、组长批改等形式，每题以 5 分计算，当堂出分，记录未过关学生名单。未过关学生当天抽时间通过请教组长或同学过关，并在课代表处登记过关。

5. 自主建立错题本：错题本要求“1+4”，即 1 个错题要有题目、正确答案、错因分析、类题训练 4 项。在接下来的复习课中，学生每天完成一定数量题目的错题整理与消化，只有通过错题的理解与消化才能真正掌握知识，达到学习的目的。

三、认真备课

1. 自备：教师每节课都要充分备课，根据各班级的学情设计不同的题目进行训练拔高。

2. 集备：教师们每天上午第一节课进行集备，统一教学思想与课程的进度、习题的设置，可以根据自己班的学生进行修改与补充，只有适合学生的才是最好的。然后认真设计作业，在课堂上限时练，课下落实好“三清”措施。只有认真坚持执行，才能够达到期待的效果与目的。

四、其他时间

1. 认真批改作业：教师要认真批改学生的作业，对发现的共性问题进行精讲。

2. 与学生“死磕”“三清”：教师务必做到与学生“死磕”“三清”。

3. 用心学习，不断获得专业成长：教师要利用各种途径不断学习，特别是利用我们省级名师工作室的资源，促进自己的专业成长。学习方式包括读书、教研、听课、参加培训、观看视频等，相互学习与鼓励，达到预期的目标。

4. 精准培优补弱：根据不同的学生、不同的知识点、不同的课堂表现，进行培优补弱，分工让学生之间互帮互补，使尖子生更尖，待优生优秀，确保每天的效果与督促，力争做到最好。

以上是我学习了“阳光教风五项行动”和“自主学习六项行动”后的一点启发和感悟，也是我在期末复习阶段教学工作的一日常规。无论是复习课还是新授课，我觉得模式不是固定的，只要教风好、学风好，教学就是高效的。

（刘　鹏）

阅卷中的思考

2020年，我有幸参加了全市中考道德与法治学科的阅卷工作。在六天的阅卷过程中，我看到了一个又一个令人“惊艳”的匪夷所思的答案，我不时地在想为什么错误会如此“惊艳”？为什么老师反复强调的重点，学生还是不会？怎样才能把老师所讲的内容真正转化为学生的知识储备？

我批改的题目非常简单，题目要求学生们在两个问题中任选其一作答。问题一：写出2019年5月至2020年5月间我国所取得的两项重大科技成就。问题二：写出2019年度最高科学技术奖的获得者，分值为2分。在阅卷之前，只是看到这个题目的时候，我的第一反应是这个题太简单了，简直是送分的题，我的学生如果写不出来，我都得好好跟他聊聊了。但是在阅卷的时候发现，学生出现的错误多种多样，难以理解。我们以为送分的题目，竟然成了阅卷时难度最大的题目……

选择问题一的学生，大多写得不规范，比如，写东方红一号、神舟五号这些好多年前的成就，或者写嫦娥四号、玉兔二号等2019年初的成就，有的学生甚至自己编造科技成就……

选择问题二的学生，在名字上闹了不少笑话。2019年度最高科学技术奖获得者是黄旭华、曾庆存，但是到了孩子们的笔下就变成了黄旭存、曾庆华、黄庆华。有的学生则写他们比较熟悉的人物袁隆平、屠呦呦……这让我们不得不去思考，为什么孩子会出现这样的错误？

我想在全市初三的思政课教师的眼中，黄旭华和曾庆存这两个人物应该是每个老师都会关注的时政考点，并且会给孩子们着重地强调。所以，我们需要思考，作为教师我们能够做到认真备课磨课，认真研究试题，认真把握重点考点，在讲台上卖力地去讲、去强调，然而我们的学生能收获多少？在整个班级中又有多少学生是跟着老师的节奏一步步去走的呢？我想从全市的答卷来看，很少！我们需要反思，如何让我们的学生真正地跟随教师的节奏，如何让学生在每一节课都学有所获。

一、教师有才，课堂有趣

提起思政课，很多人的印象是这是“背”的科目，背下来就能答题了。然而“背”对于十几岁的孩子来说很枯燥，特别是在今年实行闭卷考试后，学生需要记忆6册教材的知识，即使老师可以根据考点划定重点，但孩子们需要背诵记忆的内容还是很多，孩子们本能地就会排斥思政课的学习。

因此，这就非常考验思政课教师的功力了。作为教师，必须有让学生佩服的本领。作为思政课教师，不仅要具有过硬的理论知识储备，还要有将这些枯燥无味的知识转化为鲜活生动情境的能力，同时还需要具备良好的表达能力，能够让学生听起来自然而然，心悦诚服。比如：在讲解题目中考查的这两个人物的时候，如果直接跟学生说“你们要记住了，今年获得最高科学技术奖的两个人是黄旭华、曾庆存”，然后在黑板上写一遍这两个名字，那么在学生脑海里根本就不会有留存。

换种方式，可能效果翻倍。一是，在讲解时，将两个人的科研成果讲述一下，让学生了解为什么他们能够获得这样的最高荣誉，在故事中学生能够轻而易举地掌握这两个人物。二是，放手给学生，教师布置探究任务，让学生自己查找关于这两个人物的相关资料。在此基础上，再引领学生深入分析他们的故事，并结合教材内容分析从这两个人物身上还可以考查教材中的哪些知识点？如何考？从什么样的角度考查？这样也可以使学生慢慢地学会命题，更有学科方向感。如此，教材上枯燥无味的内容就会变得有趣，并且能够很好地培养学生分析、解决问题的能力。

二、学生有心，学习有获

学习金字塔理论是美国缅因州的国家训练实验室的研究成果，它用数字形式形象展示了：采用不同的学习方式，学习者在两周以后还能记住多少内容（平均留存率）。

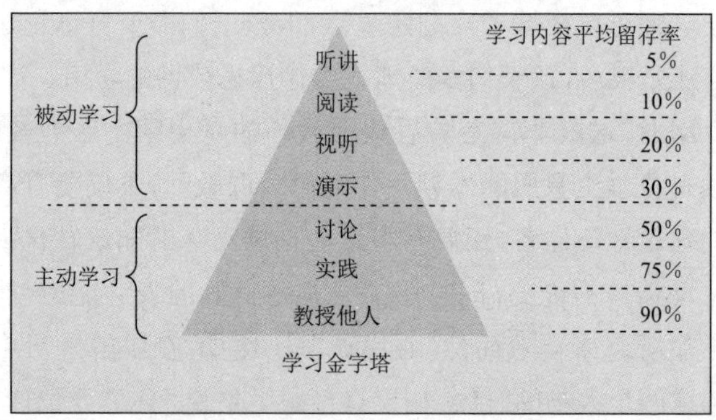

从图中我们可以明显地看出，学习被划分为主动学习和被动学习，被动学习包括听讲、阅读、视听、演示，主动学习包括讨论、实践、教授他人。同时由学习内容平均留存率也可以明显看到，被动学习的平均留存率很低，这也就能很好地解释为什么老师苦口婆心地讲，而学生还是不会。因为学生

是在被动地接受知识，而不是主动地获取知识。由此可见，主动学习非常重要。只有学生在学习上有心，才能真正在课堂上有所收获。

主动学习习惯的培养需要学生和教师的共同努力，关键在内因：学习是学生自己的事情。学习不是父母的事情，他们只是孩子的衣食父母和第一任老师；学习也不是老师的事情，他们只是孩子的第二任老师和知识的传播者以及一段时间内人生路上的引路人。“知之者不如好之者，好之者不如乐之者。”当学生自己转变思想，自己用心，将学习当作乐趣，就会收到意想不到的效果。

学生主动学习的习惯需要教师的引领。正如图中反映的一样，教师如果能够在教学中更多地放手让学生去做，经常性地采用讨论、体验、学生讲授等方式进行教学，让学生尽可能地发挥主动性，变被动接受为主动获取，学生的收获将会更大。同时，教师还应注重分层教学、因材施教，不要求每位学生都考到同样的分数，可以采用自助餐式的作业检测，让学生根据自己的情况选择作业完成多少，而不是“一刀切”。对待优生的成绩不要求太高，让他们有慢慢进步的空间，并且要给予他们更多的包容、更多的理解、更多的支持，还需要给予他们更多展示自己的机会，让他们闪耀光芒。

一次阅卷引发的思考，让我找到了自身努力的方向。学无止境，作为教师，知识需要不断更新、不断积累，课堂需要不断改进、不断创新，生动、鲜活、有趣、触及内心的生命课堂是我的教学追求。

（葛　璐）

愿你爱惜自己的生命，愿你尊重他人的生命

【警情通报】

2020年8月9日8时30分，在山东省聊城市东昌府区利民东路一个餐馆门口发生了一起故意伤害案件。接警后，柳园派出所值班民警立即赶赴现场处置，并会同120急救人员将一名受伤较重的嫌疑人送往市医院救治，现场将另外两名嫌疑人控制。

经初步调查，孙某某（男，17岁）、庞某某（男，16岁）、朱某某（男，17岁）三名嫌疑人于当日早5时许，在该餐馆内饮酒至早8时，孙某某同庞某某、朱某某发生口角后持械发生冲突。冲突中孙某某、庞某某受伤，受伤较重者被送往医院，受伤较轻者接受了现场医疗处理，两人目前均无生命危险。

生命对于每个人仅有一次，每个人的生命都是独特的、不可逆的。我们应该热爱自己的生命，也应该尊重他人的生命。当我看到这则警情通报中三位嫌疑人的年龄时，心中竟然有些莫名的痛。他们是刚刚初中毕业的学生，我的学生也跟他们一样大，如果这些孩子是我的学生，作为老师我会更痛。这个报道的名称是“孩子，你不疼吗？”我想孩子是疼的，孩子是难受的，孩子也是后悔的。

是什么导致这起故意伤害事件的发生呢？这其实是我们每一个人都应该思考的问题。据说是三个孩子在喝酒的过程中话不投机导致了恶性事件的发生。即使没有发生这起恶性事件，三个未成年的孩子一早聚在一起喝酒，家长、老

师和孩子自己不该好好反思吗？所以事情的出现折射出家庭教育的缺失、学校教育的不到位及孩子自身的控制能力差等问题。

有人说，一个问题孩子的背后肯定有一对问题家长，所以这三个孩子所暴露出来的问题与家庭教育有很大的关系。家庭教育是教育的主阵地，家长是孩子的第一任老师，家长的教育方式会在孩子身上得以生动的体现。孩子出现问题了再去反思家庭教育的错误，为时晚矣。

学校应该加强引导教育。习近平总书记强调："思政课是落实立德树人根本任务的关键课程。"那思政课的作用到底发挥得如何呢？作为一名思政课教师，我认为是不理想的，因为在日常的教学中，我们并没有真正教会学生如何做。教材设计得再完美，教师所想的只是这本教材中有什么知识点，学生应该怎样记住这些知识点，这些知识点会如何考，应该怎样让学生学会使用这些知识点去答题。作为教师并没有真正地去研究、开发它的德育价值。这是我们做得不到位。如果我们在课堂上真正利用教材对学生进行走心的德育教育，是不是像这样的事情就可以减少或者避免呢？

避免类似事情的发生，需要家庭、学校和学生自身共同发挥作用。

一、家庭教育：净化心灵

白岩松曾说过："人之初，性无善亦无恶可言。环境总会影响到人的性格。"未成年的孩子缺乏理性的辨别是非的能力，但他们有着比成年人敏锐的感受能力。而这种敏感性正是培养理性辨别能力的良好基础，作为家长应利用孩子敏感性强这一特点，帮助孩子辨别社会中发生的是是非非，让他们感受真善美光明的一面，也体会假恶丑卑鄙的一面，从而帮助孩子增强扬善除恶的正义感，抵制丑陋阴暗面对孩子心灵的侵蚀。例如，随着互联网的高速发展，现在的孩子接触到的信息可谓五花八门、纷繁复杂，足不出户便可知晓天下任何事。利用网络，孩子们可以了解家事国事天下事，但是网络中也充斥着一些暴力、荒诞等不健康的内容，这些深刻影响着我们的孩子。面对这些，家长应密切关注孩子的情况，尤其是青春期的孩子，及时指导，提高孩子的是非辨别能力，同时还要随时注意自己的行为举止，为孩子树立正面形象，净化孩子的心灵，预防孩子犯错误，甚至违法违纪。家庭教育不可或缺，做好这方面的工作，有助于安定家庭环境。家庭是社会的细胞，有了健康的细胞，才能有健全的肌体，而细胞有病，就会引起肌体发病。

作为父母应真正关注孩子的成长，关注孩子的思想动态，关注孩子的点滴。在关注与爱中成长的孩子必定是心理健康的孩子。

二、学校教育：立德树人

《论语·学而》中说："弟子入则孝，出则弟，谨而信，泛爱众，而亲仁。行有余力，则以学文。"由此可知，在孔子心目中，德行为根本。2018 年，全国教育大会指出，教育的根本任务是立德树人，培养社会主义建设者和接班人。所以学校教育应该真正抓住德育这一教育主线，每一门学科的教师都应该重视德育，用心地在日常教学中对学生进行德育教育。尤其是思政课教师，应该认真挖掘教材中的德育因素，对学生进

行日常渗透，让学生知道什么可做，什么不可做，如何与人相处，如何关心别人，如何爱护自己，如何关注国家发展。例如，七年级上册生命主题中有一节是“敬畏生命”，这一节的内容对于孩子今后人生发展会产生重要的影响。作为教师一定要深挖其中包含的德育因素，对学生进行必要且有深度的生命教育，引导学生认识到生命的价值高于一切。敬畏生命，并不意味着只看到自己生命的重要性，我们也必须承认别人的生命同样重要。课程内容的选材要能引起学生共鸣，要直击学生心灵，要有助于学生践行。本节旨在让学生真正理解生命的休戚与共，从而在日常生活中对生命心存敬畏。如此本节的学习才是有意义的，学生才是真正有收获的。

警情通报中的三位学生，他们不懂得爱惜自己的生命，不懂得珍惜他人的生命，他们缺乏应有的生命教育，他们肆意伤害着自己和他人的生命，他们的身体会疼，他们的心灵也会疼。事件的发生也为我们敲响了警钟，对学生进行生命教育是学校教育不可忽视的重要课题，在重视学生的成绩之前，还需要先培养好学生的性格及品德。

三、自我教育：心存阳光

没有自我教育就没有真正的教育，真正的教育是通过自我教育实现的。学生其实知道自己的行为是好还是坏，但是作为青春期的他们，往往缺乏自控力，容易冲动，易于出现问题。因此，学生应该加强自我教育，学会控制自己的行为，遇到事情的时候先思考再行动，增强自身的法律意识、规则意识、责任意识、生命意识，为了自己，也为了他人。

第一，做一个情绪稳定的人。情绪不稳定的人，心中随时随地都能腾起一股怒火，吞噬一切的美好和幸福。学生自身应增强自我控制力，正确表达自己的情绪，不随意发泄自己的负面情绪。学会控制自己的情绪，才能控制自己的一生。

第二，做一个爱惜生命的人。世界上最大的谬误就是不爱惜自己的生命。学生应认识到生命是来之不易的，不懂得尊重、珍惜自己和他人生命的人必定是一个自私的人，很难对社会、对国家有所贡献。不随意践踏生命，努力做一个敬畏生命、尊重生命、珍爱生命的人，才是对待生命应有的态度。

第三，做一个心存阳光的人。懂得善良与敬畏，学会包容与豁达，懂得感恩与责任，心存阳光，即使生活遭遇风雨，也不放弃自己，用积极的心态更好地活着。

问题孩子的出现必定是由于教育的缺失与不到位，要想让我们的孩子真正在阳光下成长，需要我们的共同努力。愿每一个孩子都懂得爱惜自己，愿每一个孩子都懂得尊重他人，心存阳光，人生温暖。

（葛　璐）

让学生感受到我们的“在”

下面两张图片，是我的学生与我的聊天记录。其中一个是今年参加高考的我的学生（我的第一批学生），另一个是今年参加中考的我的学生。在她们跟我说出这些话的时候，我感到窃喜。对于参加高考的张同学来说，我对她的影响一直都“在”。因为我，她想从事教师的职业，所以她今年报考的是曲阜师范大学的公费师范生。对于今年参加中考的陈同学所提到的学妹，是我仅仅教了半年的学生，她们的评价是对我最大的认可，这也恰恰证明在教学中我一直都“在”。

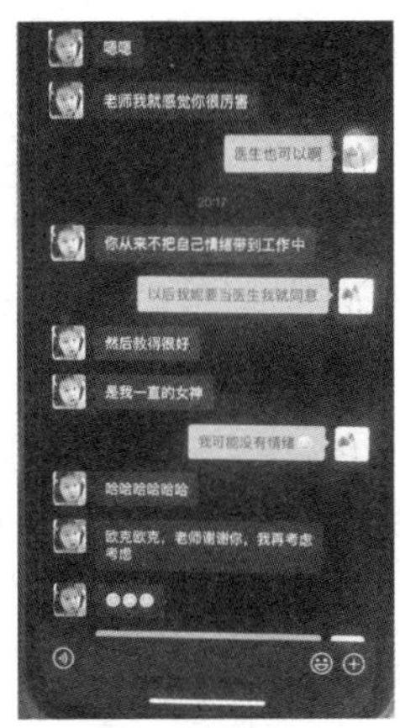

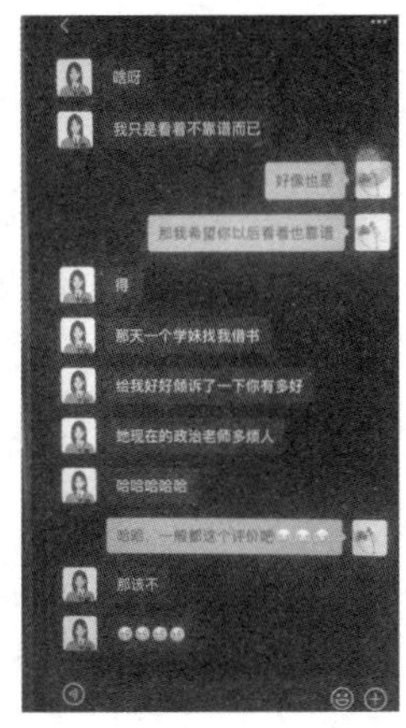

记得之前听说过这样一位老师的故事：一位刚刚参加工作的老师，上第一节课时，他心中忐忑不安，但是为了显示出不紧张，他极力做出十分自信的样子，昂首挺胸，神情严肃，眼中只在乎自己的表现，而忘记了学生。所以，很快他的真实状态就暴露了出来。尴尬的手势、错误的姿势、慌张的眼神，一切都那么显而易见。学生们很快就感受到了老师的不安。所以学生必然不会感受到这位老师的“在”。相反学生会觉得这位老师不具备让其信服的能力。而一位具有力量的老师所表现出来的“在”必定也很有力量。

我们学校就有一位数学老师，我非常佩服他。在他的教学中，一个小小的数学原理可能就蕴含着大大的人生道理。所以，他的风格、他的魅力、他的学识都可以让学生真正感受到这位老师的“在”。学生上课积极主动、老师上课激情四射，真正体现出学生乐于学习、老师寓教于乐、师生教学相长这样的良好状态。我想，这样的老师才是时刻“在”的老师，这样的老师才是具有力量的老师。

在教学中让学生能够真切地感受到我们的“在”是不容易的。我们必须能够让学生信服，要有让学生信服的知识储备、教学能力、交往能力、人格魅力等。人们会说：“你教什么，你就是什么。”然而不是，我们会看到很多“冒牌”的老师，他们的种种言行都未让学生感受到他们真正的“在”。他们只是知识的罗列者、知识的搬运工、知识的灌输者。因为，这个“冒牌”的老师无法真正融入学科本身，外延知识有限，教学能力不足，交往能力欠缺，人格魅力不强，如此学生无法信服。有句话说得好：“好老师是和他们所教授的知识融为一体的，是和学生融为一体的，是和课堂融为一体的。”我想，这句话意义深远。

2017 年，全国开始使用部编版《道德与法治》教材，在之前，很多思政课教师都是从其他学科转过来的，并且年龄偏大。但是新版教材的普遍适用，对思政课教师的基本素质要求有了质的提升，所以就会有一批老师感到力不从心，经常听到他们抱怨“不会教”。我想正是因为他们无法很好地融入新版教材、融入学生，他们的眼睛里看到的只是知识，无法挖掘其中包含的德育因素。学生只能感受到，上思政课就要背，背下来就会答题。所以我们的思政课在外人眼里就是一个“背”的科目。然而思政课的真正意图是要在学生的价值观、人生观、世界观上加以引领，帮助学生系好人生第一粒扣子的。所以，教师不“在”，学生只是一个学习的机器，教师并没有在学生的思想上留下些什么。

如何让学生感受到我们的“在”？

一、有爱的教师会让每个孩子都感受到爱

冰心老人说过：“有了爱，就有了一切。”作为一名教师，让学生感受到我们的“在”，首先要让学生感受到我们的爱。爱是宽容。爱让我们睁大眼睛看孩子的优点，眯着眼睛看孩子的缺点，相信我们的孩子都是一道“独特的风景”，允许他们犯错误，为他们指点正确的方向。爱是信任。苏霍姆林斯基指出：“有时宽容引起的震撼比惩罚更强，而信任则是打开心灵的钥匙。”与孩子们共度的时光中，我们应该学会换位思考，想象“假如我是孩子”。站在孩子的角度看待问题，感受孩子的喜怒哀乐，可能会使我们对孩子少一分批评、多一分宽容，少一分苛求、多一分理解，少一分指责、多一分疼爱。

二、用心的教师会让每个孩子都成为更好的自己

细观现在教育的常态，我们看到学生每天被圈在教室里，各种学习任务排得满满当当，每位学生都在体会着同样的“教育”。细想，这能称之为教育吗？教育应该是尊重受教育者情感的，教育应该是尊重受教育者差异的。苏霍姆林斯基说过：“每个孩子都是独一无二的世界。”尊重学生的差异，尊重学生的情感，创造适合学生的教育，用适合的方式让学生自由学习、自由成长，培养学生的能力，提升学生的素质，让每位学生都可以慢慢成为更好的自己，这才是教育本质的回归。

三、伟大的教师会让每个孩子都知道教师的真谛

记得有一部电影——《嗝嗝老师》，影片中的奈娜，因为

患妥瑞氏病会控制不住地发出奇怪的嗝声。小时候的她，被同学嘲笑，被老师赶出教室。她的校长问她："你需要我们为你做些什么？"她说："我需要跟大家一样。"

校长告诉她："你跟大家一样，平等享受这里的教育。"

因为校长的这句话，还有给她伸出的大拇指，长大之后，奈娜花了5年的时间，即使被18个学校拒绝，也要找一个当老师的工作，她清楚地知道老师对学生的一生意味着什么。

伟大的校长的一句话让奈娜悟到了教师的真谛，奈娜在成为教师后，不放弃任何一位学生，即使对待顽劣的学生，她也慢慢用温暖与爱感化，使自己的学生也慢慢地感悟教师的真谛。奈娜作为教育者一直都"在"。

教育是一个灵魂唤醒另一个灵魂，真正的教育是教师用自己的言行去爱、去影响学生，让学生体会到被爱、被尊重、被关注，如此才能体现教师的"在"。

请你细想：

你的"在"，影响了多少学生？

你的"在"，给了学生怎样的影响？

（葛　璐）

孩子问题行为的背后……

期末总复习时，学生们表现出了异常的热情，每节课都能听到学生们近似于吼叫的声音："老师，叫我，叫我……"学生们表现出来的热情让我心情愉悦。一次课上，学生们热情

依旧，这时一个声音引起了学生们的不屑，“让我来，我比他们背得好多了”良东同学喊道。随后，我看见了他骄傲的眼神和那不可一世的劲儿。我内心中忽然冒出“整整他”的想法。于是，我将他叫起来回答问题，当时我们正在复习七年级上册第一单元“学习和认识自己”的内容，抱着“整整他”的想法，我给他的问题是：如何理解在平凡中创造伟大？（这是七年级上册教材的最后一个问题）问题一出，全班哄堂大笑，所有学生的目光集中在了良东身上，等着看他出丑。他先是震惊地看了看我，随后努力地搜索他的知识储备。令我没想到的是，他居然流利地完整背出。学生们为他鼓起掌来，他得意地看着我，脸上更加骄傲了。但是为了挫挫他的锐气，我笑着说：“你站会儿吧！”他这次张大嘴巴惊愕地看向我，而我心中有了些许的小得意。

课继续，但是良东表现出了不悦，便不再说话，漫无目的地看这看那，也不再听我讲课，我让学生全体背诵的时候，他也心不在焉地似背非背。当时我也没在意，直到后来我看到了心理学家阿德勒所说的：“人的任何行为都是有目的的，人的行为目标是追求归属感（连接感）和意义（价值感）”。我瞬间就想到了良东这个孩子，我深刻感受到当时我的做法是多么伤害他，他需要被看见，他需要被认同，他需要我的爱。当时的我没有深究他行为背后的内容，也没有意识到他的行为背后是期待被爱、被认可。

基于良东的事情，我翻阅了一些资料，我想了解他行为的背后到底有何深意？在众多的讲述中，我非常认可萨提亚所提出的“冰山原理”。“冰山”其实是一种隐喻，它指一个人的自我就像一座冰山一样，我们能看到的只是冰山的一角

（即人们表现出来的行为），而大部分的内在自我却藏在更深层次，不为人所见。

由此可见，通常情况下，我们在与人沟通时，并没有去体会和察觉沟通下面的“冰山”。也就是说，我们所见到的孩子们的言行，其实都是外在的表现，他们内心深处真正的问题并不曾被我们看到。不了解他们内心深处的想法，造成我犯下可笑的错误。

学生行为的背后是渴望归属感和价值感。作为教育者，我们应该看见学生可能的需求，抓住行为背后的深意，进而用对方法，用彼此尊重的方式，给予学生恰当的引导，帮助学生找到他们需要的归属感和价值感。

一、从爱出发，向爱而行

真正走近学生，需要教师从爱出发。爱学生，是一切教育行为的前提，教师要发自内心地爱学生，用爱的行为指导学生。《教师的正面管教》一书中写道：“深沉的爱生情感是教师取得教育成效的关键因素，也是教师工作的强大动力。”学生对教师态度的判断首先是根据教师表现出来的情感，而不是其讲话的内容。教师如果想探究“冰山之下”，那就需要在情感上先打动学生，一个挂在嘴边的微笑、一次轻轻的拍肩、一句深情的话语……都可以让学生感受到教师的“情”，无疑可以拉近师生之间的距离。

学生都是会犯错的，在面对学生的错误时，有些教师往往会表现出生气，随之而来的可能是惩罚。其实爱学生，教师还需要认识到学生“错误”的价值，教师应该对学生的错误多理解、多包容、多接纳，学生的每一个错误都可以是他们

学习成长的机会，他们需要在错误的修正中摸索成长。作为教师不要只揪着错误不放，应该给学生正向的引导，由此学生就会获得正向的感受，在正向感受的驱使下，学生就会产生归属感，如同寻到“知音”。

教师还应引导学生学会爱、正确表达爱。良东是个特别自我的孩子，他看不起任何人，也特别爱挑刺儿。其实他就是那个不会爱、也不会正确表达爱的孩子。在这样的人际关系下，良东更不会感受到在这个班级里的归属感和价值感。这时，教师要帮助学生建立良好的人际关系，和谐的人际关系能够让学生愿意表达和流露爱，学会关爱他人。同时，给学生创造表达爱的机会，借助班会、文艺活动等，引导学生表达爱，久而久之、自然而然，学生就会主动表达对他人的爱和关心。

二、尊重学生，静待花开

尊重学生是最好的教育手段，一个不懂得尊重学生的老师是难以走进学生心里的。尊重学生不是只尊重表现好、优秀的学生，而是需要平等对待每位学生，把学生当作朋友。教师对待每位学生的态度应该是一致的，不能以自己的好恶，偏袒、庇护一部分学生，鄙视、冷落另一部分学生，应遵循“有教无类”的原则，一视同仁、公平公正地对待每位学生。如此一来，就可以在学生心中树立起可敬可亲的形象。平等相待做朋友，才能真正把握学生的“冰山之下”，真正了解学生言行背后的需求，从而采取正确的方式进行教育引导，调动学生的内驱力。

教师尊重学生，学生内心的归属感和价值感才有可能被唤醒，学生才有可能不排斥教师的教育行为，才能感觉到自己的价值与实力，进而积极地去面对学习和生活。

三、赏识教育，温暖心灵

人们往往一眼就看到别人的缺点和不足，对别人的优点却熟视无睹。不懂得欣赏别人，不仅对别人不公平，对自己也无益。懂得欣赏，就会具有无穷的力量，甚至会影响一个人的命运。心理学家威廉•杰姆士说："人性最深层的需要就是渴望得到别人的欣赏和赞美。"当教师能够赏识学生，就会激起学生无穷的力量，唤醒他们深埋的潜能，鼓舞他们向着成功之路阔步前行。

赏识是一门艺术，教师应在日常学习、生活中带着发现美的眼睛去发现每位学生身上的闪光点。例如：每个班级中都会有一些成绩不好、经常顶撞教师的学生，教师不喜欢他们，他们也极难和教师和谐相处。然而，尺有所短，寸有所长，虽然他们学习成绩不好，但他们身上也有闪光点，关键在于作为教师的我们能否捕捉到这些闪光点，能否赏识这些优点。教师要练就发现美的眼睛，不以成绩论英雄，全面观察学生，进而找到学生的闪光点。在对学生进行批评教育时，可以用关心、包容、理解与学生进行深层次交流，以此拉近与学生的距离，构建良好的师生关系。

"冰山之下"是孩子的内在期待与渴望，教育者应该善于探求"冰山之下"的真正渴求，关注并疏解孩子真正的情绪与感受。让关爱、尊重、赏识的阳光洒向每个孩子，愿每个孩子都能找到自我归属感，建立起自尊、自信、自强的精神大厦，找到自我价值，从而走向成功的明天。

（葛　璐）

假期作业的怪圈

元旦过后的周一，可以说是一个“黑色星期一”。当我步入教室，发现竟然有30多位站着的学生。他们犯错误了吗？我特别纳闷，询问一番后得知：这些站着的学生都是因为假期作业没有完成，有的学生甚至七科作业都未完成或者只字未写。

下午，在教研组长会议上，数学组长也提到了假期作业问题。他做了一项简单的调查，在整个班级中能够认真、独立完成作业的仅有3人（全班50人），其他学生都是这3位学生共享的答案，他们不经思考地直接原封抄上，也不管对错。有的学生竟然将18°抄成180，这些操作令教师们无语。

假期作业的目的是让学生在假期中保持一种学习的状态，可以帮助学生在假期中查缺补漏，巩固所学。但学生完全将假期作业看成了一种负担、一种多余、一种敷衍。问题究竟出在了哪里？假期作业何以进入如此怪圈？

仔细找寻原因，我们不难发现有三点：

第一，作业量大。教师布置作业的随意性较大，教师之间缺少必要的沟通，有的教师认为自己布置的作业并不多，但是七科加起来的作业量显然就大了。学生的周末仅仅有一天半的时间，如果认真独立、保质保量完成的话，七科作业将会用去接近一天的时间。如果学生想挤出玩的时间，只有选择应付，抄抄答案或者到校现补。

第二，学生懒惰。有些学生知道假期作业这件事应该做、应该马上做、应该首先做，但是他们的内心中还有一个声音在说："不想做抄抄就行了，反正是给老师看的。"可见他们并没有意识到作业对于自身的作用。同时，这些作业困难户，大部分是一些自制力较差、学习动力不足、意志力较为薄弱的学生，他们会为自己的懒惰找上一堆理由，只为不写作业。

第三，家长疏于管理。我们学校地处农村，很多家长的家庭教育意识淡薄。有的家长认为孩子送到学校了，更多的就是学校的责任；有的家长外出打工，将孩子留给爷爷奶奶，对孩子的教育完全放手；有的家长只看成绩，成绩不好只会指责，从来不去思考孩子成绩不好的原因；有的家长只关注孩子的吃穿用，对孩子过分宠溺、纵容……父母是孩子的第一任老师，家长疏于管理，孩子就会松懈。

怎样才能跳出假期作业的怪圈呢？

第一，严控总量，提升质量，善取妙招。

首先，学校统筹，各年级、各学科合理配置作业量。各年级应充分发挥备课组长的关键作用，备课组长加强协调沟通，事先做好作业总量测算，在众多作业习题中做到多中选好、好中选优，选择有针对性的能提高学生能力的作业，避免机械性、重复性的作业。

其次，布置作业后，教师应注重对作业的数量、质量、效果进行总结评价，只有完成这项工作，教师才能知道什么样的作业应该布置，什么样的作业应该少布置或者不布置。同时，通过作业评价还可了解教学中的得失以及需要改进的地方。这样的工作做得越多，教师布置作业的目的性、针对性越强，就越能起到事半功倍的作用。

最后，教师应该善于思考，善取妙招，破解怪圈。"生命接受引领，拒绝命令。"面对学生的作业怪圈，教师不可一味

地批评责怪，语出伤人，可用妙招引导学生主动学习。例如，“中国教师研修网”有一位有心的老师，他创立了“作业积分等级制”。他主张“少一些制度，多一些奖励；少一些批评，多一些妙招。尽可能把学生的精力引导到学习上来”。这一创新举动充分调动了学生完成作业的主动性与积极性。所以，做一位有心的老师或许能够创造出另一番新气象。

教师应尊重教育科学规律，尊重学生的心理发展规律，从学生实际出发，设计合适、合理、合情的作业，注重提高学生的学习效率、作业质量。努力寻找一条时间投入少、效率产出高的作业布置之路，如此才能减轻学生、家长、老师的负担。

第二，告别懒惰，培养习惯，强化责任。

前面提到，造成假期作业怪圈的主因是学生懒惰。要想他们告别懒惰，需要从习惯培养做起，也就是习惯问题习惯治。首先，强化责任意识。写作业是学生的责任，教师及家长应让学生具有明确的责任意识与责任担当，认识到抄袭、不写、乱写作业是对自己的不负责任与不尊重，从而端正学习态度，养成良好习惯。其次，培养学生按时完成作业的习惯，要求学生必须按照教师的要求按时完成作业。教师要给出明确的作业完成时间，并让家长配合检查督促，教师及时收回作业并认真批改反馈。再次，培养学生独立完成作业的习惯，做作业禁止抄袭，禁止不思考而直接使用 App 搜题，不懂的问题需要先思考再向他人请教，直到理解为止。最后，对待作业要认真仔细。有些学生为了挤出玩的时间，草草地写完作业，书写潦草，卷面邋遢，缺乏深度思考，这是学生常犯的错误。教师与家长应做好配合，强调做作业时要专心致志地完成，这是写作业又快又好的捷径。

拉罗什富科曾说："懒惰虽然柔弱似水，却常常把我们征服，它渗透进生活中的一切目标和行为，蚕食和毁灭着激情和美德。"所以，告别懒惰、克服懒惰，作为学生，未来可期。

第三，父母陪伴，言传身教，遇见美好。

在学习这件事上，想让孩子做到绝对的自觉是根本不可能的。孩子的健康成长是离不开父母陪伴的，父母的位置任何人都无法替代。孩子假期在家时，父母有义务做好监督。例如，家长每天要抽出 15 分钟的时间检查孩子的假期作业。如果家长对于孩子的作业已经无法判断对错，也可花上 15 分钟的时间检查一下孩子的认真程度，并跟孩子做好沟通。不要简单地将问题抛给老师，毕竟简短的沟通也能让孩子感受到家长对于自己的重视。

现在的人们手机不离手，其实我们的孩子在假期中的玩伴更多的也是手机。为什么孩子回到家也会手机不离手呢？会不会是受到父母潜移默化的影响呢？父母的言行是会深刻影响到孩子的。记得有一篇文章讲述的是清华才女武亦姝的家庭教育。武亦姝的父母并没有强行让她学习，而是采用引导的方式。爸爸在沙发上看书，妈妈在地毯上看书，小小年纪的武亦姝便也会趴在书桌旁阅读自己的书。父母是孩子最好的老师，所以父母如果采用了放养式的教育，那最后受欺骗的只有自己。孩子还小，未来的路还很长，做一位明智的家长，好好陪伴孩子的成长无比重要。

（葛　璐）

敬业乐群，遇见更好的自己

“敬业乐群”出自《礼记·学记》：“一年视离经辨志，三年视敬业乐群，五年视博习亲师，七年视论学取友，谓之小成。”“敬”是指专心，“业”是指学业，“乐”是指爱好、喜爱，“群”是指同学或朋友。“敬业乐群”的意思是要专心致力于学业，乐意与同学、朋友切磋琢磨，探讨学问。

我们经常在书本、学校或其他单位的醒目位置看到“敬业乐群”这个词，对于这个词我们也有自己的一些肤浅认识。近期，学校组织了一次关于“敬业乐群”的大讨论活动，我对“敬业”又有了更深刻的认识。

第一，敬畏职业。其实，一个人无论从事什么职业，都得敬畏自己的职业，这是对自己职业的起码的尊重，是一种职业道德，也是干好工作的前提。想想若自己都不敬畏自己的职业，又何谈让别人来尊重你的职业呢？而如果对自己的工作没有敬畏之心，往往在工作中就有可能没有底线，甚至会为所欲为、无法无天。近些年，那些被打的“老虎”和“苍蝇”，就是缺乏对自己职业的敬畏之心，以致做出违法乱纪的事情。

自古以来，教师这个职业就一直被赋予特殊的意义，“春蚕到死丝方尽，蜡炬成灰泪始干”“教师是太阳底下最光辉的职业”，所以我们更应该敬畏教师这份职业，热爱教师这份职业，以最大的工作热情投入教学工作中去。

第二，勤奋，兢兢业业。作为教师，我们几乎每天都会给自己的学生苦口婆心地强调勤奋的重要性，但有时候却对自己放松了要求。我认为，勤奋工作应做到以下几点：

首先，完美呈现每一节课，做到精准教学。我一直感觉，教师的灵魂就在课堂。每当自己在讲台上游刃有余地播撒知识的时候，油然而生的那种幸福感是不言而喻的。台上一分钟，台下十年功，为了这一完美呈现，我们课下必须认真钻研教材和相关考点，不放过任何一个疑难，从而真正实现精准教学。

其次，关爱永远不下课。教师这个职业不同于工人生产产品，我们面对的是一张张可爱的面孔。“师者，所以传道授业解惑也”，我们除了教授学生知识，更重要的是传授给孩子做人的道理，传道是第一位的，也就是说，教书育人，育人是根本。孩子的成长是持续性的，所以我们必须持续不断地关注每一位孩子的成长。

最后，要不断学习。举个简单的例子，现在跟学生交流时，学生会使用带有明显时代特色的网络用语，以致我们有时已经听不懂了。这其实就是代沟。代沟的产生，年龄不是重要原因，重要的是我们的知识跟不上时代的步伐了。“问渠那得清如许，为有源头活水来”。作为教师，我们一定要与时俱进，不断加强学习，要怀着一颗与学生一起成长的心，只有这样，才能真正实现教学相长。

第三，专注，做到心无旁骛。一个人对工作的专注力，也就是有效工作的能力，是成功的重要保障。成功与否，在很大程度上取决于一个人的专注力。试想，专心致志地做一件事和朝三暮四地做一件事，其结果一定是大相径庭的。教学工作同样如此，我们一定要专心致志做教育，全身心投入，心无杂念。

关于“乐群”：是在敬业的基础上，学会与他人合作相处。

记得2012年我在泰安参加省优质课评选的时候，把学生分成了4个组，即T组、E组、A组和M组。当时分组时我是设了一个悬念的，课的最后我是这样总结的：Everyone（大家）together（一起）achieve（实现）more（更多）。也就是说，只要我们大家心往一处想，劲儿往一处使，我们就一定是一个完美的team（团队）！

对教师来说，学校是一个team，我们每个人都要想学校之所想，急学校之所急，一切为了学校的发展，要有大局观念，处处以集体利益为重，不要为了局部的个人的私利而损害学校的整体利益。

总之，只要我们怀着一颗敬畏之心对待我们的职业，勤奋工作、兢兢业业，心无旁骛地专注于工作中的每一分每一秒，我们的生活就会更加充实而美好。然后发现，原来我们还可以遇见一个更好的自己！

（黄莉莉）

和谐亲子关系的几点探索

“不提学习，母慈子孝；一提学习，鸡飞狗跳。”作为一名初中生的家长，我真的是深有感触。家长在催促孩子写作业、抽查学习效果时，经常控制不住自己的情绪，从而影响了亲子关系的和谐。在这种情况下，家长需要调整好自己的状态，和孩子一起解决问题，帮助孩子成长。

一、管理好自己的情绪

我们先理智地回忆一下，当家长管控不好自己的情绪，马上就要爆发时，下一步会发生什么呢？首先一定是家长对孩子的一番指责，之后孩子据理力争或者沉默不语……这些对于问题的解决，真的有用吗？孩子在家长的威严下有可能选择服从，但心里未必会认识到自己存在的问题。也有可能导致冲突升级，从而带来更糟糕的后果。

青春期的孩子，生理和心理逐步发育成熟，自我独立意识增强，希望得到承认和尊重，但很容易冲动。在冲突发生时，父母一定要管理好自己的情绪，必要时与孩子分开冷静一下。此外，青少年很在乎其他人的评价，所以不要当着外人的面批评孩子。即便在家里批评孩子，也要点到为止，切忌絮叨。家长不妨把处理问题当作一种学习，和孩子一起探讨解决问题的办法，而不是一味地发火。

二、注意沟通方式

孩子的情绪和行为有时候是向家长传达信息，但如何解读还需要和孩子确认。例如，孩子上课兴致不高，有可能是因为对内容不感兴趣，也可能是因为已经学会了，当然还有可能是因为太难。只有了解了孩子的情况、孩子的需要，我们才能和孩子在同一个频道上开始对话，从而找到合适的解决方法。

记得前几天的一节英语课上，儿子的听课状态非常不好，表现出明显的烦躁和心不在焉。在这种情况下，我没有反复强调英语课有多重要，这样做如何不好，而是关切地问：

“儿子，你为什么这节课心情不好？”孩子立即向我抱怨：“空中课堂的这位英语老师说的我都听不懂。”于是，我就仔细听了一会儿，发现这位老师全程使用英语，而且语速较快。平时儿子不是特别重视英语口语和听力的学习，这时我觉得机会来了。我说：“这位英语老师的口语其实很棒，就是语速稍快了些，如果你的英语听力和口语的水平再提高一下，应该问题不大，当然这是一个循序渐进的过程，以后可以慢慢提高，不过今天你可以再回放一遍，效果应该会好一些。”儿子连连点头，又把这节课重新学习了一遍，效果当然是有的，而且之后儿子主动要求每天听 20 分钟的英语。

三、增加亲子互动

家人共处的时间是难得的培养亲子关系的时间，我们应该充分利用好这种时间，增加亲子互动。

1. 适时增加一些仪式感。全家一起行动，精心准备，进行一些有积极意义的庆祝活动。例如：适当的时候，家人可以准备一桌丰盛的晚宴来庆祝孩子某个小目标的达成。据统计，家庭的仪式感是维持良好亲子关系的秘诀之一。

2. 举行亲子活动。家长可以和孩子一起进行一些家庭活动。例如：晚饭后，全家人共同看一部电影，然后一起对这部电影进行简单的评论；一起进行体育锻炼，同读一本书；家长和孩子一起做一顿饭，既使孩子学习了新技能，又增进了亲子关系，从而促进了家庭和谐。

3. 开启一个共同话题。对于已经升入中学阶段的孩子，家长可以跟孩子一起关注热点新闻，并各自发表自己的看法，也可以聊聊孩子最近关注的事情、和同学的关系等。

总之，只要我们用心经营，一定会收获和谐的亲子关系，从而成就一个更加优秀的孩子！

（黄莉莉）

也谈师生之间的有效沟通

“老师，我不想上学了。”一个周一的早晨，我们班的张同学哭着对我说。我忙问：“为什么呀？发生什么事了吗？能告诉老师吗？”“没什么老师，我就是想去打工挣钱，离开这个家。”听她这么一说，我立即意识到一定是她家里发生了什么事，于是又问道：“是不是家里有什么事儿？老师可以帮助你吗？”但是她摇摇头，似乎有什么难言之隐。这个时候，我觉得不能再问了，唯一能做的，就是给她一个温暖的怀抱。她趴在我的肩膀上，泣不成声……

过了一会儿，张同学告诉我，她的爸爸经常酗酒，喝醉了就在家打骂她和她妈妈，她妈妈甚至都有离婚的念头。了解到这些情况之后，我又和张同学进行了一番促膝长谈，让她明白没有一个父母不爱自己的孩子，而且建议她和妈妈一起帮爸爸戒酒，挽救爸爸，挽救这个家庭。一周后，她主动来办公室找我，高兴地告诉我经过她的一番努力，她爸爸同意戒酒了！

“如果学生不愿意把自己的欢乐和痛苦告诉老师，不愿意与老师坦诚相见，那么谈论任何教育总归都是可笑的，任何教育都是不可能有的。”这是教育家苏霍姆林斯基说过的

一句话。可见，教师与学生之间的有效沟通非常必要，这是一种重要的教育方式。那么，师生间应如何进行有效的沟通呢？

一、教育的起点是爱

据统计，教师在与学生沟通时，讲道理只占5%，关爱占到95%。冰心老人也说过："爱是教育的基础，是教师教育的源泉，有了爱便有了一切。"教师对学生的爱，是母爱之外，世界上又一种神圣的爱。师爱，是师生之间心灵沟通的桥梁。只有当教师对学生付出真挚的爱，亲近和信任学生，学生才会对教师敞开自己的心扉，教师才能进行动之以情、晓之以理的感化和沟通，才能对症下药，从而达到预期的效果，进行良好的德育教育。

二、公平对待每一位学生

在日常的教学活动中，我们经常偏爱那些成绩较好的学生，认为成绩不好的学生其他方面往往也不好，这对很多学生来说是不公平的。陶行知先生说过："你的教鞭下有瓦特，你的冷眼里有牛顿，你的讥笑里有爱迪生。"每个孩子都是不同的，我们应该尊重个体差异性，每个孩子都希望被老师公平以待，讨厌老师偏向。尤其是那些身体或心理有缺陷的孩子，更需要老师做到这一点。我们班有一位类似孤独症的王同学，她在学校里从不和任何老师或同学交流，也基本没有任何表情。据她妈妈说是小时候转学导致的，也曾看过心理医生，但一直没有任何起色。对于这样一位学生，我平时特别关注她。前阵子，学校里让各班完善自己的班级文化，我们缺一张师生集体合影。约好下午大班空去操场拍照，但在学生排队时，我没有发现王同学，就让班长去教室喊她，但是她不肯出来。于是我走进教室喊她，对她说："这是我们全班师生的合影，一个同学都不能少的。我们大家都在等着你呢，快来！"王同学有点不好意思，半推半就地就出来了。合影出来的那一瞬间，我发现，王同学是我们班里笑得最美的。她的内心其实多么渴望这张合影！教师真心平等地对待每位学生，对她来说多么重要！

三、学会欣赏鼓励学生

"金无足赤，人无完人"，我们每个人都是不完美的，学生亦如此。我们应该善于发现学生身上的闪光点，并以恰当的方式进行赞美和鼓励，这一定会极大地增强学生的自信心，从而促进学生的发展。所以，我们一定要不吝啬赞美和鼓励的语言。当学生取得成绩时，我们一定要及时给予赞扬；当学生成绩不理想或某方面表现得不够完美时，一定要给予适时的鼓励，增强学生的自信心。同时，这也能够拉近教师和学生之间的距离，学生更愿意亲近老师，从而能有效促进师生的进一步沟通。

四、适当使用肢体语言

"老师，特别喜欢和您聊天时，您的手放在我的肩膀上，眼神专注地看着我……"

"我取得成绩时，您经常给我一个大大的拥抱，感觉好自信；我情绪低落时，您的拥抱又让我感觉好温暖。"

适当地使用肢体语言也能促进师生之间的有效沟通，有

时候，无声胜有声！

总之，教书育人是一门艺术，对于师生间的有效沟通，更是如此。只有对学生充满爱，同时掌握一定的方法和技巧，才能构建和谐健康的师生关系，促进师生的共同进步和成长。

（黄莉莉）

信任的力量

“咱们班原来谁当过班长？”

“老师，A 同学，初二一直都是她。”

“那男生有没有当过班长的？”

“没有，老师，男生都不是那块料，咱们班有点阴盛阳衰。”

“谁说我们班阴盛阳衰？老师，我在小学和初一的时候都当过！”B 同学说。

这学期九四班的班主任调走了，所以学校安排我担任这个班的班主任。学期开始，我要先成立班委会，这是第一节班会的情景。这位自告奋勇的 B 同学，引起了我的注意……

经过向原班主任、任课老师以及同学们多方询问，我了解到这位 B 同学对班级管理的热情度很高，人缘也不错，但就是自制力比较差，学习的积极性也不是很高，不能够起到模范带头作用。但是，我的管理理念一直都是男女生各有一个班长，因为男女生的性别差异，女生细心但是往往缺乏魄力，而且统筹能力和灵活性较差，而男生的魄力以及应变能力相对较强，男女班长合作管理班级可以实现优势互补，有利于班级建设。就这样，我还是瞄准了B同学。

一周后，我把B同学叫到办公室："孩子，据我了解，你乐于助人，具有强烈的集体荣誉感，有很强的组织能力和班级管理能力，这些优点我都非常欣赏！"B同学一听，迫不及待地说："老师，您是不是要选我当班长？"本来我想说先试用他一段时间，再确定班长的事儿，但看着B同学一脸的热情，就直接顺水推舟了："对，咱班的男班长，你是最佳人选。有信心干好吗？""Yes, madam! 看我行动吧！"B同学调皮地朝我敬了个礼。

两位班长上任后，班里各项工作安排得井井有条，各项评比在年级中都名列前茅。可好景不长，两周后的一天晚上，我看到宿管群里曝光了九四班的宿舍垃圾图片。第二天一早，我就开始调查此事，结果竟然是B同学把零食带到宿舍，分给同学们吃，然后弄了一地垃圾。这令我异常气愤，第一时间把B同学喊到办公室，开始训斥："首先，禁止带零食入校，这是学校三令五申的事情，你作为班长，不但不以身作则，还带领同学去违反，你罪不可赦！班长你也不用干了！""别呀，老师，这次真的是我没有控制住自己，作为班长，带领大家违反学校的规定，任您怎么罚我都行，就是求您再给我一次机会，我一定各方面严格要求自己，以身作则，积极发挥模范带头作用！"尽管之前有同学甚至老师劝我不要让B同学担任班长，担心B同学对班级的影响不好，可我看他的态度那么诚恳，还是选择了对B同学的信任："那好，只要你能够认识到自身的问题，并积极付诸行动去改进，老师还是选择信任你！”

因为，18 年的工作经历让我深深感悟到：尊重孩子是爱孩子的前提，而信任就是孩子们成长的加速器。只要给予学生们充分的信任，他们就一定会还我们足够的精彩。

几周后，我被学校告知要去南通参加一周的培训，接到通知的那一刻，我非常担心，离开的这一周，我们九四班的孩子怎么办？于是召集班委成员，商量此事：“同学们，下周我要外出培训一周，我很放心不下班里的事，这样吧，让你们数学老师临时代理咱班的班主任。”B 同学立马拍着胸脯说：“老师，您是不是对我们班委的几位同学信不过呀？有我们在，您就放心走吧。若有什么问题，您回来后第一时间收拾我！”想起李希贵老师的一句话：“学生的潜能就像空气，可以压缩于斗室，可以充斥于广厦，就看我们给他们提供什么样的空间。”对呀，这是学生实现自我管理的好机会，何不予以充分信任？于是我就答应了他：“好的，那就看你们班委的力量了！”在两位班长的努力下，我离开的一周，班级纪律非常好，学习氛围浓厚，各项评比甚至比我在校时还要略胜一筹。同学们都说：“老师，咱们班的男班长越来越牛了，都成我们的男神了！哈哈！”

信任，让我体会到了每一个渴求尊重与肯定的孩子们的可爱。我坚信：为人师者，只要我们发自心底地给予孩子们充分的信任，他们追梦的途中定会一路芬芳！

（黄莉莉）

手机风波

——关于增强孩子自制力的思考

事情的开端是因为一部手机。这部手机没什么特别，老版 vivo，是我在用的。早上临上班前，我对上初二的儿子说："我把手机留给你，你一定要约束好自己，认真听课，除了交作业外不能碰手机。"他信誓旦旦地答应了。我们没有给儿子配备智能手机，而老师要求提交的作业几乎都是拍照或录视频上传的。白天有很多练习或作业，儿子都是拖到傍晚我们下班之后才交，时间长了老师也有意见，于是就有了开头的一幕。

单位离家远，我们经常一走就是一整天。可今天中午，因为有个文件落在家里，我们便驱车回了家。打开家门的一瞬间，儿子慌慌张张地从主卧跑了出来，一脸震惊无措。他爸一下子急了："干吗去了？""给手机充电……""早上手机电还是满的，玩游戏了？""嗯……"他爸把他拽到书房里一通狂轰滥炸，我的脑袋也"嗡"的一下疼了起来。怎么就这么管不住自己呢？一上午都在玩游戏了？那以往是不是也经常趁我们不在家自己玩？平时就懒，做个作业拖拖拉拉，字写得乱七八糟，别人家的孩子铆足了劲儿要赶超别人，他倒好，周考一次比一次差，毫无上进心，没动力、没毅力，将来可怎么办？

整个下午我都是在气愤、抱怨、指责、失落中度过的，直到晚上平静下来，我开始反思这件事：这个年龄的孩子正处于青春期，未成年，生理和心理发育都不够成熟，抵御外来诱惑的能力本来就差。完全依靠他们自己约束自己是不可能的，仍需要家长或老师指导和帮助他们。

我归纳了一下儿子的现实情况：首先，时间观念尚有。每天能按时上课，早上6点起床，晚上10点左右睡觉。其次，学习效率不高。写作业拖沓，虽然不玩大型游戏，但也会用其他方式放松自己，比如吃零食、满屋子乱转或者发呆。再次，学习没有紧迫感，紧张不起来。最后，只是学一些基础的东西，就自我感觉良好，满足于现状。其实儿子是个比较听话的孩子，也有自己明确的学习目标（考一中），但就是自制力太差，容易走神，懒惰。我想儿子身上存在的这些问题大概也是当下很多青少年身上共存的问题。

那么，怎样才能提高孩子的自制力？我上网查阅了许多资料，收获颇丰。《哈佛幸福课》里说："保证我们高效运转的其实是习惯，而不是自制力。"人的自制力是有限的，即便是那些赫赫有名的精英人物，他们也是得益于后天构建起来的习惯体系。可见，养成习惯是提高自制力的好办法。

我认为可以从以下几个方面来养成习惯。

第一，有触发习惯养成的要素，它可能是时间、地点或场景。比如某些老师在学生学习过程中强调了几个动作以帮助学生养成良好的学习习惯。学生入校第一天，就会把手机、平板电脑等上交给班主任，这样就避免了在一周的学习生活中注意力不集中。我在指导学生学习"道德与法治"课程时，也要求学生每学完一课都要画个思维导图，以归纳总结这一课的知识，这些就是触发习惯养成的要素。

第二，形成惯性行为。好习惯的养成可能是一个漫长而艰难的过程，很多时候还要与旧的不良习惯做斗争。这方面如果坚持不好，之前的努力就会徒劳无功。所以家长或老师要耐心帮助孩子。比如和孩子一起制定细致的、可完成的学习任务，督促孩子在规定的时间内完成。在习惯养成的过程中，除了督促和指导外，还要给予孩子支持和鼓励。

第三，及时奖励。坏习惯容易养成且难以改变，就是因为它们容易即时满足，像手机游戏、吃零食、睡懒觉等都是这样。好习惯难以形成，恰恰是因为短期的奖励不够明显。所以我们在孩子培养习惯的过程中要及时给予反馈和奖励。发现孩子们身上的闪光点，并加以放大，让他们获得认同感和成就感，这样更能促使他们坚持下去。

第四，要有理想信念。目标是前进的动力，我们每个人的人生都不是漫无目的的，都会有自己要追寻的东西。追求目标的信念越强烈，就越能忍受过程中的艰难困苦。有些孩子喜欢看电影，那么肯定有最喜欢的故事和主人公，我们可以用主人公的经历激励他们；有些孩子喜欢体育运动，我们可以用他们最爱的体育明星来激励他们；有些孩子的理想是考上清华北大，我们就时常用这个理想来激励他们……我们还要引导孩子，做一个积极乐观向上的人，正视自己，学会爱自己，然后去爱这个世界。

没有一朵花的绽放不经历风雨，希望在我们的帮助下，孩子们都能茁壮成长。

（常明凤）

教师要有自己的教学风格

——一堂优质课的感悟

在2020年茌平区“道德与法治”优质课评选活动中，来自茌平实验中学的张先军老师讲授的“以礼待人”给我们留下了难以磨灭的印象。整堂课如春风化雨，润物无声。张老师以其沉稳大气的人格修养、成熟稳重的教学风格带领在座的师生走进一堂精彩纷呈的思政课。回顾这节课，教学思路、教学方法以及课堂开展似乎并没有过多的奇巧之处，真正吸引我们的，是张老师独特的教学魅力。

在这节课上，张老师以“礼”为线，以旅途站台为课堂引导结构，分别设置“礼”途第一站——初识礼、“礼”途第二站——探明礼、“礼”途第三站——践行礼三个环节，清晰明了。课堂的整体设计井然有序，让学生在闲庭信步中愈走愈清、愈走愈明，不知不觉掌握了预设内容。我认为，一堂好课必是一堂让人听后感觉舒服的课，短短四十分钟下来，我沉溺其中，无法自拔。张老师显然不是那类课堂上激情澎湃、热情洋溢，靠丰富的语言、肢体动作去影响、感染学生的教师，整节课也没有像大多数公开课那样学生高谈阔论、起坐喧哗，似乎看起来并不那么“热闹”，但正是这种宁静，让人感觉心灵澄澈、心清脑明，学生们也是带着一脸满足与意犹未尽离开课堂的。

总结起来，张老师打动我的地方有三个方面：第一，恰到好处的引领。上课之初，很多老师为了吸引学生的注意力，会设计丰富的导课环节，大多是一段视频、一首歌、一个互动小游戏等，很是热闹。而张老师就稳稳地往那儿一站："你知道古代的敬师礼是什么样子吗？"一下子引起了学生的兴趣。张老师随即带领大家学习古代拱手礼，短短几十秒的互动中，学生既明确了礼的重要性，又增强了尊师的情感。之后每个过渡环节的引导亦是如此，自然而又引人入胜。第二，深厚的知识底蕴。张老师的课堂语言自然流畅，不疾不徐，但在关键处总能爆出金句，诗词典籍、名言警句，信手拈来，精准而不突兀。这样的教学语言绝不是一两天能准备好的，必是在几十年的教学生涯中逐渐积累，渐渐内化成了自己独有的特点。第三，和谐的师生互动。张老师最令我佩服的就是与学生的互动，明明没有热情洋溢的呼吁，也没有花样翻新的交流，但学生们仿佛被一根无形的丝线牵引，而张老师又仿佛手拿指挥棒的指挥家，左一指右一指，学生雀跃而至，完美地完成了一节课的讲授。以上这些都是张老师独特的教学风格。

著名文学家歌德说："风格，是艺术所能企及的最高境界。"教育也是一门艺术，也讲究追求卓越、与时俱进、开拓创新，而教师，亦应该有自己的教学风格。我们经常会听到同行之间的评价："这位老师教学很有风格""那是一位有独特教学风格的老师"。这里的风格可能是不同于他人的一种教学特点，也许是性格，也许是教学方法，或者教育手段，总之，应该是属于自己的一种特殊的印记。我们也会听到这样的评价："这位老师没有什么特别的。"这就说明此人风格不甚明确，或者没有风格。

教学风格是指教学活动的特色，是教师的教育思想、个性特点、教育技巧在教育过程中独特的、和谐的结合和经常性的表现。教学风格的形成是一位教师在教学艺术上趋于成熟的标志。作为教师，我们要有自己的教学印记，这样才会吸引学生去靠近。那么，教学风格该如何形成呢？我认为可以考虑以下几点：

首先是热爱，这是形成教学风格的前提。于我们，就是对教育事业的爱，对手中工作的爱，对所教学生的爱。热爱，方有所成。于漪老师曾说："一个人的生命是有限的，而我们的事业是常青的。作为一名真正的教师，是用生命在歌唱，用生命在实践……假如我有第二次生命，我仍然毫不犹豫地选择教师这个崇高而神圣的职业。"这样的热爱，何事能不成呢？通观我们身边的优秀教师，他们优秀之处各有不同，有的在自己主教的学科中出类拔萃，有的所带的班级斗志昂扬、积极向上，有的热心钻研、著书立说，但他们都有一个共同的特点，那就是对于教育事业的专注和热爱。要想形成自己的教学风格，须保持这份对教育、对学生的爱，这样才会对教育充满激情，才会更有恒心、毅力和动力去探索、创造和发展。

其次，广博的知识、丰富的经验积累和充足的理论准备，是形成自己教学风格的坚实基础。要做一个见多识广的老师，在教学过程中不断积累实际经验，持之以恒地学习，研究教育理论，多反思、多总结，不断提高自己的教学水平。正如著名教育学家马卡连柯所说："教育学是最辩证、最灵活的一种科学，也是最复杂、最多样化的一种科学。"我们只有不断学习、充实和完善自己，才有可能最终形成自己的教学风格。

再次，我们要向他人学习，采众家之长。向那些优秀教师、名师、骨干等学习，多研究他们有效的教育教学方法，并转换为自己适用的手段。

最后，我们还要进行细致的思考。一味地模仿、借鉴他人是走不远的，一时的成效也只是表象，不可能形成自己稳定的教学特征和风格。我们需在不断借鉴、实践中加深思考，研究方法、手段背后真正实质的东西。要想有所成就，必须常钻研、常思考，不断去发掘更新、更好的理论，在思考中抓住规律、找到方法。要时刻保持好奇心、进取心，遇到问题想一想为什么、怎样做。实际教学中学生会出现五花八门的状况，为什么会产生这些问题？它们有没有共同的特质？究竟该如何处理解决？这件事让我明白些什么？……对这些问题的探究思考会让我们得到提升，从而形成属于自己的教学风格，这是非常重要的一环。

总之，要想形成自己的教学风格，需对教育事业有深厚的情怀，要有爱，还要有丰富的知识和能力积累，更要在不断的实践中反思、提升自己。

（常明凤）

你的目标是什么？

——一次师生对话的思考

临近学期末，班里的学习气氛悄然热烈了起来。优秀生开始暗地里争分夺秒地“加班”，待优生也减少了喧哗，老老实实拿起书，硬着头皮啃起来，气氛一度有点紧张。某次下

课后，我忍不住对着一大片伏在桌子上的孩子们喊道：别闷在教室里了，都出去走走，呼吸呼吸新鲜空气！他们略带无奈、懒洋洋地走出了教室。“老师！老师！……”几个欢快的女孩子上来围住我问东问西，很快男孩子们也围了上来。我陪他们走出教学楼，沐浴在蓝天白云下。

梦宇留着可爱的学生头，圆圆的小脸、大大的眼睛，笑起来露出两颗小虎牙。我问她：“你的目标是什么？”“目标？”她歪着脑袋想了想，“近的来说，期末检测年级第一！”引来一片惊叹。梦宇学习非常刻苦，她已经连续三次在年级统考中得第一了。“那远的呢？”我忍不住问。“远的就是考进理想的高中，然后上名牌大学，最终实现自己的梦想……”她的眼睛熠熠生辉。我赞许地摸了摸她的头发。“老师，我的目标是这次期末考年级前十！”班长雨萱是个急性子，我鼓励地点点头。路安同学又高又壮，从小备受家长呵护。我问他：“你呢？”他兴奋地回答：“老师，我爸爸说只要我这次能考年级前 20 名，就给我买新手机！”唉！就知道玩。王凯笑眯眯地站在那儿，见我看他，便答：“我的目标是初中打好基础，毕业了去上技术学校学汽修，听说现在汽修可赚钱了！”大家一片哄笑。文慧在班里并不显眼，成绩也不太好，她的回答是：“我可能上不了很好的高中或大学，但我觉得将来幸福快乐就好，过好生命中的每一天。”……上课铃很快响了，大家一窝蜂地涌回教室。

回到办公室的我却久久无法平静。目标对我们很重要，因为它的存在，我们的人生才有了发展的方向，我们才可以清晰、坚定地前行，而不是徘徊在某地止步不前或四处观望。目标是我们前进的动力，是夜晚通向家门的一盏盏路灯。因为有了目标，无论人生道路上遭遇什么艰难险阻，我们都不会孤独无望。作为教育者，我们也经常教育学生们找准自己的目标。大家的目标各不相同，比如刚刚的路安同学，他把爸爸妈妈的期待当作自己的目标，这在大多数孩子身上是普遍存在的现象。但这样的目标只是源于别人的期望，并不是自己的。它究竟适不适合你？你能否实现？你实现它的动力如何？当有一天他人的期待不在时，你又该何去何从呢？这都是需要认真思考的问题。所以，我们应引导这部分学生，随着成长将这种外界期望转化成自己的目标，让它在你的生命里生根发芽，完完全全融入你的血脉里，与你一起成长。还有的同学把世俗的观念当成自己的目标：当前社会崇尚金钱，那么金钱就是目标；崇尚权力，那么权力就是目标……如王凯同学，他的目标就是赚钱。是啊，这是一个无法脱离金钱的社会，很多人的价值观就是金钱至上，有钱就拥有了一切！可是，金钱真的可以当作目标吗？我以为，目标应该是永恒的追求，是指引我们不断向前的力量，生命因有了目标而更有意义。金钱，只能是手段而非目标。文慧同学把快乐和幸福当作人生目标，的确很美好。但仔细推敲的话，快乐和幸福并不只是单纯的快感，它源自哪里呢？应该来自自我价值的实现。实现自我价值也需要目标感，一个没有目标的人，又何谈价值呢！

综上，每个人都需要目标，寻找目标并不是太难的事，但这个目标应该是你自己的需要，而不是爸爸妈妈、老师或者其他人的需要。

（常明凤）

谈谈我身边的农村家庭教育

家庭，是孩子的第一所学校；父母，是孩子的第一任老师。著名心理专家郝滨曾说过："家庭教育是人生整个教育的基础和起点。"家庭教育是整个教育体系中的重要组成部分。作为一名在农村一线从教20年的基层教师，我目睹了现今农村家庭教育的现状，现就我了解到的身边情况，谈谈我的看法，不当之处，敬请指正。

近年来，随着社会的不断进步、国家综合国力尤其是经济实力的提高，农村教育水平也得到了很大提升。人们更加重视教育，这一代农村家长都清楚知识的重要性。他们吃过文化水平低的苦，即便是现在，大部分农村家庭的主要收入还是依靠体力劳动。二十年前，农村家庭受现实条件制约，大多要求子女能上完初中就行，考不上高中、大学就回来干农活。现在的父母对子女的要求是能上到哪儿就供到哪儿，至少有高中或中专文凭。这一代的农村父母自身文化水平基本也都是初中或以上。

但是，农村家庭教育仍然存在很多问题。

第一，家庭教育观念落后。随着农村家庭收入的提高，孩子的生活需求得到了更好的满足。又因为农村父母文化程度有限，在教育子女方面就会产生"我供你吃好穿好，怎样教育和学习就是学校和老师的事了"这种错误观点。他们在生活上努力给子女创造更好的条件，有的甚至有求必应，但在其他方面则放任不管。这种靠金钱、溺爱培养起来的孩子，大多任性、懦弱，耐挫能力差，吃不得一点苦，一点点挫折就可能将其击败。还有一类家长认为孩子必须严格教育，秉着棍棒教育的传统思想严加要求，孩子必须达到他们定的目标，不考虑也不关心实际情况，只要达不到他们的要求，非打即骂，甚至冷暴力，导致孩子过早叛逆，无法达到良好的教育效果。

第二，家庭教育缺失。近年来，农村留守儿童越来越多。很多父母为了改善家里的经济条件，选择去城里甚至外省打工，孩子就留给爷爷奶奶带。老人年纪大了，照顾孩子本就力不从心，教育就更谈不上了。孩子们年龄还小，生理、心理发育都不成熟，尚需各方面的帮助。缺失了家庭教育，有的孩子变得孤僻、闭塞，与外界隔绝，还有的孩子通过网络、社会等途径沾染了很多坏习气，渐渐走上逃课、逃学直至辍学的道路。

第三，家校沟通不畅。现在的农村家长，不仅在家缺乏与孩子的交流，与老师之间也缺乏有效的沟通。开家长会，总会来一批爷爷奶奶，爸爸妈妈以忙为借口不出席。有的妈妈来是来了，还拖带着更小的弟弟或妹妹，就像游玩一样，应付了事。老师在与家长交流的时候，他们大多只会说“孩子就交给您了，只管教育就行”。殊不知，教育不只是学校的事，家庭教育、社会教育缺一不可。日常学习生活中，也有相当一部分家长不配合学校的工作，打电话联系不上。更有甚者，孩子犯了错被老师责罚，家长来学校不问缘由地大吵大闹，这样的家庭给学校工作带来很大的困难。

以上是我了解到的身边农村家庭教育现状及存在的问题。宋庆龄曾说：“孩子们的性格和才能，归根结底是受到家庭、父母，特别是母亲的影响最深。孩子长大成人之后，社会成了锻炼他们的环境，学校对年轻人的发展也起着重要的作用。但是，在一个人的身上留下不可磨灭的印记的却是家庭。”家庭是孩子成才的摇篮，只有良好的家庭教育，才能促进青少年的健康成长和未来发展。这给我们以后的教育提出了更高的要求，怎样做好家校沟通工作，帮助家长提升教育能力，是我们下一步工作努力的方向。

（常明凤）

让法治意识在青少年心中生根发芽

2021 年 1 月 25 日（即茌平区中小学放假当天）凌晨 0 时许，金牛湖公园北部的金牛山上突然出现多处火情，消防大队接到报警后及时赶到，将大火扑灭。据金牛湖国家湿地公园管理服务中心负责人介绍，金牛山的东山西北侧、西山东北侧的 300 多棵名贵树木、地面草丛、照树灯，以及东山观景平台部分木地板惨遭大火焚毁，粗略估计经济损失约 150 万元。茌平公安局立即立案侦查，1 月 29 日将犯罪嫌疑人徐某、曹某抓获。

故意放火会构成犯罪，我国法律对这一犯罪行为的惩处是非常严厉的。《中华人民共和国刑法》规定：放火，决水，爆炸，投放毒害性、放射性、传染病病原体等物质危害公共安全，尚未造成严重后果的，处三年以上十年以下有期徒刑，致人重伤、死亡或者使公私财产遭受重大损失的，处十年以上有期徒刑、无期徒刑或者死刑。

办案民警介绍，这两名犯罪嫌疑人年龄不大，分别为15岁、19岁，他们实施放火犯罪行为纯属心血来潮、一时冲动，丝毫没有认识到自己行为的性质，更没有考虑到行为后果的严重性。讯问中面对他们稚嫩的面庞和慌乱的眼神，民警也感到十分痛心和惋惜。

消息一经传出，在社会上引起了强烈反响。人总要学着对自己的言行负责，自己承担后果，或好或坏。可怕的是，有的后果，我们承担不起。联想到之前看到的未成年人违法犯罪案件，我们深深意识到，加强对未成年人的法制教育迫在眉睫。建设社会主义法治国家，需要高度重视树立青少年的法治意识。青少年是祖国的未来、民族的希望，肩负实现中华民族伟大复兴的重任。抓好青少年的法治宣传工作，引导青少年树立社会主义法治理念和法治意识，养成遵纪守法的行为习惯，提高青少年的法律素质，对于青少年的健康成长和国家的长治久安都具有重要意义。

随着年龄和阅历的增长，青少年的社会经验、社会见闻不断丰富，他们初步感受到法律与自己的社会息息相关。特别是党的十八大以来，党中央对全面推进依法治国做出重要部署，对法治宣传教育提出新的更高要求。通过新闻媒体报道等渠道，初中生对我国不断推进的法治化进程有了一定的了解。但由于他们的生理发育、心理发展还不成熟，思维水平和社会经验有限，他们对法律的认识比较片面，一提起法律，他们可能会更多地联想到威严、强制性，很少能想到法律的保障作用。也有的学生违法犯罪却浑然不知，缺乏法律意识。家庭、学校、社会等方面应帮助学生养成遵法、学法、守法、用法的习惯，增强法律意识，促进他们健康成长，推进法

治中国建设的步伐，引导学生全面了解法律的产生、特征和作用，体会法律让生活更美好，开启学生的法治教育之旅。

首先，家庭是未成年人成长的第一个场所，父母应承担起对孩子的抚养和教育任务。这起纵火案发生后，很多人纷纷谴责这两个孩子的家长。是什么样的家庭教育，让他们半夜十二点了还不回家，流连在外？又是什么样的家庭教育，让他们随意在山林间点火，还连点了好几处？无疑，他们的家庭教育是失败的。父母应以正确的言行指导孩子，让孩子从小就意识到什么是正确的，什么是错误的，什么可以做，什么不可以做。这正是孩子日后在学校、社会接受法治教育的基础。良好的德育、秩序规则意识将引领孩子更加崇尚法治，自觉养成法治意识。

其次，学校作为个人进入社会的准备阶段和过渡场所，是仅次于家庭的亲近环境，对未成年人道德倾向及行为模式的形成具有重要意义，是未成年人健康成长的重要基地。学校应当将预防犯罪教育纳入学校教育教学计划，结合常见、多发的未成年人犯罪，对不同年龄的未成年人进行有针对性的预防犯罪教育。纵火案发生后，有人评论说是学校教育的责任，指出学校应该开设法治课，让孩子从入学第一天起就认识法律、了解法律，从而树立法治意识。其实这话有点冤枉学校了，学校为贯彻落实党的十八届四中全会关于在中小学设立法治知识课程的要求，从 2016 年起，将义务教育阶段的《品德与生活》《思想品德》教材统一更改为《道德与法治》。树立法治意识，弘扬法治精神，学校真的是从娃娃开始抓起。但未成年人犯罪案件屡有发生，这也给学校教育敲响了警钟。怎样让法治意识真正渗透到孩子们心中，让他们从小做到尊重法律、敬畏法律，还需要学校及全体教育工作者的继续努力。

再次，社会对青少年的影响往往是潜移默化的，良好的社会环境有益于孩子的健康成长，反之，不良的社会风气会侵蚀未成年人的身心健康。社会应加大法治教育宣传，依法维护未成年人自身的权益。在加强来自家庭、学校、社会保护的同时，未成年人尤其是未成年中学生应当增强自我保护意识，提高自我保护能力，依法维护自身权益。

最后，青少年也应该不断加强自我修养，学习法律知识，树立法律意识，尊重法律权威，杜绝不良行为，远离违法犯罪。假如纵火的两个少年在日常生活中能严格自律、遵纪守法的话，也不会酿成如此大祸了。

总之，应多方合力让未成年人心有敬畏，拥有高尚道德，遵守法律法规。随着未成年人一天天长大，他们将会更好地遵循社会规范，进而成为弘扬正能量的积极力量。如此，我们既是保护这些未成年人的当下与未来，也是在最大限度地让我们所生活的社会与国家变得更好。

（常明凤）

用努力和坚持成就优秀的班主任

谈到班主任，自然就会想到中国著名的教育改革家魏书生。魏老师不仅是一位优秀的语文教师，而且曾多次荣获“辽宁省优秀班主任”“全国优秀班主任”等称号。我曾经读过

魏老师很多关于班主任工作的专著，也看过不少视频讲座，受益匪浅。我认为他成绩的取得可以用一句话概括："别人想到的他做到了，别人做到的他坚持做好了。"

班级是学校教育教学的基本单位。班级管理如何，直接关系到学校教育教学质量的提高，教育教学目标的实现，学生思想、道德等各种素质的养成。在班级工作中，班主任是这个集体的组织者、教育者、指导者和合作者，扮演着决策与管理、组织与协调、教导与服务的多重角色。如何使整个班集体在德、智、体等各个方面全面健康地发展？我认为一名优秀的班主任应当努力做到"六到"，更要坚持做好"六到"。

一、深入学生生活，做到"腿"到

一切从实际出发是唯物主义的基本原理，只有做到"腿"到，才能从学生中获取第一手资料，真正了解学生。八年的班主任工作实践已经证明，班主任走进学生的生活，有利于全面了解学生的思想面貌、智力状况、健康状况、生活经历、个性特征、兴趣爱好及生活环境等，有利于掌握班级总貌、特点及基本倾向，制订出切实可行的教育计划，才能避免工作的主观性和盲目性。

从当今中学生的特点来看，他们与过去的学生相比，心理上有一个明显的变化，即希望班主任和他们打成一片，参与他们的各种活动，并希望得到班主任的尊重、爱护、关心和多方面指点。因此，班主任要抓住这一契机，促进师生关系和谐，使学生愿意亲近老师、信任老师，心悦诚服地接受老师的教育。正如中国的一句古训："亲其师，信其道。"

二、勤于观察、善于观察学生的动态，做到“眼”到

唯物辩证法认为：只有对事物有一定量的感官积累，才能做到对其质的认识。“眼”到可以获得绝大部分的学生信息，不仅在课堂教学中可以观察到学生的注意力、情绪表现、答题的正误和角度、作业的质量和速度，而且在课外活动中可以观察到学生的活动能力、意志品质、个性倾向、人际关系和集体观念。

“眼”到有助于班主任从观察量的增加上把握对学生质的认识。每位学生都是一个独特而复杂的个体，在不同时间、不同场合、不同事情上的表现不尽相同，班主任只有经常地、有目的地反复观察学生相同与不同的方面，才能在大量感知材料的基础上，从外部的种种表象中洞悉学生内心世界的本质，也才能对学生的思想、行为做出实事求是的评价，做到有的放矢。

三、善于与学生交谈，做到“嘴”到

教育的过程是一个从晓之以理、动之以情到指导行动的过程，理的阐发、情的表达、行的引导，往往要借助于语言媒介实现。

在了解学生的过程中，一方面，“嘴”到可弥补眼观之不足，拓宽获得学生信息的渠道，避免了解学生过程中的“晕轮效应”；另一方面，“嘴”到在说服、教育学生的过程中，能起到巩固和强化学生知行的作用。自开展班主任工作以来，从与学生交谈的经验中，我认为要注意以下几点：第一，把握谈话时间。了解清楚即可，避免耽误学生学习时间。第二，把握谈话内容。谈话要有目的性、有针对性，避免胡乱交谈。

四、善于给学生做示范，做到“手”到

俗话说：“话说百遍，不如手做一遍。”在学生的所有老师中，班主任是学生接触最频繁，影响力、感染力最强的老师。学生不仅听其言，而且观其行。班主任只有用行动做出榜样，使学生耳濡目染，久而久之，才能产生影响学生的巨大效能。比如，班主任不经意间将掉到地上的粉笔捡起来，将教室过道里的废纸捡起来丢到垃圾箱里，等等，一些微不足道的小事都会给学生带来“无声胜有声”的独特效果。

五、做到心中有数，做一个有心人，即做到“心”到

“做到心中有数，做一个有心人。”这句话我一直作为自己的准则，这也是我经常对学生说的一句话。我最崇尚的教育理念是：借情寓理转化学生。我教育学生重视“南风法则”，攻心不攻城，班内事情自己处理。所以我认为，做一个合格的班主任应具备“五心”，那就是：责任心、宽容心、公平心、细心和爱心。

有责任心是做好班主任工作的基本要求和应尽义务。心是道德的基点，在日常工作中即表现为自觉地把分内的事情做好。

学会宽容学生，理解学生。尤其当学生们犯错误的时候，只有走近他们，了解他们的思想，设身处地地为他们着想，用宽容的心对待他们，才是更好的教育。“人无完人，金无足赤”。一位哲人曾经说过：“教室是容许学生犯错误的地方。教育的目的不是惩罚学生的错误，而是让学生在我们的教育下正确地对待错误，甚至是能够逐步地消除错误。”教育家苏霍姆林斯基说过：“只有了解孩子的心灵、时刻都不忘记自己

曾是个孩子的人才能够做个好老师。”

公平心能树立班主任的威信。作为班主任，我们应该知道每个班级总是由不同学习程度的学生组成的，一定要避免偏心，尤其在学生犯错误时，更要一视同仁，避免不公平对待。

细心就是要认真周密地考虑各种问题，精益求精地把事情做好。我们也经常教育学生做题一定要仔细、要细心。当然，在班级管理工作中，细心能及时发现出现的问题，防微杜渐，避免事态扩大；细心能帮助我们全面分析问题和正确处理问题；细心还能够提高我们的工作效率，避免出差错。

爱心使学生愿意亲近老师，信任老师，心悦诚服地接受老师的教育。教育家捷尔任斯基说过：“谁爱孩子，孩子就爱谁。只有爱孩子的人，才能够教育孩子。”

六、勤于思考、善于思考，做到“脑”到

孟子说：“心之官则思，思则得之，不思则不得也。”“脑”到是“六到”的核心。班主任要将班内一个个具有独特个性、处于不断发展变化中的活生生的人，塑造成符合社会要求的全新的人，就要付出具有创造性和高度复杂性的劳动。因此，勤于思考是班主任工作的灵魂。班主任需要思考的内容十分广泛，根据不同的标准可划分出不同的范围。以工作过程为线索，班主任既要思考如何在自然状态下掌握学生的感性材料，分析、研究其隐藏着的本质特点，又要思考通过怎样的途径、手段、方式、方法，才能实施有效的教育和引导；以教育对象为线索，班主任既要考虑全班的共性特点，又要考虑不同学生的个性差异；以教育目标为线索，班主任既要考虑

班级目标的远景性、整体性,又要考虑近景性和局部性;以教育内容为线索,班主任既要全面思考学生必须明白的"大道理",又要考虑各种具体的学习、工作、生活实际。因此,班主任要做好班级工作,关键在于勤于思考、善于思考,做到"脑"到。

七、想到的不仅要做到,更要坚持做好,即做到持之以恒

班主任工作任重而道远,如不具备持之以恒的精神则难以实现预期的效果。具备持之以恒的精神,是各行各业中成就大事的必备条件。

荀子说:"骐骥一跃,不能十步;驽马十驾,功在不舍。锲而舍之,朽木不折;锲而不舍,金石可镂。"科学家牛顿说:"一个人如果做事没有恒心,是任何事也做不成功的。"政治家丘吉尔说:"我们不会消沉或失败,我们要坚持到最后。"哲学家蒙田说:"我有两个忠实的助手,一个是我的耐心,另一个就是我的双手。"戏剧家莎士比亚说:"斧头虽小,但经多次劈砍,终能将一棵最坚硬的橡树砍倒。"音乐家贝多芬说:"卓越的人一大优点是,在不利与艰难的遭遇里百折不挠。"文学家司汤达说:"一个人只要强烈地坚持不懈地追求,就能达到目的。"画家罗丹说:"要有耐心!不要依靠灵感,灵感是不存在的。"……这是古今中外各行各业的名人用一生探索出的人生哲理。可见持之以恒的重要性。对班主任来说,持之以恒也是不可或缺的。

著名的哲学家苏格拉底有许多弟子,有一天,他对弟子们说:"今天,咱们只学一件最简单、最容易做到的事——每人把胳膊尽量往前甩,然后再尽量往后甩。"说完,苏格

拉底做了示范，接着说："从今天开始，每天做300下。大家能做到吗？"弟子们都笑了，这么简单，这么容易，有什么做不到的！过了一个月，苏格拉底问："谁坚持做甩手运动了？"90%的弟子举起了手。又过了一个月，苏格拉底再问，坚持下来的弟子有80%。一年以后，苏格拉底问弟子："请告诉我，最简单的甩手运动，还有哪几位在坚持？"这时举手的只有一位弟子，他就是后来成为大哲学家的柏拉图。

事实证明成大事的关键往往不在于力量的大小、水平的高低，而在于能否持之以恒。这几乎成为一个不可颠覆的真理。

（陈万迎）

没有惩戒的教育，不是真正的教育

2020年6月5日，据《新京报》报道，河南省南阳市淅川县12岁男童因未完成老师布置的作业，遭到老师体罚后出现身体不适，送医治疗后，被诊断为急性白血病导致颅脑出血，后经抢救无效死亡。

警方表示，老师确有体罚学生行为，但现有证据未表明其死亡与被体罚有关。因家属不同意解剖尸体，故6月2日，家属与涉事小学签署赔偿协议，学校一次性赔偿家属15万。据悉，涉事老师因体罚学生已被停职。

这个案例在当今社会非常敏感。对于教育者来说，为了孩子们的健康成长，必要的教育惩戒是不可缺少的。没有惩

戒就难以使青少年逐步拥有是非观念和自律意识。无原则地一味宠爱、赞美，犹如鸦片，实际上是慢性毒药，并不利于学生健康成长。

著名学者钱文忠在《教育，请别再以爱的名义对孩子让步》一文中指出："在某种程度上，教育是应该跟社会'对着唱的'。是教育在教育社会，而现在是社会在教育教育，这样教育的本体性就不存在了，教育最基本的价值理念就不存在了。我们这个民族原来给教育赋予那么高的地位和价值，在今天都已经被打乱了。我们这个社会最后一道防线是教育。我们不要轻易向社会让步，我们也不要轻易向我们的孩子让步，也不要轻易向家长让步。"是的，教育是我们这个社会的最后一道防线。教育不应该媚俗，不应该讨好孩子、迎合家长、揣摩领导的意图。教育不能一再退让了，也无路可退了，再退步身后将是万劫不复的深渊。

体罚是法律明令禁止的，它与教育惩戒是两种不同的概念。

体罚是惩罚方式的一种，它是指通过对身体的责罚，特别是造成身体的疼痛，进行惩罚的行为。体罚有损人格尊严，会给学生造成身体和心理的伤害，甚至会影响学生的健康成长，且体罚宣扬暴力，不利于教育目的的实现，是反教育的。

中国过去有"不打不成器""棒下出孝子"的说法，西方亦有"Spare the rod, spoil the child"（省了棍子，惯了孩子）的谚语。常见的体罚形式为用手脚殴打、用器物打、罚站、罚跪、饿饭、罚劳动或身体运动、掌掴或令儿童自掴。造成明显身心伤害的体罚，不论是来自父母还是来自教育人员，均被视为虐待儿童的犯罪。

教育惩戒与惩罚有着密切的联系。教育惩戒是教师依据一定的规范，以不损害学生身心健康为前提，以制止和消除学生的不当行为、帮助学生改正错误为目的，以惩罚为特征的一种教育方式。

教育惩戒是手段与目的的结合，只有符合教育目的的惩罚方式才是教育惩戒。不符合教育目的，甚至反教育的惩罚方式不是教育惩戒。

教育惩戒是一把双刃剑，用不好不但会伤害到学生，而且有可能把我们卷入教育纠纷之中。那么，怎样才能让教育惩戒真正成为我们实现教育目的的利器呢？《教师必须掌握的教育惩戒艺术》一书告诉我们，在教育惩戒中需要遵循一些基本原则，这些原则包括教育性原则、依法依规性原则、艺术性原则、规律性原则和尊重信任原则等。有这些原则为我们的教育保驾护航，我们对学生的教育惩戒才会更加规范，师生的权益也会得到更好的保障。

一、教育惩戒的教育性原则

教育惩戒必须以教育为目的和出发点，要让惩戒彰显其教育性，在实施中尽量让学生获得个人发展。如果教育惩戒既能够戒除学生的某些不良行为，还能让学生在某些方面获得发展或提升，那就会彰显惩戒的教育性。例如：聊城高新区实验中学制作了“以文化人、润泽心灵”违纪学生反思录。反思录涉及学生违纪时间、违纪原因、经典引用、经典解读、学生感悟和后期反馈，通过教育经典、经典解读以及感悟反馈，不仅锻炼了学生的写作能力、分析问题能力，还陶冶了学生的个人情操。此外，教育惩戒还要注意后期心理辅导，要

跟学生谈心，让学生了解惩戒的教育目的，鼓励学生做出积极的行为，坚决防止学生因为受到惩戒而被伤害。

二、教育惩戒的依法依规性原则

当今社会已经步入了依法治国的时代，人们的法治观念越来越强，教育者不能对教育惩戒想当然。我国是世界上对体罚明令禁止的国家之一，而且在多部法律中都有所体现，要切实做到依法实施教育惩戒。

2020 年 12 月 23 日，《中小学教育惩戒规则（试行）》（中华人民共和国教育部令第 49 号）已经于 2020 年 9 月 23 日由教育部第 3 次部务会议审议通过，并予公布，自 2021 年 3 月 1 日起施行。该规则中明确表示，教师惩戒可以分为一般惩戒方式、较重惩戒方式、严重惩戒方式三类。

一般惩戒方式：

1. 点名批评。
2. 道歉或者做书面检查。
3. 适当增加运动要求。
4. 罚站或者面壁反省，但不能超过一节课。

较重惩戒方式：

1. 限制孩子参加集体活动。
2. 承担学校公共服务。
3. 隔离反省或者专人教育。
4. 家长到校陪读。

严重惩戒方式：

1. 不超过一周的停课或者停学，要求家长带回教育。
2. 安排专门的教育场所，由专业人士进行治疗。

3. 改变教学环境或者限期转学。

教育惩戒的依法依规性原则的实施需要注意几个问题：首先，要明确谁可以实施教育惩戒。一般而言，如果学生违反校园规范的情节轻微，则惩戒主体是主管教师，一般班主任负责教育惩戒的时候居多；如果学生违反校园规范的情节较严重，处分也相对比较重，则这时的惩戒权在学校，学校或校长代表教师群体来实施惩戒；如果学生的行为超出了校园规范的范围，学校已经无权处理，则应由司法机关处理。其他未经法律授权的个人和组织不得成为惩戒主体，不拥有教育惩戒权。其次，在教育惩戒中，要坚持"对事不对人"的基本原则。教育者永远不能忘记，作为教育手段之一的惩戒方式，其根本目的在于促进学生行为的规范，其针对的只能是行为本身。最后，教育惩戒的程序特别是实施严厉的教育惩戒要规范化，按照一定的程序执行，要求程序本身合理、合法，实施步骤公平、公正。

三、教育惩戒的艺术性原则

教育惩戒是教育的一种方式，既然是教育，它就是一门艺术，而非学生犯了错误就简单处理，照章办事。首先，教育者要学会使用语言，注意说话的艺术，在教育惩戒中用语言打动学生，让他们心服口服地接受我们的教育。其次，实施教育惩戒时，教育者要反复权衡，找到最有效的办法，准确把握惩戒度。最后，教育者要耐心引导、尊重学生，注意把握惩戒时机，选择惩戒场合。

四、教育惩戒的规律性原则

任何事物的生存与发展都有其内在的原理和规律。教育惩戒有其自身的要求，我们在实施惩戒时要遵循规律。如果教育者无视教育惩戒的规律，不但教育惩戒的目的很难达到，还有可能造成严重的不良后果。教育惩戒要遵循学生身心发展的客观规律。教育惩戒作为一种教育方式，可以运用到不同年龄段的学生身上。教育者如果不注意区分，那么就会违背教育惩戒的年龄规律特点，造成不当的惩戒后果。

五、教育惩戒的尊重信任原则

无论教育者还是受教育者都是教育活动的主体，二者处于平等的地位。人格和尊严是人之为人的最重要和最宝贵的东西，渴望得到别人的尊重，是人的一种普遍需要。要尊重学生，友好平等地对待学生，不能粗暴地压制学生，不能侮辱学生。教育惩戒要以尊重、关切与爱护的态度施行。另外，信任是一种特殊形式的尊重，教育惩戒要以对学生的信任为前提。只有在信任的基础上，惩戒才有可能发挥出应有的教育力量。

总之，教育需要自由和民主，可以鼓励和赏识。但这不是教育的全部。教育不应该有体罚，但不能没有惩戒。没有惩戒，教育是不完整的、残缺的和不负责任的。适当的惩戒不仅是教育者的权利，也是义务，是基于教师职业的一种强制权利。我们要反对体罚，反对不符合教育目的的惩罚，但不能连符合教育目的的教育惩戒也一起反对。

（陈万迎）

用心交流，静待花开

如今，单亲家庭的孩子和留守儿童越来越多。他们缺少家人的关爱，常常感到孤独、忧虑、失望、情绪低落，这往往会导致他们性情浮躁，性格孤僻。作为教师，我经常思考：到底该怎样教育这些学生，解决他们内心的问题，引领他们做一个幸福的人？

我有个学生叫亓某胜，16 岁，是一位“学困生”。这位学生比较调皮，上课不专心听讲，常做小动作，注意力不集中；课堂作业、家庭作业拖拉，经常不能按时完成，且作业质量差；成绩不好，各门功课的成绩都不及格。

经过家访，我了解到亓某胜年幼时父母离异，父亲长年在外开大车，无暇照顾年幼的他，只得让他跟着爷爷奶奶生活。由于缺失家庭的关爱，养成了一些不良的习惯。再加上爷爷奶奶年龄较大，文化程度不高，对孩子的学习要求不高，造成孩子对学习丧失兴趣和信心。家庭因素对他的内心造成了伤害，导致叛逆期来得有点早，但我相信，好的德育需要走进他的内心，走进他的精神世界，给予他足够的关爱，给他时间疗伤。

策略 1：鼓励教育，唤醒内心。

基于对他的了解，我让他做我的助理，协助我做一些力所能及的事情。接触中我发现亓某胜善良、讲义气、自尊心强，最重要的一点是一教就会，脑袋很灵光。他上课时很想展示自己，获得存在感，但因长期的自卑感，他失去了积极进取的激情。所以我在课余时间经常有意无意地找他闲谈，发

现他的优点后及时表扬。在上课时经常用眼神鼓励他，还经常对全班学生说："看，亓某胜今天的作业书写得很认真，有提高！"让他在鼓励中获取自信，在自信中得到进步。

策略2：家校沟通，促进自信。

没有多少人能像莲一样，"出淤泥而不染，濯清涟而不妖"。亓某胜自信心缺失，很大一部分原因在于家庭教育的环境与方式出现了问题。所以，我经常与他父亲联系，详细地分析他在学校的表现，共同商量解决孩子问题的办法，让他父亲认识到家庭教育的重要性，说服他父亲多花一些时间陪伴、关心孩子。经过多次推心置腹的交谈，最终他父亲接纳了我的提议。在家庭与学校的共同努力下，亓某胜的心理发生了微妙的变化，开始喜欢学习，成绩也有了大幅度的提高。

策略3：尊重孩子，保护孩子的自尊心。

因为家庭里少了和睦温暖、多了训斥和打骂，少了父母的关爱、多了孤独，所以他常觉得不如别人，对周围的人和事很敏感，不愿与他人交往，甚至以故意捣乱的方式排解心中的压力，从而寻求一种心理平衡。我在以"团结友爱"为主题的班会上，提出一个要求："所有同学都要一起玩耍，不孤立任何人。大家走到一起就是缘分，不要辜负这片深情厚谊，且行且珍惜。每个人身上都有弱点、缺点，也有优点，要看到别人的长处，从而取他人之长弥补自我的不足。"我经常在各种适宜的场合鼓励、表扬他，以慢慢建立他在同学们心目中的良好形象，改变他的不良习惯，呈现他闪亮的一面。

策略4：召开主题班会，激发对生活的热爱。

苏霍姆林斯基说："自我教育才是最好的教育。"为了让他学会自强，我组织了很多次主题班会，如“应对困难和挫折，我……”“我要坚强”“我们有个大家庭”……在主题班会中，孩子们热情洋溢地发表了自己的看法，有的说：“在遇到困难和挫折的时候，我要勇于面对现实，不屈不挠地战胜它们，做一个勇敢的人。”有的说：“我们的班级就是我们的大家庭，我们是兄弟姐妹……”用这些有意义的教育活动激起他对生活的向往，增强他克服困难的信心和勇气。同时在活动的过程中，他也体会到同学们的关爱，内心受到了触动，于是下定决心好好学习，证明自己，不给班级拖后腿。

最长情的教育是陪伴，最走心的教育是挖掘学生的内驱力，进行自我教育。俞敏洪老师曾说：“一个人的命运，有一部分是固定的，另一部分是靠后天的勤奋和努力改变的。”而在这方面，教师的鼓励起到很大的作用。所以，我们作为教师，不要吝啬夸赞，要用心交流，静待花开。让我们一起思考，一起改变，一起引领孩子们做个幸福的人，做一个身心健康的人。

（陈万迎）

经历体验

——关于家庭教育的思考

家校交流中，很多家长经常会问，为什么同在一个班级、一样的教育环境，孩子的差异却这么大？真正的差异，往往不在孩子、不在老师，而在于孩子背后的父母。每一位优秀

孩子的背后，都浸润着父母辛勤培育的汗水。不少孩子从小在蜜罐中长大、在温室中培育，衣来伸手、饭来张口……父母的溺爱，导致孩子长大后无法在风吹雨打中搏击，无法面对社会的各种考验。

戴尔·卡耐基说："为了将来能更从容地生活，孩子必须在成长的过程中学会自己清除障碍、解决问题。而这一切，需要在家庭教育中进行。"

美籍华裔教育专家画云博士说："爱孩子和爱其他的珍爱物件或宠物不同，珍爱的物件或宠物要保留在身边，欣赏爱惜。可是爱孩子却是为了有一天让他们离开我们，并时刻为他们的离开做准备。"

我们对孩子最深沉的爱，不是照顾孩子一辈子，而是让孩子作为一个独立的生命个体，尽早独立。家长要学会放手，让孩子经受锤炼、体验挫折，这样才能使其成为扛起未来的强者。

其一：体验学习之苦。

刘祁《归潜志》卷七："古人谓十年窗下无人问，一举成名天下知。"虽然谁也不能改变个人的出身，但是出身卑微的寒门子弟，只要努力拼搏、刻苦读书，考上理想的学府，也能改变命运。即使头脑不聪明，只要专心刻苦、持之以恒，也会出人头地。

即将参加中考的学生们正处于由被迫学习向主动学习转变的过渡阶段。处于本阶段的孩子，读书与不读书的人生将出现严重分化。能够经受学习之苦的孩子，升入理想高中进而考上大学的机会比较大。正应了《乐府诗集·长歌行》中的诗句"少壮不努力，老大徒伤悲"。

学习上的落后，是最大的落后、最根本的落后。未来社会唯一可持续的竞争优势就是学习能力。正如习近平总书记在欧美同学会成立100周年庆祝大会上的讲话中所说："梦想从学习开始，事业从实践起步。当今世界，知识信息快速更新，学习稍有懈怠，就会落伍。有人说，每个人的世界都是一个圆，学习是半径，半径越大，拥有的世界就越广阔。"

其二：体验劳动教育。

苏霍姆林斯基说："劳动的崇高道德意义还在于，一个人能在劳动的物质成果中体现自己的智慧、技艺、对事业的无私热爱和把自己的经验传授给同志的志愿。"劳动教育的目的不仅是让孩子分担家庭责任，而且是让孩子明白劳动的意义与重要性。每个人都希望过上美好的生活，可是，怎样才能过上美好的生活呢？有的人期待着别人的恩赐；有的人想投机取巧，甚至通过坑害别人实现。其实，真正的美好生活，只有靠劳动去创造。人们常说，劳动是伟大的，是光荣的，没有劳动就没有这个丰富多彩的世界。也就是说，只要是劳动，不论是什么劳动，都是光荣且伟大的。

劳动是一种锻炼，是一种美德，是一种修养。罗斯金说："只有通过劳动，思想才能变得健全；只有通过思想，劳动才能变得愉快。两者是不能分割的。"苏霍姆林斯基说："志向是天才的幼苗，经过热爱劳动的双手培育，在肥田沃土里将成长为粗壮的大树。不热爱劳动，不进行自我教育，志向这棵幼苗也会连根枯死。确定个人志向，选好专业，这是幸福的源泉。"

据统计，热爱劳动的孩子长大后的就业率较高，生活幸福感较强。劳动是教育最好的源泉，有远见的父母，都舍得对孩子进行劳动教育。

其三：勤于思考、善于动脑。

韩愈曰："业精于勤，荒于嬉；行成于思，毁于随。"

孔子曰："学而不思则罔，思而不学则殆。"

从教多年，越来越发现教育的一个真相：没有真正的笨孩子，只有被懒惰拖垮的孩子。

所有的消极、厌学、成绩下降都与孩子不愿思考、不愿动脑有关联。家长错误的教育方法，正是纵容孩子懒惰的根源。培养一个勤于思考、善于动脑的孩子，需要家长给予恰当的管束，不纵容、不溺爱，让孩子真正从思考中感悟学习的乐趣。

华罗庚："独立思考能力，对于从事科学研究或其他任何工作，都是十分必要的。在历史上，任何科学上的重大发明创造，都是由于发明者充分发挥了这种独创精神。"

希望家长们注重孩子思考能力的培养，真正认识到思考对孩子未来的重要性，让孩子做到勤于思考、善于动脑，成为栋梁之材。

其四：锻炼坚韧品质。

作为孩子的父母，我们在自己的求学路上、职业发展中或多或少都有些遗憾。有的为自己没有一项艺术特长而遗憾，有的为自己没有考上更理想的大学而遗憾，有的为没有选择更理想的职业而遗憾……人生遗憾，唯有坚韧不拔、锲而不舍才能化解。真正的快乐和成功是坚持奋斗的结果。

让孩子懂得坚持、学会坚持，是为了让孩子体会自己在奋斗过程中的快乐。让孩子知道，人生没有一蹴而就的成功，只有坚持不懈，默默耕耘，才能厚积薄发。所谓大器晚成，不过是水到渠成。

邓中夏说过："哪有斩不断的荆棘？哪有打不死的豺虎？哪有推不翻的山岳？你只需奋斗着，猛勇地奋斗着，持续着，永远地持续着，胜利就是你的了。"

坚强的人像一颗金子，无时无刻不放出光彩；而脆弱的人像一颗顽石，即使放在耀眼的金盘中也不会得到别人的重视。

教育的道路上，最不该偷懒的是父母，最不该放纵的是孩子。锻炼孩子的韧性，培养孩子的毅力，才是对孩子最大的负责。

其五：体验挫折教育。

每个人的成才都不是一蹴而就的，成长的路上总有坎坷。被挫折打磨过的心智，会更加强大；被失败磨炼过的人生，会更加绚丽多彩。古今中外，历经挫折成就自我的例子比比皆是。越王勾践卧薪尝胆、能屈能伸，实现了洗辱复国的志愿；张海迪身残志坚、立志成才，挫折挡不住强者；凡尔纳第16次投稿才成功，勇把挫折当动力；高士其苦斗病魔，逆境奋争，苦中寻乐；爱迪生不被火灾吓倒，面对挫折决不气馁。

巴尔扎克："苦难对于天才是一块垫脚石，对能干的人是一笔财富，对弱者是一个万丈深渊。"

贝多芬："苦难是人生的老师，通过苦难，走向欢乐。"

孩子成长的道路总有荆棘，父母一定要让孩子学会吃失败的苦，因为那是成长的良药。孩子失败后，如果父母只会责备孩子，会让孩子因害怕被责备而变得畏畏缩缩。我们不仅要告诉孩子如何取得成功，更要告诉孩子如何面对失败。

困难乃见才，不止将有得。越是面对困难，越能发现人才。只有勇于挑战人生风浪的人，才能开拓出更宽阔的人生。

人生没有白走的路，所有体验终将成为孩子人生中宝贵的财富，所有经历必将在孩子的内心注入底气和力量。带孩子体味人生百态，是父母能给予孩子的最好的礼物。

（陈万迎）

像水一样高尚清新

——苏永周校长水文化引发的思考

聊城高新区实验中学地处号称“江北水城”“运河古都”的聊城城区东南，依清澈的蕴秀河而建，形成了“有水则灵”的自然环境。学校不断引进名师办学，多次承办省市级教研活动，可谓人杰地灵。

苏校长结合学校实际，用水文化引领学校发展，提出以德治校的理念：以德育人、以德化人，形成一套高境界做人、高品质学习、高水平处事的德行体系。其目的就是让师生有良好的行为规范、质朴的道德操守、高雅的审美情趣、阳光自信的内心世界和仁爱忠义的价值取向。学校的环境文化建设和课程设计无不渗透着水文化的核心思想和理念引领。

老子曰：“上善若水，水善利万物而不争。”最高级的善念就像水一样既无形又广博，最高尚的品格就像水一样，包容、谦逊、滋养万物，却不与万物相争。

水，有滋养万物的德行，使万物得到它的利益，而不与万物发生矛盾、冲突，故天下最大的善性莫如水。教师应该具备这样的品格，每天都要心存善道、践行善事，将每一个孩子培养成才。

水，至柔至刚。我欣赏水的坚韧、持之以恒的耐力和坚持不懈的毅力。滴水穿石，水靠着持之以恒的耐力和坚持不懈的毅力战胜了坚硬的石头，水的这份精神是高尚的。在工作中，苏校长经常嘱咐我们，有意义的事情要持之以恒，要做到极致，要有每项工作争第一的意识。

水，虚怀若谷，容纳百川。老子的核心思想是“道”，道体广大，无所不包，一同于水，道通过水能够得到集中呈现。同事之间、师生之间要相互包容，相互理解，相互补台，团结协作，形成合力。

水，有谦逊、谦卑的品格。《易经》中有一句话：“谦谦君子，卑以自牧。”教师是人类的灵魂的工程师，使命光荣，责任重大。谦逊是一种修养，教师只有懂得谦逊，时刻胸怀谦逊之心，才能虚心向学，广博涉猎，才能扩大容量，不断充实自己，一往无前，人生才能有所成就。

孔子认为水有“五德”，因为它：常流不息，能普及一切生物，好像有德；流必向下，不逆成形，或方或长，必循理，好像有义；浩大无尽，好像有道；流几百丈山间而不惧，好像有勇；安放没有高低不平，好像守法；量见多少，不用削刮，好像正直；无孔不入，好像明察；发源必自西，好像立志；取出取入，万物就此洗涤洁净，又好像善于变化。

做人行事理应如水一样高尚清新，努力做一个像水一样高尚的人，修心行道，润泽学生。

（陈万迎）

关爱每一位学生

学校和教师总是特别关注那些成绩非常优异或非常糟糕的学生。优秀学生的存在使教师的成就感有了充足的理由，而待优生的转化则是班级管理工作的重中之重。教师对成绩优异、好学上进、学习踏实的学生，多有垂青，关爱有加。而对待优生，教师担心“出什么乱子”，因此步步小心，时时在意，稍有问题，便走访家长，或晓之以理，或动之以情，百分之一的学生占用了百分之九十的时间。那么，既不优异又不淘气的学生呢？这是一群容易被教育眼睛遗忘的群体，成了班级管理工作的盲点。我们要把爱和目光，留一半给这群学生。

一、了解他们的心理困惑，培养他们自信、乐观的心态

教育家苏霍姆林斯基有一句名言:“尽可能深入地了解每个孩子的精神世界——这是教师和校长的首条金科玉律。”这群学生有着更丰富、复杂而敏感的情感世界，大部分人内心活动多，不善于表达情绪，性格内向，害怕交往，这种状态与他们随生活空间的扩大而出现的强烈的交往需要构成了难以解决的矛盾。针对这种情况，教师应充分了解他们，善于化解他们的心理困惑，鼓励他们多和同学交往，多参加集体活动，并有意让他们担任活动中的某个重要角色，培养他们积极的情感和乐观开朗的性格。教师要因势利导地给予他们切实有效的帮助，组织丰富多彩的文体活动、户外活动，培养他们广泛的兴趣爱好，通过倾吐、疏通、立志等措施使他们释放自己的苦恼，寻得心理安慰和寄托，借助理智获

得解脱，使“自我”得到更新和升华，积极投入学习中去。心理学研究表明，人的情绪状态能使人的机体活动和智力活动发生重大变化。轻松愉快的心境能使人的头脑清醒，大大提高学习的积极性和理解力。相反，压抑的心情会使人大脑抑制，思维混乱，学习效率大减。只有拥有快乐心情的人才能够在学习的过程中发现美好的事物，感受美好的生活，创造美好的学习情境。我们应将快乐还给每一位学生。

二、呼唤、鼓励、关注、热爱他们

中外教育学家都把热爱学生、关心学生视为教师的美德。我国近代教育家夏丏尊说：“教育之没有情感，没有爱，如同池塘没有水一样。”可以说教师对学生的爱，是创造师生间良好情感关系的基础，是教育的前提。德国著名的教育家第斯多惠也说过：“教学的艺术不在于传授本领，而在于激励、唤醒、鼓舞。”这个学生群体的形成不是一天两天的事，他们的心理压力有时较大，害怕回答问题，担心受到老师和同学的嘲笑和指责。要打破这种局面，正确引导这个群体走出来，关键要抓住他们的心理特征。这是一个脆弱敏感的群体，教师应该尝试倾听他们的心声，鼓励他们发表自己的看法，引导他们看到自己的闪光点和长处，帮助他们树立信心，克服缺点，消除思想顾虑，明确上进目标。教师也要把自己的一些想法告诉他们，加强沟通，互相理解。当教师的目光倾注着关怀和鼓励时，他们是激动的、兴奋的。教师应多给予他们一些信任的眼光、表扬的话语、热烈的掌声，这样不仅可以积极地鼓励他们投入学习，而且可以带给他们无比大的勇气和信心，引导他们走上心理健康之路。教师要对这群学生投入爱、期盼和鼓励，通过语言、行为、目光，让这群学生每天都能得到一分成功，在成功中体验快乐，提高自信心和勇气，从而获得进步的动力。

三、增强他们的学习动机，多给他们创造体验成功的机会

这群学生之所以沉默，很大程度上是因为学习上的不突出，导致他们悲观情绪的源头主要是学习上的失败感和无助感。一位学生如果从未体验过或极少体验到成功的欢愉，感受的永远只是“也无风雨也无晴日”的平淡，或者总是经受失败或挫折的苦恼，那么在心理上就会一直处于压抑或自卑状态，求知的欲望、学习的兴趣、渴求提高的心理定会受到极大的限制，这对于发展自我是十分不利的。因此，教育工作者要努力创造条件，让大多数学生从被赏识的欢乐中寻求自己的价值。

“亲其师，信其道”，当教师对学生怀有赤诚之心、浓浓的爱意，学生经过自己的观察和体验，看出教师的善意和对自己的真诚爱护，就会敞开心扉，乐于接近教师并心悦诚服地接受教育。当学生带着积极的情感去学习时，学习动机就会增强，思维、记忆等认知功能就会活跃起来，从而大大提高学习效率。学生在获得的知识中产生自我效能感和胜利感，这种心理感受是个性发展的动力因素。让平时很少有成功体会的学生感受到自己是学习的成功者，就是让更多的学生走上心理健康之路。

四、教育他们客观分析自己，指导他们调整目标

良好的性格是身心健康的基本特征，对人生有很大的积

极意义。相反，不良的性格会严重影响人的身心健康，影响正常的人际关系的确立，进而影响成长与进步。性格孤僻、过分内向、自卑与自负的双重人格，对和谐的人际关系的形成有很大的消极作用：一方面严重影响自己和别人的交往，另一方面时常感到别人对自己有不良评价，故不愿与他人交往，造成彼此沟通、评价、理解不良，从而更不愿与他人交往，形成恶性循环。人或多或少存在某些缺点，教师要帮助这群学生正视自己，客观地分析自己，让他们明白自身性格上的缺陷，从而不断认识自我，正确对待自我。

有时学生受挫，跟目标过高有关。他们雄心勃勃，平时学习刻苦，想要实现自己预定的目标，想要获得某种荣誉，然而，由于自身原因或外部因素的影响，往往出现事与愿违的结果。在这种情况下，他们一是灰心丧气，觉得世道对自己不公平；二是觉得没面子，无法承受这样的结果。因而，他们采取了沉默的做法，不表现自己，喜欢站在背后，甚至出现了心理上的失调和行为上的异常。因此，教师要帮助学生分析自己的目标是否恰当，是否可以达到。如果目标恰当，就继续努力去实现它；如果目标不恰当，就改变目标，修正自己的行动方向，进行合理的调整。教师要让学生认识到，一个人需要先对自身状况有自知之明，对欲望目标、客观环境有确切的了解，再全面地权衡利弊，然后确定新的奋斗目标。这样即使失去“东隅”，也会有“桑榆”之获，减少或避免挫折，容易取得成功。例如，对一些学习基础一般、成绩只有六七十分的学生，如果要求他们在短期内名列前茅，提出较高的要求，他们一旦经过努力达不到，肯定容易气馁，而如果先引导他们巩固现有目标，再循序渐进，稳步提高，反而更切

合实际。

关注所有的学生，热爱每一位学生。

（马秀杰）

给予学生真正需要的爱

周末彤彤家长的电话打乱了我的思绪，她告诉我孩子不想上学了。在我的心目中，彤彤品学兼优，怎么会有不想上学的想法？我急忙问原因，她妈妈告诉我，班里的女生都不跟彤彤玩。我感觉这个原因好牵强，肯定还有其他原因。

我与彤彤进行了谈话，她告诉我她很孤独，在小学五年级和六年级一个朋友都没有，自己独来独往的。我听到这些话后深知彤彤内心的孤独、承受的痛苦和对友谊的渴望。怎样让彤彤走出困境，开心地生活，快乐地学习呢？这个问题让我深刻反思教育管理存在的问题，也警醒我要用对方法，智慧育人。

《教育的情调》一书中写道："每个孩子都需要被'看到'，每个孩子都需要被别人注意。"被别人注意是指"为人所知"。彤彤的乖巧懂事、负责的表现让我疏忽了对她内心世界的关注。一个真正的老师知道该如何去"看"孩子——注意一个害羞的表情，注意一种情绪的流露，注意一种期待的心情。真正的"看"不仅仅是用眼睛看，还要带着责任感"看"，用全部身心"看"。当我用我的身心去"看"孩子们如何开始这一天的时候，孩子们也就体会到了被老师“看到”的感觉。

我慢慢了解到彤彤对同学的一个眼神、一句不经意的话都很敏感，误认为同学们都不喜欢自己，怀疑同学们说自己的坏话，过度在乎同学们和老师对自己的看法，以致没有同学愿意和她交往，所以这就是彤彤独来独往、不合群、孤独的原因吧。长此以往，彤彤变得心情不好，学习注意力逐渐下降。彤彤在学校不快乐，更谈不上幸福。我告诉自己，一定要给孩子真正需要的爱。

顾明远在《教育的情调》中说道：“教育情调的核心在爱，把爱献给每个孩子，在教育活动中就有了美好的情调。”教育之爱不是教师的“一厢情愿”，它必须满足儿童生命成长的需要。儿童需要什么样的爱？教师的爱怎样才能送达儿童的内心？对教师而言，若不能走进儿童世界、理解儿童，很难做到给予孩子所需之爱。

我决定采取措施，传递爱心：

1. 营造和谐的班级气氛。气氛是我们体验生活空间的方式。气氛是老师将自己呈现给孩子们的一种方式，也是孩子们将自己呈现给老师的一种方式。在元旦这一天，班干部提前用气球、板报布置了教室。我召开了一次特别的班会（元旦晚会）。其中的一个环节就是欣赏你的

组长(组员)——组长说出组员的优点和长处,组员说出组长的优点和长处。说得多的小组就是优胜小组。优胜小组的组长上台发表获奖感言,彤彤上台是意料之中的。彤彤的率直、真诚赢得了大家的阵阵掌声,同学们送给她一段手语舞《你笑起来真好看》。彤彤感动得哭了,我知道这是幸福的泪水。

2. 让学生完善自我,变得足够强大和优秀。我写了一段话送给彤彤,彤彤竟然朗读了出来:“生活从不亏待每一个努力向上的人,未来的幸运都是过往努力的积攒,趁阳光正好,做你想做的事,做你该做的事,趁你年轻,去追逐梦想!没有伞的孩子必须努力奔跑!加油吧!孩子。”彤彤读完对我说:“老师,我想抱抱你。”她抱住我,在我耳边说:“老师,我一定会努力的,让自己变得更加优秀,我再也不会把心思放在猜疑同学们对我的看法上了。”我对彤彤说:“你一定行,我看好你,加油!”她满脸洋溢着笑容,看得出这是幸福的笑容。

3. 让学生扬起自信的风帆。我告诉学生们高新区中小学和幼儿园开设了三宽家长学校,根据教育局的要求,每周家长都要学习课程,每个班级把家长学习的照片、学习笔记和心得体会做成美篇。我们班增设宣传部,需要两名宣传部长,先毛遂自荐再投票,取票数多的前两名。我说完就把目光投向了彤彤,刚开始她有一丝犹豫,我鼓励的眼神让她有了信心,第一个报名,最后投票的结果再次给了她惊喜,她胜出了。在就职演讲中我看到了自信的彤彤。

罗素曾说:“凡是缺乏师爱的地方,学生无论品格还是智慧都不能充分地或者自由地得到发展。”苏霍姆林斯基也说过:“我要把整个心灵献给孩子。”我知道一个成功的教育者,首先要爱学生，要有一颗能滋润学生心灵的爱心，才能得到学生的爱戴。我会在以后的教育生涯中，做爱的教育使者。

（马秀杰）

以爱育德，岁月不负

我依稀记得21年前的一个男孩，个头不高、白白净净的。每次上课，他总是半天都安静不下来，不是东西张望，就是前后左右地说话，要么就是打瞌睡，他就是我的爱徒——李龙。我当时想如何让他把心思用在学习上呢？我整日为此事绞尽脑汁。

我带着责任感去“看到”学生。每位学生都是一个独立的个体，都希望被老师“看到”。有的学生是因为礼貌被“看到”，有的是因为成绩优异、上课积极参与课堂被“看到”，还有的是因为上课打瞌睡、说话或不写作业被“看到”。李龙就是后者。交上来的作业名单上又清楚地写着，李龙没交。怎么没有交呢？是不会做还是根本没做？带着疑问我把他找来，他起初满不在乎地说：“老师，我是不想做作业，我如果做，一会儿就做完。”我本来还打算给他做思想工作，讲讲道理，看他这样说，我改变了主意，我说：“那很好呀，我知道你是个很棒的男子汉，智力不错，一学就会，我相信你能做好，那么你现在就去做吧，把作业做完拿给我看。”他说“没问题”，就蹦跳着走了。下午，他准时把作业交过来，我看了看，基本是照着答案要点抄了一遍。我说：“还行，看来你不是不

能完成作业，只是态度问题，只要用心，你的成绩一定会提升的，你要多努力呀！”他笑了笑，说：“一定努力。”

有一次，在上课时，我提问学过的内容，而他在低头和同桌交头接耳，根本没注意听，仿佛沉浸在自己的天地中，正自由自在地讲述着什么有趣的故事情节，于是我故意把他叫起来。他站起来，不知所措，一脸茫然。同学们都看出了端倪，哄堂大笑。他则傻愣愣地站在那里，什么话也说不出来。我索性小小地惩罚他一下，先让他站着。继续提问其他的学生，一位女生脆生生地答对了我的问题，我看了看李龙，希望他会受点刺激，但恰恰相反，他竟然半趴着身子，头低到桌子下面，还在和同桌小声咕哝着什么。我就提醒他，直起腰，不要像软柿子一样。他稍稍直起了点身子，但还是不肯站直。我让他重复一下刚才那个问题的答案，他就重复了一遍。这小子，没想到还有点特异功能，一边说话，一边还支棱着耳朵在听别人背题，我有点窃喜，马上就表扬了他，然后请他坐下。没想到，这小子来劲了，“老师，您还是让我站着吧，这样我才能听清楚。”我就答应了他的要求，一节课几次赞赏了他的表现，给予了肯定。期中考试时，他的成绩有所进步，尤其是客观题得分较高，我在班上拿起他的试卷在教室里转了一圈，让同学们欣赏。没想到，大家都捂着嘴“哧哧”地笑。事后，我询问一位学生怎么回事，学生悄悄告诉我说，李龙的成绩是“作弊”得来的，据说是抄的某某的。我说，没有证据的事可不能凭空污人清白。由于担心他听到后伤心，或破罐子破摔，所以就当没有发生过这回事。没想到，经过我的表扬，他上课坐得直了，而且正经八百地写起了作业，我不禁喜上眉梢。有一次，他又“旧病复发”，上课了还在跟旁边的同学没完没了地打闹。我震怒了，在课堂上当着全班同学的面狠狠地训斥了他，责令他拿着书站到后面听课，以示警醒。以往，他会一百个不在乎地扬长而去，可是那天，他竟乖乖拿起书，走到后面听课。我心里不禁为刚才发火而愧疚，也怕他会对老师心生怨恨，就想下课找他谈谈。

下课铃响后，我在教室后面给学生答疑，忘了这事，没想到他早早从讲台上把我的课本、包、钥匙拿过来，站在我身后，当我直起身时，他笑着说："老师，您的东西。"我一下子很感动，看来这孩子的心胸是很宽广的，他虽然调皮，但很纯真。我笑着对他说："没有怨恨老师对你凶吧？"他连连摇头说："怎么会呢？老师。"

有一次，我感冒了，嗓子哑得厉害。当我走上讲台，发现讲桌上一个小包裹，我刚想问是谁的，一张纸条掉了出来，上面有一行很认真的小字"亲爱的老班：给您买的感冒药、金嗓子喉宝。"落款是"惹您欢喜惹您忧的李龙"。我的眼泪一下子模糊了视线。

小龙如今是某企业的中层领导，他说："老师，因为我英语偏科，晚上放学后您喊我到您宿舍给我补英语课，一个单词一个单词地教我。我永远忘不了，补完课，您还为我煮面条吃。老师，我毕业21年了，我永远感谢您。老师，让我抱抱您。"此刻，我深深地感到，爱，真的是有回报的。这种回报让我体验到满满的幸福感。

（马秀杰）

让每个孩子都精彩

在讲授“我对谁负责，谁对我负责”这节课时，我懂得了要不失时机地抓住教育契机。

有一天，我正在八年级一班上课，突然一个男生响亮的“报告”声打断了我的讲课，同学们的目光刷地转向他。我下意识地看向张一凡的座位，他又迟到了。这位学生让老师们很头疼，几乎每一节课都是上课铃响后进入教室。我给他一个眼神，让他回到座位上。我就想借着这节课的内容好好地教育他一下，思政课的思想性要发挥作用了。

“同学们，我们进入第一个板块的学习：我的角色，我的责任。请思考：什么是责任？责任的来源是什么？”同学们说出了责任的含义及来源。我灵机一动，说：“一凡，以后不许迟到，提前五分钟坐在自己的位置上等着上课，你能做到吗？”他说：“好。”我接着说：“一凡同学在全班同学的见证下对老师做出了承诺，一凡，你要对自己、对老师负责，上课不能迟到，要兑现自己的承诺。”我又问：“同学们，张一凡同学的责任来源是什么？”同学们异口同声地回答：“对老师的承诺。”我继续问：“你们知道的责任的来源还有哪些吗？”同学们一时回答不出来。我说：“作为子女有哪些责任？责任来源是什么？一凡，你说。”他说：“要孝敬父母。”“你具体说一下。”他说做家务、听父母的话等。最后，他小声地说：“在学校听老师的话，上课不迟到，也是孝敬父母。”我追问：“为什么这么说？”他说：“听老师话就是让父母放心，让父母放心就是孝敬父母。”我说：“一凡是个有孝心的孩子，孝敬父母是中华民族的传统美德，也是法律规定子女应尽的义务，所以责任的来源是道德规范和法律规定。那么作为学生应承担哪些责任？”一凡很快举起了手，我示意他回答。他说：“上课不能迟到，上课积极回答问题。”他的话一结束，班里响起了雷鸣般的掌声，一凡脸上洋溢着幸福的笑容。我说：“一凡回答得很好，一凡还是有爱心的孩子，去年在短视频平台上挣了 687 元钱，把这些钱都捐给了灾区。”班里再次响起了雷鸣般的掌声。“一凡作为中华儿女，心系祖国的前途和命运，老师也为你点一个大大的赞，因为你是个有高度责任感的男子汉。”这时一凡害羞地笑了。这节课，一凡同学学习得特别投入。

试想如果我和其他老师一样，让他站着或直接批评他，他这节课一定不会这么投入地学习。静下心来想一想，对于孩子们不经意间犯的错，正确引导、启发就能把握好教育的契机。我独爱教育家雅斯贝尔斯的一句话：“真正的教育是用一棵树去摇动另一棵树，用一朵云去推动另一朵云，用一个灵魂去唤醒另一个灵魂。”

真正的教育离不开爱，离不开尊重。只有爱学生、尊重学生，才能让他们敞开心扉，才能唤醒他们的自尊和自信。在课堂上我们应积极关注学生，尊重他们的人格和观点，给予他们及时的、有针对性的引导。我们要善于发现孩子们的潜质和特长，真诚地欣赏和赞美他们的优点和闪光点，给予他们积极的评价，赞赏他们的回答和行为，特别是对他们的亲社会行为给予充分的肯定。这样一来，孩子们获得了自尊和自信，落实了情感态度价值观的德育目标，思政课才真正发挥了立德树人的德育功能。

《教育的情调》中写道:“课堂是一个动态的、不断变化的情境,教育可能发生在任何时刻。”这就要求老师具有特殊的素质:融入身体的敏感性,以及临场行动的教育智慧。一位睿智的老师能够更多地意识到课堂上每一个个体的独特性,对个体的体验保持敏感,从而对学生表示赞赏和嘉许。

善于抓住并利用好每一个教育契机,力争让每个孩子都精彩!

（马秀杰）

学会赞赏孩子

昨天晚上和同事小聚,谈及学期末对学生的奖励性评价,即给学生发奖状的问题时,有的说电子版奖状便捷,有的说纸质版奖状醒目、效果好,可以张贴在墙上,更容易让孩子有成就感。对此我们激烈地讨论,最后一致认为纸质版奖状更直观,更有仪式感。

有位同事谈起在放假当天给班里一位学生发奖状的事。因为正常情况下都是寒假开学后召开表彰大会,给学生发奖状,所以我们问这位同事放假当天给孩子发奖状的原因。同事告诉我们,这个孩子成绩不好,但家长很关心孩子的学习,要求同事给孩子发个奖状,目的是鼓励鼓励他。同事正好也有这个想法,虽然他成绩不理想,但是很刻苦,也很懂事。最后这位家长还特别叮嘱老师保密,不要告诉孩子是家长要求老师这么做的。当天放学,同事把孩子喊到办公室,给这个孩子发了班里唯一的一张奖状，孩子激动得不得了。同事在给我们描述这件事时，还在感叹鼓励孩子要及时，不要吝啬对孩子的赞赏。

赞赏，顾名思义就是赞美欣赏。我们在教育教学中要学会赞赏孩子。心理学家威廉·杰姆士说:“人性最深层的需要就是渴望得到别人的欣赏和赞美。”因此，我们要抓住孩子的心理，学会欣赏和赞美孩子，欣赏他们的闪光点和长处。学生一旦得到赞赏，心理上得到满足，就有了自尊和自信。培根也说:“欣赏者心中有朝霞，有露珠和常年盛开的花朵;漠视者冰结心城，海水枯竭，崇山荒芜。”可见，我们的赞赏对孩子意义深远。

那么，我们应该怎样欣赏和赞美学生呢？我认为要从以下几个方面着手:

第一，看细节，发现孩子的闪光点。赞赏孩子并不只是因为孩子考了第一名或做了惊天动地的事情。我们要仔细观察学生的思想和行为。新课程理念是“一切为了每一位学生的发展”。学生的性格、发展潜质和知识基础不尽相同，而我们要学会在教育教学的细节中欣赏和赞美学生。我的班里有位学生叫冯瑞青，他身材瘦小，不爱说话，学习基础特别差。但是我发现他的责任区走廊从来没有被扣过分，我还发现每周一到校最早的也是他。一天早晨，我看见他正在默默地打扫走廊，便说:“瑞青，你打扫的走廊真干净，你比老师来得都早，你真棒！”说完我为他竖起了大拇指。他害羞地“嘿嘿”了两声。在公众场合或有其他人在场时孩子对赞赏的感受会更强烈。周五的班会上，我又一次表扬了他，我看到了他脸上自信的笑容。我也听到了老师们对他的评价，他竟然

把语文课文背下来了。更让我惊讶的是，有一天晚自习放学，他竟然喊住我说："老师，您辛苦了。"那一刻我为我的赞赏让他获得成长而感到自豪。我们要秉承学生全面发展的理念，关注孩子的健康成长。

第二，用放大镜找优点，赞赏他们。现在的孩子，智力不是问题，关键是他们的心理。对于待优生，我们要接纳他们的异想天开，接纳他们不经意的错误，因为他们是我的学生，他们更是孩子，还没有长大的孩子。莎士比亚曾说："赞赏是照在人心灵上的阳光。"每位学生都渴望得到阳光，渴望得到赞赏，待优生更渴望得到阳光，我们要用放大镜，用心、耐心地去寻找、捕捉学生的闪光点。待优生可能成绩不理想，但是他们有其他的优点。我的班里就有一个有礼貌、审美能力强、绘画好的待优生，他叫一航。这位学生基础差，学习习惯不好。在一次生物课上，任课老师请一位学生把显微镜画在黑板上。刚开始没有学生举手，任课老师说："画个简笔画就行，谁来试一试。"这时，我鼓励一航去试试。一航怯怯地走到黑板前画了起来，最后他把显微镜画得很逼真，同学们报以热烈的掌声。我说："你很有画画的天赋，你真了不起！"之后班里的黑板报、数学课的画图，他都自告奋勇地去画，学习也有了很大的进步。

第三，换位思考，从学生的角度去赞赏。怎样站在学生的角度呢？我们要转变教育观念，研究学生的心理，探究学生所思所想，关注学生的内心世界，与学生进行心灵的沟通，找到学生的闪光点，多鼓励、多关心，用心与学生交流，从而拉近师生关系。

第四，我们赞赏学生要及时。及时的赞赏很有必要，可以让孩子第一时间获得内心的满足，得到被认可的自信。

赞赏是一门艺术，也是一门学问，我会继续抓住教育过程中的点点滴滴，让孩子获得发展自我的机会，并把赞赏的阳光洒在每一位孩子身上，让孩子健康成长，实现生命的价值。

（马秀杰）

事半功倍的课前互动

2020 年 11 月 30 日至 12 月 3 日，我有幸担任东昌府区初中道德与法治优质课评选活动的评委。我认真观摩了 26 节课后，发现了一个很有意思的细节：在上课铃声响起之前，大部分的老师、学生都是在安静地等待，课堂里鸦雀无声，落针可闻。而这种上课前的安静是很可怕的，作为评委的我坐在后面都会对这种安静感到紧张心慌，何况是参赛老师和孩子们？只有为数不多的几位老师有课前互动的意识：在上课之前进行分组、讲解规则和要求、播放音乐、做课前小游戏等，而这些老师的课堂气氛一般比较融洽、活跃。细细回想，课前互动，这种“最容易被遗忘的互动”，作用可真不容小觑。有效利用课前 3 分钟，能达到事半功倍的效果。

第一，互动可以缓解学生紧张的情绪。

“现象学教育学”开创者之一马克斯•范梅南在《教育的情调》一书中提到：“气氛是我们体验生活空间的方式。气氛是老师将自己呈现给孩子们的一种方式，也是孩子们将自己呈现给老师的一种方式。”教室里面的气氛带给孩子们的可能是陌生感和压抑感，也可能是归属感、安全感和自信心。可以设身处地想象一下，学生走进教室的时候，会很希望体验到那种亲切、安全的气氛。事实上，学生一走进一间教室，就能很快感受到这里实施的是什么样的教育。在赛课、展示课、观摩课这样的场合，面对众多陌生的听课教师、评委，学生紧张是再正常不过的事情，但是学生处于这种紧张的情绪中，会导致课堂上不在状态、不敢表现、不善于发言，这会大大影响教学效果。如果能有效利用铃声响起之前的几分钟，进行课前互动，在上课前把学生的情绪调动起来，缓解学生紧张不安的情绪，给学生提供具有归属感、安全感和自信心的课堂氛围，让学生以轻松、愉悦的状态走进课堂，会更有利于展示精彩。例如，张婷婷老师在“国家好，大家才会好”这节课前，播放歌曲《国家》，并在台前进行手语表演。听着熟悉的音乐，看着老师自然的表演，学生们的情绪逐渐放松，亲切、安全的课堂氛围逐步形成。

第二，互动可以建立和谐的师生关系。

苏霍姆林斯基的《教育的艺术》一书中有这样一句话：“课堂上一切困惑和失败的根源，在绝大多数场合下都在于忘记了：上课，这是学生和教师的共同劳动。这种劳动的成功首先是由师生间的相互关系来决定的。”可见，和谐的师生关系有助于提高课堂效率，成就精彩课堂。但是，在很多情况下，公开课上的学生和老师都是相互不认识的，这时更要注意课前的互动，要在短时间内以最快的速度让学生意识到“这个老师有点意思”，拉近师生关系。李丽老师在新疆送教的“敬畏生命”这节课前，播放了小视频《我们新疆好地方》，欢快的音乐配以精心选择的学生日常活动的照片、新疆特色照片和山东各地特色风景照片，让孩子们兴奋不已。之后通过“我眼中的新疆”、自我介绍、邀请同学们到山东去游玩等一番对话交流，师生初步建立了民主、平等、和谐的师生关系，为后面整节课的深入对话交流奠定了良好基础。

第三，互动可以营造有趣的教学情境。

一千多年前，刘勰在《文心雕龙》中就有“情以物迁，辞以情发”的提法。赞可夫也曾经说过：“教学方法一旦触及学生的情绪和意志领域，触及学生的精神需要，这种教学方法就能发挥高度有效的作用。”可见，教学情境的创设直接关系到教师教学效果与学生学习效率。教学情境的创建应该从师生甫一见面就开始，通过课前互动，诱发学生的好奇心，鼓励学生大胆尝试，丰富学生的想象力，甚至培养学生的创新精神。陈海萍老师在“增强生命的韧性”这节课前播放了歌曲《一个师傅仨徒弟》，配以电视剧《西游记》中的精彩镜头。对于这部经典名著，学生已是耳熟能详，熟悉的话题可以调动学生的学习兴趣和积极性，活跃课堂气氛。《西游记》中师徒四人历经九九八十一难求取真经的过程其实正是一个战胜挫折、不断修炼自己的过程。陈老师通过课前看似漫不经心的互动，成功营造了本节课的教学情境。

第四，互动可以提出有效的课堂要求。

无规矩不成方圆，良好的课堂秩序是上好课的保证，但是如果把课堂规矩板着脸说出来效果肯定不好，而在课前互动时把我们的要求巧妙地传达给孩子，效果就不一样了。比如，有一次我上课时发现班里孩子有一些坐得东倒西歪的，这时如果我大吼一声“都坐好了！”怕是会吓到孩子们，便急中生智说了一句：“大家看这位同学坐得多么端正，看起来真精神！”那几位东倒西歪的同学不仅迅速坐好，还冲我笑了笑。课前的一句话，为整节课的良好纪律打下了基础。

著名教育家叶澜强调要“从生命的高度用动态生成的观点看课堂教学”“让课堂焕发出生命的活力”。一堂课应被看作教师人生中的一段生命经历，也是学生生命中有意义的重要构成部分。那就让我们从课前互动开始，激发课堂的生命活力吧！请相信：重视课前互动，会有事半功倍的效果！

（梁　静）

一支粉笔写春秋

——浅谈板书的重要作用

“一支粉笔，两袖清风，三尺讲台，四季耕耘，只为桃李满天下”是对教师形象的经典描述。但是，随着科技的不断发展，多媒体技术在现代课堂教学中得到了广泛的应用和推广，对于优化课堂教学、提高课堂效率、激发学生学习兴趣等起到了不可低估的作用，用粉笔进行板书逐渐被一些老师淡忘。以2020年东昌府区道德与法治优质课评选活动为例，在26位参赛教师中，几乎所有老师都精心设计了PPT（Microsoft PowerPoint），但是有近半数教师的板书仅仅只有标题或简单提纲。从动态的角度理解，板书是教师上课时在黑板上书写文字、符号以传递教学信息、教书育人的一种言语活动方式。从静态的角度理解，板书是教师在教学过程中为帮助学生理解掌握知识而利用黑板以凝练、简洁的文字、符号、图表等呈现的教学信息的总称。板书的主要内容有：教学内容的内在逻辑结构、教学的重点和难点、教学内容的补充知识。个人认为虽然多媒体教学具有很多优点，但是我们也不能忽略了传统板书的课堂应用。接下来，谈一谈我对板书作用的认识。

一、传递信息，便于学生领会重点

特级教师斯霞曾说："好的板书对于提纲挈领地了解课文内容，对于把握住课文的关键问题，起着很大的作用。教师必须慎重考虑，精心设计。"听一位老教师讲过一则笑话：新来的教师上了一节课，热热闹闹，最后问学生这节课学的啥，学生说不知道。笑过之后仔细想想，其实学生未必真的啥也不知道，老师课上讲的一些东西肯定在其心里留下了痕迹，之所以说不知道，可能就是因为老师没有强调或者突出一些重点内容。标题如果仅仅是在PPT的第一页出现，随着PPT的播放，每张PPT上面都有较多的信息，在40分钟的眼花缭乱、应接不暇之后，学生很难将学习内容连接起来，也难怪学生会忘记这节课的标题等关键信息了。但是如果写在黑板上就不一样了。以前我们认为老师写在黑板上的是重点，现在的孩子也这样认为。老师认真的板书传递给学生最直观的信息就是：这是重点！好的板书是教学内容的浓缩，能直观地显现教学内容的脉络，清晰地表达知识点之间的联系，将抽象的教学内容系统化、条理化，有助于学生对重点知识的关注，学生一看黑板便对本节课的重点、难点一目了然。

二、妙趣横生，激发学生学习兴趣

爱因斯坦说："兴趣是最好的老师。"歌德也曾说过："哪里没有兴趣，哪里就没有记忆。"可见兴趣的重要。在现代课堂上，学生大多盯着屏幕，被PPT上的声音、动画吸引，和教师的互动减少。多媒体教学具有速度快、内容多等特点，但难以维持学生对学习内容的持续兴趣。而在教师板书时，学生的注意力集中在老师身上，在板书过程中，教师可以通过语言、动作、表情等与学生进行交流，引导学生思考。通过板书展示出教师的个人魅力对于维持学生的学习兴趣有很重要的作用。另外，教师精心设计的创意板书同样能够激发学生的学习兴趣，如：在"增强生命的韧性"一课的教学中，葛璐老师采用了"生命之树"的板书设计；在"关爱他人"一课的教学中，刘鹏老师采用了"笑脸"的板书设计，让学生过目不忘，记忆犹新。

三、独具匠心，引领学生学会审美

著名教育家加里宁有一句话："教育事业不仅是科学事业，而且是艺术事业。"朱绍禹先生指出："板书能点睛指要，给人以联想；形式多样，给人以丰富感；结构新颖，给人以美的享受。"好的板书是文化艺术的熏陶，是教师教学能力的综合体现。板书所呈现出的汉字的严谨结构、美观布局等，以及简笔画的恰当运用，都渗透着教师的智慧、学识和修养。可以说，板书本身就是师生间的审美互动。在"国家好，大家才会好"一课的教学中，张婷婷老师采用了"大红灯笼"的板书设计；在"法律为我们护航"一课的教学中，吕林娜老师采用了"生命之伞"的板书设计，给学生以美的感受。

四、躬先表率，引导学生规范书写

李如密在《教学艺术论》中说："教学板书具有很强的示范性特点，好的板书对学生是一种艺术熏陶，起到潜移默化的作用。教师在板书时的字形字迹、书写笔顺、演算步骤、解题方法、制图技巧、板书态度与作风、习惯动作与语言等，往往成为学生模仿的对象，留下深刻入微的印象。"可见，好的板书是教师榜样的引领。身教重于言教，老师一手漂亮的粉笔字对学生的影响是深远的。字如其人，板书是教师的"脸面"，展示的是教师的基本功和精神面貌，而且教师在板书中所展示出的规范的书写过程、认真的书写态度、丰富的人文素养等，都是丰富的教学资源，有着不可比拟的德育功能，这对学生所起的良好教育和引领作用是不可忽视的。

为别人照亮道路，自己必须放出光芒。希望我们都能握好手中的粉笔，精心设计板书，便于学生领会重点，激发学生学习兴趣，引领学生学会审美，引导学生规范书写。短短一支粉笔在手，耕耘黑板方寸之地，书写人生几度春秋！

（梁　静）

让作业彰显德育魅力

——关于道德与法治课作业的思考

寒假临近，布置寒假作业成了近期各科教研的重要内容。按照学校要求，除常规作业以外，各个学科都要安排一

些具有实践性、趣味性的创意作业。听闻语文组让学生搜集描写冬天的诗词并进行分类，英语组让学生学唱英文歌曲，物理组让学生了解家用电器参数和使用情况，生物组让学生制作豆芽，地理组让学生图文结合介绍家乡旅游景点……我们政治组当然不甘落后，在以往寒假作业经验的基础上，三个年级分别安排了“准备年夜饭”“诵读宪法”“搜集时政新闻并制作报纸”的创意作业。这不禁引发了我对道德与法治课作业的思考。

下课铃声响起，但是师生之间的互动远未结束。课后互动从形式上看就是作业，但从内容上看却不仅是理论知识的巩固，更有思想精神的交流。作业作为课堂教学的延伸，是教师了解学生学习情况以及评价学生学习效果的重要方式。诚然，在布置作业时，教师都要考虑每个学科自身的特点，那么，作为德育主阵地，道德与法治课的作业更要充分彰显德育魅力。这就需要教师在布置作业时注意以下问题：

第一，贴近学生生活，增强针对性。

陶行知先生说过：“教育只有通过生活才能产生作用并真正成为教育。”实践类作业是道德与法治学科教学中必不可少的作业类型，原因就在于只有通过实践类作业的落实，学生才能将学习、掌握的知识运用到实际生活中，从而养成正确的道德观念、情感态度和行为方式。长期以来，受应试教育的影响，道德与法治课教学片面强调知识传授和简单的灌输，忽视了学生作为生命个体本身的特点，远离了学生的现实生活。对于很多老师而言，道德与法治课作业的设计无非就是“是什么”“为什么”“怎样做”等“纯理论”的作业，给人一种“不食人间烟火”的“无用感”，影响了德育功能的发挥。新教材和新课程改革都要求我们的教学要回归生活，在布置作业时我们也要注意注入生活内容，针对课程内容增加实践类作业，让学生切实体验到所学政治理论是人生必不可少的内容，是立足社会、认识世界、改造世界的基础。比如，在七年级“悦纳自我”这一章节的教学完成后，我安排学生根据所学知识，撰写一份自我介绍，向同学们全面介绍自己，并安排学生利用课前三分钟轮流上台介绍自己。完成这份作业，需要学生全面认识自我，明确自身的缺点和不足，战胜自我，自信面对生活，悦纳自我，这也是这节道德与法治课的主要教学目标。

第二，拓宽学生视野，体现时代性。

时效性强是道德与法治课的一大特点，道德与法治课的生命力也在于理论联系实际。因此，在教学实践中，我们要重视学生时政素质的培养，适时布置一些时政作业。让学生通过报刊、网络等查阅搜集时政资料，评论热点社会新闻，观看当下热播的纪录片、电视剧、电影等，这些对于拓宽学生的视野、进一步理解党和国家的方针政策、提高理论联系实际的能力有很大帮助。例如，在九年级上册第一单元“富强与创新”的教学中，安排学生观看纪录片《辉煌中国》，让学生通过壮观震撼的大规模航拍现场、生动鲜活的百姓生活现场、激动人心的生产一线现场，切实体会中国人民的获得感、安全感、幸福感、自豪感，从而真正理解：中华民族实现了从站起来、富起来到强起来的历史性飞跃。

第三，形式丰富多样，注重趣味性。

千篇一律的书面作业，很容易扼杀学生学习的兴趣。多样性的作业，有利于避免作业的枯燥和乏味，激发学生学习

的兴趣和做作业的热情，所以我们的道德与法制课作业形式要尽量丰富多样。其实目前的教材本身就给我们提供了多样化的作业形式：社会调查、志愿活动、倡议书、小采访、设计活动方案、设计板报等。例如：七年级上册第四单元“生命的思考”中有一个采访作业“听老人话人生”，要求学生采访身边的老人，请他们讲讲10岁、20岁、30岁、40岁、50岁……一路走来的人生故事；七年级下册第二单元“做情绪情感的主人”中有一项作业是，在课外为你认为重要的人（如父母、老师或朋友）创造一次难忘的、愉悦的经历，交流彼此的情感体验。可以看出，部编版教材的“拓展空间”已经为我们提供了形式丰富多样的课外作业，相信只要我们敢用、善用、多用、巧用，总能给我们的作业增添一些趣味。

第四，改变评价方式，关注过程性。

在道德与法治课作业的评价中要把形成性评价与终结性评价结合起来。在旧的批改模式下，作业的评价以终结性评价为主，教师关注的重点是作业的最终结果，忽略了对学生作业过程的指导，而学生的沟通、合作、表达能力，搜集与筛选多种社会信息、辨识社会现象、透视社会问题的能力，自主学习、持续学习的能力，以及思想政治素质的状况，这些都是在一定的过程中表现的。因此，在学生的发展中，过程比结果更重要，对学生的评价应在形成性评价的基础上进行终结性评价。

“教无定法，贵在得法。”在布置道德与法治课作业时，我们要注意：贴近学生生活，增强针对性；拓宽学生视野，体现时代性；形式丰富多样，注重趣味性；改变评价方式，关注过程性。相信做到以上几点，定能彰显道德与法治课作业的德育魅力！

（梁　静）

让评价成为课堂的“加油站”

——我对课堂评价的思考

课堂评价是道德与法治课堂教学的重要组成部分，初中道德与法治课堂评价用语在激发学生学习兴趣，提高课堂教学效率和引导学生形成正确的世界观、人生观、价值观等方面具有潜移默化的作用。然而，在日常教学中，却存在教学评价不足的情况，例如，学生回答完毕，教师的评价只有简单的“很好，请坐”。有些老师甚至没有评价，孩子明明回答得很好，教师就只是说“请坐”。我想如果我是学生，我会失去回答问题的欲望，甚至开始讨厌这样索然无味的课堂。如何让评价成为课堂的“加油站”，成为激励学生努力学习的“催化剂”？接下来，谈一谈我的几点思考。

一、评价要有针对性

听一位教研员讲过一个故事：一位老师讲课过程中说了三十几个“你真棒”，而为什么棒？棒在哪里？却一次也没说清楚。从那以后，我就非常注意自己的课堂评价用语。个人认为，“你真棒”这样的评价用语不是不可以用，但是这种模糊不清、千人一面的评价用多了，会让学生失去回答问题的兴趣，因为孩子知道无论回答得怎样，老师都会送上一句“你

真棒”这样像哄小孩似的评价，只能让答者伤心，听者无奈。学生的先天素质、兴趣爱好、个性特征、发展潜力等方面千差万别，这就要求我们不能用固定、均一的标准去评价不同的学生，而应针对不同学生的不同回答做出不同的评价，提高评价的针对性。缺乏针对性的评价是没有灵魂的，只有适应了每位学生的个性特点，才能取得预期的教育效果。在“与世界深度互动”这节课中有这样一个问题：我国在发展过程中学习借鉴的不同文明成果有哪些？我印象最深刻的就是一个女孩，她的回答涵盖了饮食、服饰、语言、文字、宗教、科技等很多方面，回答完以后她用期待的眼神看着我，等待我的评价。我用惊讶的语气说了一句“我的天哪，你真是我们班的宝藏女孩！”说完之后，班里掌声四起，女孩脸上笑靥如花，眼里灿若星辰。在接下来的提问中我又说：“看看我们班还有哪些惊喜在等我？”学生们积极举手，踊跃发言，一句针对性的点评，成为我课堂的“加油站”。

二、评价要有及时性

在一次优质课评选活动中，一位教师在课上设计了这样一个问题：请谈一谈你的理想。一位学生讲道：“我的理想是做一名软件工程师。我目前正在学习编程，并且对此非常感兴趣。我的哥哥现在在上海工作，是程序员，他告诉我现在国家急需优秀的软件工程师。我相信通过我的努力一定能在这一领域大有作为。”学生饱含深情的回答让在座的同学和评委感动不已，而授课教师却只是简单地说了一句：“好，请坐。”虽然在后面几位学生回答完之后，这位教师说了一些祝福的话，但是感觉效果大打折扣。教师不是没有感情的讲课机器，而是要用心倾听孩子的回答，善于捕捉课堂生成，抓住稍纵即逝的教育时机，适时予以回应。在另一位教师的课上，同样是谈理想，一位学生说道："我的理想是当一名医生。因为我以前得了很重的病，爸爸妈妈告诉我如果不是因为遇到了好的医生治好了我的病，我可能……所以，我立志做一名医生，一名悬壶济世的好医生，去帮助需要帮助的人，去救死扶伤。"在全场热烈的掌声之后，这位教师说了这样一段话："同学们的掌声也是老师的心声。相信你肯定会为这样一个承载着众多希望的理想去努力。老师也为有你这样一位有担当的学生感到骄傲。你的回答也让我们所有人明白了理想的应有之义，当个人的理想和他人、社会、国家的命运相连时，整个人都会闪闪发光！"动情的话语引来学生们情不自禁的掌声。这样及时、深刻的评价体现了教师的教育机智，更是教师共情能力的体现。如果教师游离在课堂之外，自顾自地讲课，笼统地评价，不会有如此及时、有深度的评价。

三、评价要有激励性

卡耐基曾说："使一个人发挥最大能力的方法是赞美和鼓励。"新课程标准也建议：评价应以鼓励、表扬等积极的评价为主，采用激励性的评语，尽量从正面加以引导。当然，教师的激励性评价也要因人而异。面对学习成绩优异的学生，重在启迪，激发其深入思考和探究的欲望，争取更上一层楼："有进步，你还可以试试从其他角度思考一下这个问题吗？"面对学习成绩一般的学生，重在认可、欣赏："我看到了你的努力。""我为你的进步感到欣慰。"对学习能力弱的孩子要

经常说:“别着急,你离正确答案又近了一步。”通过激励性的语言,让学生充满信心,从而自信、愉快地投入课堂学习中。我们要善于从每位学生的回答中找出闪光点,给予充分的肯定,坚持正面引导、鼓励为主的原则,鼓励学生提高学习的主动性与积极性,燃起求知的欲望,这对学生保持旺盛的精力和提高学生的学习效率起着重要的促进作用。

四、评价要传递正能量

道德与法治课是落实立德树人根本任务的关键课程,其性质要求我们在进行课堂评价时要引导学生树立正确的价值观,传递正能量。受年龄、经历、思维方式等局限,学生的回答可能会掺杂一些不理性、不成熟的感性成分,这时我们一定要坚持正面引导。如在讲授“兼收并蓄、交流互鉴”时,我设计了这样一个问题:以下文明成果分别属于哪个国家?在出示了京剧《贵妃醉酒》剧照、日本艺伎图片、《蒙娜丽莎》油画后,我问学生:这几位美人,哪位最美?学生立马不约而同地说:“我们国家的最美”。对于学生的回答我没有给予肯定或者否定的评价,只是微微一笑。在短暂的安静思考之后,学生们说出了“都很美”的答案。试想,如果我肯定孩子们最初的答案,是否给他们传递了错误的文明观?但是如果否定了他们最初的答案,是否又会影响孩子们的文化自信意识?作为中国人,我们当然有理由认为我们的最美,但是我们也要看到其他文明之美,各美其美,美美与共。这正是我们对待其他文明的正确态度。

课堂评价是教师对学生最直接、最有效的评价。我们要注意评价的针对性、及时性、激励性,传递正能量,让评价真正成为课堂的“加油站”。

（梁　静）

关于课堂互动的思考

课堂是我们与学生进行互动的主阵地，也是老师们都比较重视的。但是在课堂互动中也有一些问题是我们容易轻视的，所以我把课堂互动称为“既被重视又被轻视的互动”。通过观察，我发现课堂互动容易出现的主要问题有以下几种。

一、重视主体，轻视主导

在一节公开课上，一开始执教老师就提出几个问题，让学生带着问题阅读课本，找出答案，然后老师开始提问。答对了，学生坐回座位；答错了，回答为什么，再由老师给出标准答案。这样半节课过去了，剩下的半节课学生做题、老师讲题。课后，这位老师坦言：“这节课在进行教学设计时主要就是考虑让学生自学，突出学生学习的主体地位，发挥学生的主体作用。”重视学生的主体作用，不等于忽视教师的主导作用，我们摒弃“满堂灌”“填鸭式”的传统教学模式，但是，也不能走向另一个“大撒手”的极端。没有老师的引导，学生怎么抓住重点、突破难点？思考怎么能够深入？没有老师的积极参与，怎么调动学生学习的积极性？没有老师启发式的提问，课堂怎么精彩纷呈？

二、重视选材，轻视用材

大家都有这种感觉，如果在备课时搜索到好的文字材料，或者图片、视频，就会感觉如虎添翼。事实上，找到好的材料只是万里长征的第一步，怎样用好材料需要我们花更多的心思。

在材料选用方面需要注意以下问题：

首先，选择官方媒体。通过网络搜索素材是我们在选材时常用的方法，但是众所周知，网络信息鱼龙混杂，这就需要我们在选材时睁大双眼，仔细甄别，一定要保证信息的真实性、权威性，最直接的办法就是选择官方媒体如人民网、光明网、新华网、央视网等。

其次，弘扬正能量。思政课肩负立德树人的重要使命，思政课教师必须自觉弘扬主旋律，积极传递正能量。这就要求我们在选材时尽量选择积极、正面的材料，如感动中国人物、道德模范、时代楷模等都是很典型的好素材。对于一些社会热点、爆炸新闻，个人建议要谨慎使用，并适时引导。这里有一个反面的例子，在讲授八年级上册“预防犯罪”一课时，授课教师用到了当时的社会热点新闻“杭州杀妻分尸案”。了解这一案件的老师想到案件的惨烈程度大都心有戚戚，不了解的老师在看到这些字眼后肯定也会不由自主地进行联想。那么，学生在课上听到这样的案件时会有怎样的心理反应呢？我们应不应该选择这样的素材？使用负面新闻时怎样对学生进行正面的引导？如何充分理解材料、精心设计问题、设计辅助学案？这些问题都是我们在备课时应该思考的。

最后，挖掘本土故事。思政课教材不仅仅是我们的教科书，也是学生探视时代的一扇窗。在选材时，我们要注意让思政课更加贴近实际，贴近对象，贴近具体，才能让思政课发挥更好的作用。选择本地好人好事、新闻事件，让学生对课堂产生亲切感，对于学生形成基本的道德观、价值观和初步的道德判断能力，成长为具备参与当代社会生活能力的社会主义接班人有重要的意义。

三、重视问题，轻视评价

课堂评价在思政课的课堂教学中发挥着重要作用，比如能够潜移默化地激发学生的学习兴趣，提高课堂教学效率，引导学生形成正确的世界观、人生观、价值观等。在日常教学中，虽然大多数教师非常重视问题的设计，但却存在教学评价不足的情况。例如在学生精心思考、认真作答后，教师仅仅以简单的“很好，请坐”作为回应，甚至没有评价，自顾自地继续讲课。试想如果我们是在场的学生，我们是否也会失去回答问题的欲望？甚至不愿意再去认真思考老师提出的问题？思政课的课堂教学评价对学生意义重大，幽默的评价可以化解学生紧张的心理，有针对性的激励式评价可以引领学生感受成功的喜悦，机智的评价能够使学生保持学习的动力，而温情的评价能够激起学生心中情感的涟漪。因此，我们要重视评价的力量，让评价成为课堂的“加油站”。

四、重视课件，轻视板书

一提到老师，大家脑海里的形象就是“一支粉笔，两袖清风，三尺讲台，四季耕耘”。随着现代教育技术的日益发展，多媒体技术在现代课堂教学中得到了广泛的应用和推广，对于优化课堂教学、提高课堂效率、激发学生学习兴趣等起到

了不可估量的作用，用粉笔进行板书逐渐被一些老师淡忘。好的板书有着多媒体教学不可替代的教学功能和强大的生命力。板书在师生互动中起着重要作用。无论何时，教师都要握好手中的粉笔，精心设计板书，便于学生领会重点，激发学生学习兴趣，引领学生学会审美、规范书写。

课堂教学从来不是教师的专属领地，也不是学生的专属阵地，而是教师与学生共同学习、共同成长的一方天地。良好的师生互动是课堂教学成果的关键所在。重视课堂互动，丰富和促进课堂教学，激发学生的学习兴趣，值得每一位教师深入探究。

（梁　静）

学生携带手机进校园的思考

随着时代的发展，通信技术越来越发达，手机作为重要的通信工具之一，已经走进了千家万户。手机给我们带来方便的同时，也给中小学生带来了严重的负面影响。中小学生不能正确地使用手机，手机已经严重影响到了他们的学习和身心健康。因此，对中小学生携带手机进入校园的现象必须加以严格管理。

一、学生正确使用手机的好处

学生使用手机可以查阅自己不懂的信息，结交一些网上的朋友，接收学校发的各种通知。学生可以通过手机的“群聊”功能讨论疑难问题，还可以在空暇时间用手机听听音乐，放松一下心情，缓解一下压力。总之，手机的功能越来越强大，它已经渗透生活的方方面面，但是我们也不能忽视手机带来的负面影响，我们要引导学生正确使用手机，让手机为我所用，不要让孩子成为“手机控”，更不要让孩子成为手机的奴隶。

二、学生不正确使用手机的危害

任何事物都有两面性，手机在给孩子们带来好处的同时，也给孩子们带来了危害。由于孩子们无法正确地使用手机，他们成了典型的“手机控”“低头族”，每天都是手机不离手，把大部分时间都浪费在看手机上，导致他们无心学习，甚至不愿再上学。老师在管理中发现，有一部分学生利用手机不是学习而是打游戏，或者聊天、谈恋爱，还有一部分学生沉迷于短视频平台等，更有个别学生偷偷浏览一些不健康的网页，这样对学生的危害是非常大的。甚至有的学生在考试的时候利用手机作弊，或者因为一点小矛盾在网上对骂，他们误以为在网上不受约束，可以自由地发泄私愤，最后发展到在网上约架、在线下打架。

我在日常生活中处理学生打架的时候，经常发现学生的打架原因与学生携带手机有关联。学生一旦把手机带入学校，负面影响会更大，有的学生会在老师上课的时候偷偷玩手机，有的学生会因为打游戏失败了而无心学习，有的学生会因为争抢手机而发生矛盾。特别是住校的学生，由于宿舍缺乏严格的管理，他们经常玩手机到深夜，造成第二天上课的时候睡觉，即使没有睡着也会因为精力不足而影响听课效

果，长此以往，就会严重影响他们的学习成绩。学生们不正确地使用手机给他们带来的危害是非常大的，有可能摧毁他们的一生。如何对学生的手机进行有效管理，成为每个学校管理者亟需解决的问题。

三、学生携带手机进入校园的有效管理

《教育部办公厅关于加强中小学生手机管理工作的通知》明确规定：学生确有将手机带入校园需求的，须经学生家长同意、书面提出申请，进校后应将手机交由学校统一保管，禁止带入课堂。学校也三令五申，明确告知学生不能把手机带入学校，班主任在班会上也多次强调，但还是有一部分学生置若罔闻，心存侥幸，把手机带到了课堂上，带到了宿舍内，这样做严重影响了他们的学习成绩，也对他们的身心健康造成了伤害。因此，对学生带手机进入校园的管理迫在眉睫，有效管理还要讲究管理的方法和策略，要保证管理的效果能够为学校正常的教学秩序提供保障，也能够为学生的健康成长保驾护航。要想达到这种效果，学校和班级要做好以下两方面的工作：

第一，老师发现学生在学校里使用手机该如何办？老师首先要控制自己的情绪，采取晓之以理、动之以情的方式让学生主动交出手机。老师不要从学生手里抢手机，这样往往会激化矛盾，出现不可控制的场面，在现实生活中就有父亲摔坏孩子的手机导致孩子跳楼的现象。老师一定要冷静处理，不要摔学生的手机，手机是学生的合法财产，摔手机的做法是违法的。如果学生万一想不开，就有可能出现意想不到的后果。老师要做好学生的思想工作，给学生讲清楚沉迷于手机的各

种危害。特别是对于那些学习成绩差又迷恋手机的学生，老师一定要做好他们的思想工作，不要让悲剧重演。我们可以告诉学生手机暂时由学校统一保管，学生如果不违反纪律、积极回答问题，很快就可以把手机带回家，这样就会调动他们的学习积极性；还可以直接让家长把手机领回去，让家长配合老师的管理，保证以后不再让学生把手机带到学校。

第二，学生的手机被学校发现该如何做？学校应该指定专人专柜保存学生的手机，由学校暂时代管手机，及时通知家长领回去，或者通过家委会领回去，要避免像网上报道的那样，把学生的手机在全体学生面前用锤子砸坏。针对那些深度迷恋手机的学生，心理老师要对他们进行专门的心理辅导，引导他们参加一些趣味活动，转移他们对手机的注意力和依赖性，培养他们热爱学习的好习惯，引导他们科学合理地使用手机。学校应该安装一些公用电话，方便学生和家长进行联系，以免学生借口和家长联系而把手机带到学校。学校也可以借助家委会的力量，让学生家长配合学校的工作，一起参与到禁止学生携带手机进校园的管理中，只有家校合作、齐心协力，才能把这项工作搞好。

总之，学校对学生使用手机并且携带手机进校园问题需进行有效管理，既不能简单粗暴一刀切，也不能置之不管，任其发展。同时，在处理这件事情时一定要慎重，引导学生正确使用手机，要让学生知道手机是一把双刃剑，让学生把主要精力用到学习上，让学生在校园里健康生活与成长，将来成为祖国需要的栋梁之材。切莫让手机耽误了一代中国青少年。

（赵修德）

不要让爱变了味道

作为一名教师，关心爱护学生本来是理所应当的。可是在实际教学中这种爱往往会变了味道，个别教师在冲动的时候会以体罚、讽刺、辱骂等方式代替正常教育，这样做的后果往往是害了教师、苦了学生。

网上报道了这样一个故事：马上就要期末考试了，同学们本应该进入紧张的复习阶段了，可是武汉北湖小学的学生上课时间疯闹，班主任夏某在无奈之下用戒尺击打了十名学生的手心。该视频被转发后引发了网友的广泛关注，学校马上做出了回应，让涉事班主任停课反省，并向学生和家长道歉。看到这则新闻我五味杂陈，既为夏老师受到这样的处分感到惋惜，也为她的冲动行为感到痛心。作为局外人，有些人会对夏老师的行为感到气愤，为挨打的十名学生鸣不平，于是网上对夏老师的责备声不断。可是我们设身处地地想一想，如果自己就是那个夏老师，面对炸开锅的学生，又会有何感想呢？我是一个有着二十多年班主任经历的老师，何尝不知体罚学生是违法的呢，但是往往会被当时的情景气昏头脑，控制不住自己的情绪。

有一次，我为了让学生期末考个好成绩，整天绞尽脑汁地总结知识点，揣摩历年的考试试卷，想最大限度地提高学生的成绩。我那时非常繁忙，既当班主任又要管理学校的安全工作，每逢年终岁尾，上级的各种检查应接不暇。由于着急上火，我嗓子都哑了，好几天说不出话来，晚上睡觉的时候感觉嗓子都在冒烟。即使这样，我还是坚持上课，实在没有办法了就边喝水边讲课，有时咳嗽不止，只好停下来休息一会儿再讲。恰恰就在这个时候，当我提问到一个叫王明聪的学生时，他还没有听清提问的问题就背了起来，同学们都笑他，弄得他满脸通红。他背错题都没有觉察到，说明他根本没有认真听课。我问他："你知道老师提问的是什么问题吗？"他辩解说："谁让你声音这么小，我没有听清楚，你为什么不多说几遍啊？"我当时就急了，心想："我嗓子哑了好几天了，每天都是忍着疼痛来给你们上课，你还想让我大声点，要求我多说几遍，你也太过分了吧！真的太不懂事了！"想到这儿，我突然激动起来，用沙哑的声音怒吼道："你给我站教室后面去！"他好像没有听见似的，低着头在那里一动不动。我从讲台上怒气冲冲地走到他的身边，当时真想打他几下，但是，我马上想到了武汉的那位夏老师因为打学生而被处分的事情，立即冷静下来，暗暗告诫自己，千万不要冲动，要保持冷静。如果强迫他出来站着，有可能激化矛盾，自己到最后也不好收场。于是我换了一种语气说："你平时学习挺刻苦的，成绩也不错，刚才你是不是没有听清楚啊？你先出来站着，下课再到我办公室里去给我解释吧。"接着我又说："我们做什么事情都要讲规则，老师已经说好了，因为这是复习课，背不下来的要站着，你也不能搞例外啊，还是出来站着吧。"此时全班学生的眼光都聚集在他身上，他似乎也感到了压力，觉得有点不好意思了，慢慢从自己的座位上走到了教室的后面，我长长地舒了一口气。

下第二节课后正好是个大班空，我把王明聪叫到办公室，本想了解一下他为什么背错题，没想到他仍然坚持说："我也背下来了啊，就是背错题而已。"我说："我又没有提问那个题，你这不是张冠李戴吗？”他接着又说：“我听着好像是那个题，你为什么不多说几遍啊？”一听这话，我刚刚消下去的怒火又重新燃烧了起来，本想说“以后我再也不管你了”，可是话刚到嘴边又咽了回去。转念一想，他还在闹思想情绪，一定是有原因的，于是我说：“你现在可以说说你的想法了，为什么现在还那么执拗啊？”他保持沉默，无论如何问，他就是不说。我突然想起来我们正在学习“师生之间”这节内容，我就打开课本让他看，并且告诉他看完将提问他两个问题看看能否背下来。他看到我给他看的是关于“师生交往”的内容，似乎明白了什么。我给了他五分钟的时间，然后问了他两个问题：第一个是怎样正确对待老师的表扬与批评？第二个是当与老师发生矛盾时应该怎么办？他很快就背下来了。我接着说：“你本来很聪明，也很懂礼貌，有时候就是上课精力不集中。如果改了这点小毛病，你会更加优秀。”我这样一说，他有点不好意思了，低着头赶紧说：“老师我错了，当时我真的没有注意听课，只是想给自己挣个面子，没想到让你给识破了。你又让我到教室后面去站着，我感觉自己脸上无光，所以感觉自己委屈。老师我错了，以后上课再也不开小差了。”我看到他真心实意地承认错误，态度很诚恳，感觉自己做的也有点过分了，赶紧对他说：“老师也有做得不对的地方，不应该罚你站到后面去。”一场风波总算过去了，自己静下来想一想，很多情绪往往就是在一瞬间爆发的，如果控制不住自己的情绪，就会做出违背《中华人民共和国教师法》的事情。

通过武汉北湖小学夏老师打学生手心事件，再结合自己的实际教学，我不免感慨万分。有多少负责任的老师因为管理方式过激而受到处分啊！我们当老师的都是为了教育好学生，但采取不同的教育方法就会有不同的结果。我们要时刻提醒自己，无论什么时候都不要做出违背法律的事情，都不能去体罚学生。“打是亲，骂是爱”这种说法是不合法的，就是对自己的孩子也是行不通的。今后我们要引以为戒，增强法律意识，多学习一些好的管理方法，一定要记住：冲动是魔鬼。

（赵修德）

请多给问题学生一点爱

在韦唯演唱的《爱的奉献》中有这样一句歌词：“只要人人都献出一点爱，世界将变成美好的人间。”作为教师的我们更应该对学生献出自己的爱心，精心呵护祖国的幼苗，耐心教育有问题的学生，使他们能够健康成长。

现在的孩子从小娇生惯养，在家里俨然是一位“小皇帝”，非常任性。有些家长的管理也不够科学，孩子的爷爷奶奶对孩子过于溺爱，有求必应，不分对错，有时还干涉爸爸妈妈对孩子的管教，导致孩子没有得到正常的管教，并且失去了对是非的判断能力，错误地认为只要哭闹就能达到自己的目的。还有一部分家长在孩子不听话或者哭闹的时候就给孩子玩手机，这对孩子的家长来说好像是最快的解决办法，省去了很多麻烦。但长此以往，孩子会形成对手机的依赖，导致视力下降，小小年纪就因为近视戴上了眼镜，时间长了

还会患上网瘾，对孩子的一生将会造成严重的影响。

家庭不正确的管理和引导，给学校后期的管理带来了很大的困难。孩子们在家养成的不良习惯会慢慢在学校呈现：任性、霸道、我行我素、狡辩、顶嘴等。这就需要每一位教师静下心来慢慢观察学生的个性特点，特别是那些问题学生，教师要付出更多的爱心，就像对待自己的孩子一样去关心和爱护他们，给他们建立成长记录卡片，记录他们点滴的改变和进步。教师要及时鼓励学生，让学生充满自信，慢慢改掉自己原有的一些不好的习惯，成为一名品学兼优的好学生。

在平时的教学中，我们经常会遇到一些特殊家庭的孩子，如孤儿、单亲家庭的孩子、留守儿童，还有一些暴躁易怒、唯唯诺诺、好动等性格特别的孩子，教师要让他们感受到春天般的温暖，体会到母亲般的关怀、父亲般的保护，让他们心中不再孤独和寂寞。

对于特别难管理的学生，教师如果处理不当就会使师生矛盾激化，还有可能产生难以预料的后果。记得在我教的班级中有一个叫牛某强的学生，他个子不高，皮肤黝黑，留着寸头，一双明亮的大眼睛显得非常有神，一看就是个聪明的孩子。但是他的聪明没有用到学习上，上课从不认真听讲，不是说话就是睡觉，还经常找其他学生的麻烦，弄得周围的学生无法学习。我实在没有办法，只好把他调到了教室后面的位置。从此以后，他更加我行我素，把迟到、旷课当作家常便饭，有时还和任课教师顶嘴、和其他同学打架。这是一个非常棘手的学生，很多人劝我不要再管他，他们认为这样的孩子是管不好的。但我不这样认为，作为教师绝不能放弃任何一位学生。孩子是一个家庭的全部，我有责任也有义务教育好这个孩子。对于这样的孩子要付出更多的心血，我曾经多次把他叫到办公室跟他谈话，让他认识到自己违反学校纪律的危害性，给他讲学习对他将来发展的重要性。他每次认错态度都很好，但是没过两天就全忘了，依然是老样子。我也曾经失望过，头脑中也闪现过放弃的念头，但是，家长的嘱托、校长的教导、孩子期望的眼神，使我重拾信心。有一次他和其他同学打架了，我打电话通知他爸爸来学校，他爸爸说："老师，我和孩子他妈开大货车，经常出远门，很少回家，根本没时间去学校，还是麻烦老师多费心吧。"他的父母以忙为理由把教育孩子的责任推给了学校。后来在我的一再要求下，孩子的爸爸委托孩子的奶奶来到了学校，孩子的奶奶是一位很直爽的老人，她没有隐瞒孩子的缺点和在家的种种不良表现，承认自己的孙子从小就娇惯，在家也很不听话。孩子的爸爸和妈妈离婚了，现在孩子与爸爸和继母一块生活，继母也不敢管他。在小学时还和老师打过架，只因老师在上课的时候没收了他的手机。孩子的奶奶叹了口气说："我年龄大了也管不了了，他爸妈又没有时间管，孩子才沦落到今天这个地步。"我从老人的眼神中看出对孙子的疼爱，同时也包含了太多的无奈。

有一天中午，有学生来办公室找我，说牛某强和杨某斌打起来了。我急忙赶到教室，看见两人还在撕扯。这时有学生喊了一句"老师来了"，他们两个才松开手。然后我把他们叫到办公室，询问打架的原因。牛某强说："杨某斌用脚踩我的凳子，我就揍了他。"杨某斌说："我是用脚踩了他的凳子，可是他什么也没说，上来就揍我。"打架的原因很简单，两个人都有责任。我正要对他们进行批评教育，牛某强竟然鼻子

一把泪一把地哭了起来。当我问他为什么打人时，他说："他踩我凳子，我就揍他！"我对他说："杨某斌踩你的凳子是不对，你应该跟老师说啊，让他给你道个歉，再把你的凳子擦干净不就行了吗？"牛某强依然气呼呼地说："踩我凳子，我就揍他！"我强压心中的怒火，给他讲道理。牛某强却不依不饶，无论我说什么，他都认为自己有理。最后我实在压不住火，用手轻轻地扭了一下他的耳朵。他很快就挣脱了我的手，还大声叫嚷着："我告你去，你打我。"当时我都快被气晕了，作为一个有着28年教龄的教师，还是第一次遇到这么不讲理的学生，可以说是"刀枪不入"，让我真正领教了问题孩子管理的难度。我感到很无奈，那一刻真想辞职不干了，可是转念一想，这不是在逃避责任吗？我们教师是来教书育人的，教书固然重要，育人同样重要。我经过短暂的思想斗争后，依然下定决心负起这个责任，决不能辜负家长的重托，决不能把包袱甩给校长，决不能知难而退，争取克服困难，教育好这个孩子。于是我一有空就找牛某强谈心，从学习上、生活上处处关心他。我利用课外活动时间给他讲解名人张海迪的励志故事，每当发现他的优点和长处就立刻进行表扬，让他慢慢建立起自信心和存在感。我发现他特别喜欢打乒乓球，于是就利用课余时间带着他去乒乓球室打球，并利用打乒乓球的时间和他谈心，告诉他学习的重要性，希望他以后能够自觉遵守学校纪律，为班级争光。他也承诺以后一定会遵守纪律、团结同学、认真学习。我告诉他，如果学校举办乒乓球比赛，我就让他代表班级去参赛，而如果能够在比赛中获奖，我还会送给他一副乒乓球拍。他听了之后非常开心。经过一段时间的倾心交谈，他与以前相比有了很大的进步，上课的时候不再睡觉了，也不再扰乱课堂纪律了，课后一有时间就去练乒乓球。看到他的转变和进步，我心中有许多感慨，如果当初我揍他一顿，或者从此不再理会他，把他当作局外人，那将会是怎样的结果？现在，我发自内心地庆幸我没有那样做，而是把一个顽劣的问题学生教育成了一个遵守学校纪律、认真学习、为班级争光的好学生。

我们在教育学生的时候要充满爱心、耐心和恒心，相信自己的能力，办法总比困难多。只要我们锲而不舍，总有一天会把那些顽劣的孩子改造好的。我们要有永不言弃的精神，不能抛弃任何一位学生，把更多的待优生转变成品学兼优的学生，这是我一个班主任奋斗的目标。

（赵修德）

中学时代的友谊

友谊是人生永恒的话题，人人都渴望自己拥有一份纯真的友谊。进入青春期的孩子们更需要友谊，他们有可能走入友谊的误区，作为家长和老师有必要引导他们找到真正的友谊，学会呵护友谊，不要为了所谓的“友谊”而自毁前程，要为自己的美好人生奠定基础。

一、寻找友谊

意大利作家薄伽丘说:“友谊是一样神圣的东西，不仅值得特别推崇，而且值得永远地赞扬。”由此可见，友谊的力量

是多么强大。我们的生活中离不开友谊。可是在生活中，有些学生却把友谊和“哥们义气”混为一谈，认为愿意跟自己玩、给自己送礼物、帮自己打架等就是友谊，这种认识是片面的，也是错误的。老师和家长要正确引导学生，给学生讲一些有关友谊的故事，使学生认识到什么才是真正的友谊。在交往中，还要让学生学会识别“暧昧友谊”，指导学生在日常的生活和学习中寻找属于自己的真正友谊。在寻找友谊的时候要注意友谊的平等性。友谊不是强加给别人的，是双方自愿的。现实生活中往往出现强制性的友谊，如有些学生通过恐吓、拉拢甚至是殴打的形式取得所谓的“友谊”，还有一些学生通过物质的引诱、祈求的方式得到“友谊”，这些都不是真正的友谊。友谊是在长期的平等相处中形成的，是一种情感的交流，是一种心灵的相遇，是一种自愿的结合。

二、学会淡出友谊

随着年龄的增长和交往范围的不断扩大，学生之间的友谊是不断变化的，当一段友谊已经无法维持下去了，我们要学会割舍友谊，否则就会给自己与他人带来烦恼和痛苦。

有这样一个故事：王雪和李红从幼儿园起就是好朋友，整天在一起玩耍，无话不谈。后来两人同时考上了同一所初中，还被分到了同一个班，成为班里最要好的朋友。随着年龄的增加，到初二的时候，她们的生活习惯、审美观、交友方式等开始出现分歧，在一些问题的看法上也出现了偏差。她们两个人的家庭条件是不一样的，王雪的爸爸常年在外打工，妈妈在家照顾她的弟弟，家庭条件比较困难，因此王雪平时非常节俭。李红的家庭比较殷实，她的爸爸是一家企业的老板，从小家里对她比较娇惯，导致她养成了铺张浪费的习惯。有一次，李红在家举办生日宴会，她当着所有参加生日宴会同学的面打开礼品盒，查看着每个人送的礼物。当她打开王雪的礼物时，发现是一张贺卡，李红一脸的不屑，还怪声怪气地说："吆，王雪同学的手艺不错嘛！大家快来看看艺术大师做的贺卡。"同学们七嘴八舌地议论起来，王雪感觉受到了莫大的侮辱，这是她用了好长时间精心设计的祝福贺卡，她伤心地跑出了李红的家。从那以后，她们两个不再交往了，王雪选择了淡出这段友谊。我们在为她们的友谊中断感到惋惜的同时，也要看到两个人的人生观和价值观已有所不同，我们要学会接受一段友谊的淡出。

三、友谊要讲原则

我们在日常生活中要做到"善交益友，乐交诤友，不交损友"，这是我们交友的三条原则。只有掌握好这三条原则，我们才能建立起真正的友谊，对自己一生的发展起到积极的促进作用。现实生活中，有的学生把"为朋友两肋插刀"看作友谊，这是非常错误的。当你的同学要做一些违反纪律的事情时，你要坚持原则，既不能不管不问，更不能推波助澜，否则就是对朋友更大的伤害。有这样一个故事要引以为戒：有一个叫刘涛的学生，在同学的生日宴会上认识了一个豪爽的大哥哥，这个大哥哥经常请他吃喝，还带他去打游戏。那段时间，刘涛感到非常快乐，大哥哥成了他崇拜的偶像。可是很快，那个大哥哥就开始带着他向其他小同学"借"钱，最后他和那个大哥哥因为拦路抢劫被公安机关抓获，小小年纪就被公安系统记录在案，有可能影响他的一生。通过这个故事，

我们可以看到交友不慎带来的危害有多么大，因此我们交友一定要讲原则。

四、友谊不是爱情

进入中学阶段，学生会越来越需要友谊。作为家长和老师要尊重他们的真正友谊，不要盲目阻止他们交朋友。因为喜欢和爱是他们的权利，只要是在没有影响学习和身心健康成长、没有违反纪律的前提下，家长和老师做好监控工作就行了，最好不要对他们的友谊过分敏感。有必要的时候，我们可以提醒他们一下，中学阶段是身心健康成长的黄金阶段，既要学好文化知识，又要锻炼好自己的身体，同学之间要建立良好的友谊，这样才能彼此相互理解和支持，相互信任和关心，才能经受起时间的考验和风雨的洗礼，才能成为彼此精神上的寄托。我们要告诉那些与异性交朋友的学生，对异性产生好感是一种正常的心理反应，但是，过度关注对方的一言一行，限制对方和其他异性交往，把注意力都集中在对方身上，希望和对方形影不离，这些可能是“早恋”的前兆。家长和老师发现了这些现象，也不要大惊小怪，要采取适当的方式提醒他们，让他们及时调整心态，告诫他们不要把最宝贵的学习时光荒废了。由于他们年龄较小，自控能力差，完全依靠自己很难走出情感的困境，作为家长和老师要及时伸出援助之手，找到科学有效的办法帮助孩子解决这些问题。老师强制性分开他们效果并不明显，因为处在青春期的孩子逆反心理非常强，往往会适得其反，如果处理不当，还有可能出现意想不到的后果。

五、呵护友谊

马克思说："友谊需要忠诚去播种，热情去浇灌，原则去培养，谅解去护理。"这告诉我们，友谊需要精心的呵护，需要经历风霜的洗礼，需要经过时间的考验，因此要做到以下几点：第一，呵护友谊要关心对方。我们经常说，患难见真情。朋友之间的友谊不能只看平时，而要看是否经得起困难的考验，那些能在困难的时候伸出援手的才是真正的友谊。第二，呵护友谊需要尊重对方。友谊和尊重是密不可分的，你只有尊重别人，别人才会尊重你。德国哲学家亚瑟•叔本华说过："要尊重每一个人，不论他是何等的卑微和可笑。要记住活在每一个人身上的是和你我相同的灵性。"在学校里，我们要尊重那些生理有缺陷的同学，不要去触碰他们的底线。给朋友一些隐私的空间，不要揭秘个人隐私，不要把自己的意见强加给别人，一定要记住："己所不欲，勿施于人。"第三，呵护友谊需要正确处理朋友之间的矛盾冲突。同学之间难免会有磕磕碰碰，当出现冲突的时候，朋友之间可以相互协商，找到双方都能够接受的解决方式。如果处理得当，冲突还能增进双方的友谊，我们经常说的"不打不相识"就是这个道理。第四，呵护友谊还需要宽阔的胸怀。对待朋友，我们要学会宽容忍让，不要斤斤计较。廉颇与蔺相如的故事被传为美谈，他们之间的相处值得我们借鉴。

中学时代的友谊是纯真的、美好的，提醒孩子们避免走入友谊的误区，与孩子们共同呵护友谊，用真心搭建友谊的桥梁，一起走向快乐的人生。

（赵修德）

一张奖状引发的思考

四川西昌某小学一个小男孩去讲台领奖状的视频感动了好多人，这段视频获得了人民日报的点赞。视频中，老师正在给孩子们发奖状，一个小男孩满心期待地等着老师喊自己的名字。当老师念到“一向都很棒的……”时，这个小男孩以为得奖的是自己，早早就从座位上站了起来，满脸的期盼和幸福，准备上台领奖，但是令人意外的是老师喊了另外一个同学的名字，小男孩脸上的欣喜瞬间消失了，心情失落地坐回原位。但小男孩马上调整好自己的情绪，为得奖的这位同学用力鼓掌。终于，老师喊到了这位小男孩的名字，在确认是自己以后，小男孩腾的一下从座位上弹了起来，激动地和其他同学用力击掌，喜极而泣，走向讲台，同学们给予热烈的掌声。这番大起大落让许多网友忍俊不禁，最让网友称赞的是，小男孩在失落的时候仍然没有忘记为其他同学鼓掌，小男孩的真情流露赢得了无数网友的点赞。

作为一名教师，我内心触动也很大，把这个视频看了好几遍，仿佛自己也在现场一样，深深地体会到了小男孩当时大起大落的心情，我情不自禁地流下了眼泪。我们可以想象这个奖状在小男孩的心中是多么的重要，经过一个学期的努力拼搏，终于实现了自己的心愿。通过这个视频我总结出三点：

一是对孩子来说鼓励与奖励有时候比惩罚更有效果。我们经常说“好孩子是夸出来的”，就是这个道理。孩子的努力付出，需要的往往就是一个肯定的目光、一句赞许的话语、一张小小的奖状。在孩子们的心目中，他们需要得到老师与同学的肯定，需要期盼已久的那张奖状，如果该得到的没有得到，对他们的打击是非常大的。老师在教学中一定要关注学生的点滴进步，及时进行鼓励或者表扬，充分调动学生学习的积极性，同时也能起到榜样的导向作用。如果表扬不及时，那就失去了表扬的意义和效果，我们平时说的"趁热打铁"就是这个道理。例如，我在刚刚教初一年级新生的时候，由于学生年龄小，自觉性较差，调皮捣蛋的学生特别多，我就及时发现那些在学习、纪律、卫生等方面做得好的学生，并及时进行表扬，其他学生也想得到老师的表扬，他们就去模仿那些表现好的学生，被表扬的学生就成了同学们学习的榜样，时间长了就会形成好的班风和学风。

二是品德比知识更重要，成人比成才更重要。孟子以亚圣的智慧德行，激发了廉洁者的崇拜。小男孩在得知领奖的是其他同学的时候，还能够面带微笑为其鼓掌，真的令人折服，这个小男孩的品德是非常高尚的。在失意的时候最能看出一个人品德的高低，一个愿意为别人的成功喝彩的小男孩，他的内心是多么的宽广，他的眼界是多么的开阔。任何一个时代，家长都会望子成龙、望女成凤，更多的是注重孩子的成绩而忽视了对孩子品德的培养。在生活中，家长很少告诉孩子面对别人的成功和自己的失败该如何做。我们应告诉孩子要正确面对，对别人的成功不要嫉妒，对自己的失败要有一种永不言弃的精神，要充满自信和必胜的勇气，要有乐观的心态，培养自己承受失败打击的能力，这样才能使自己慢慢优秀起来。教育的终极目标不是人人成才，而是人人成人。有人说："最好的教育是为自己的成功喜悦时也懂得为别人鼓掌。”作为思政课教师，我们在平时的教学中就应该把这种思想灌输给学生，让他们做一个即使自己失落也要为别人鼓掌的人。这是一种境界，不是人人都能做到的，然而这个一年级的小男孩做到了，这是多么难能可贵啊！这些是与家长与老师正确的引导分不开的。

三是学会宽容。法国大作家维克多•雨果曾经说过：“世界上最宽阔的是海洋，比海洋更宽阔的是天空，比天空更宽阔的是人的胸怀。”作家刘瑜曾经在女儿百日的时候写道：“愿你有好运气，如果没有，愿你在不幸中学会慈悲。愿你被很多人爱，如果没有，愿你在寂寞中学会宽容。”这样，在生命走到尽头的那一天，哪怕没有成为精英，没有实现高大上的理想，孩子依然能够坦然面对自己问心无愧的一生。希望人人都有一颗宽容的心，不要计较个人的得失，如果当年云南大学的马加爵像这个小男孩一样有宽容的胸怀，同一个宿舍里的四个大学生就不会失去鲜活的生命了。虽然马加爵本人被判死刑了，但是其他人的生命已经无法挽回。历史没有如果，人生不能重来，从小培养孩子学会宽容与忍让是非常重要的，宽容他人是一种美德，宽容自己是一种智慧，学会宽容，人的一生就会从容与轻松。

水滴虽小却能反射整个太阳的光芒，故事虽小却能告诉我们做人的道理，一次领奖的视频感动着无数人，教育孩子要从小抓起，培养高尚的品德和良好的行为习惯也要从孩子抓起。

（赵修德）

·第二篇·

读书感悟

简单的教育用心做

——《卡尔·威特的教育》读后感

又是一个阳光灿烂的初冬，午后的倦意还未散去，从书橱的角落里再次找出一本不太厚的书籍，白色的包书纸有些发黄，和12年前相比少了些惊喜，多了些遗憾和思考。《卡尔·威特的教育》被称为中外教育史上的奇书，据说凡是有幸读到这本书并按照书中方法去做的，都能将孩子培养成天才。12年前初读这本书时多少带有急功近利的思想，但是我的女儿并没有成为天才，反思之后深深感悟天才的培养就是要用心去做简单的教育，用心设计每一个教育行为、每一句话、每一个动作，甚至每一个眼神，用心抓住每一个教育契机……再次捧起这本写于1818年的教育奇书，不禁从心里佩服这本书的作者——卡尔·威特的伟大的父亲。

一个出生后被认定为痴呆的婴儿能够成为著名的天才，不能不称为奇迹，卡尔·威特八九岁时就能自由运用六国语言，并且通晓了数学、动物学、植物学、物理学、化学，尤其擅长数学。9岁时他进入了歌廷根大学，年仅14岁就被授予哲学博士学位，16岁时获得法学博士学位，并被任命为柏林大学的法学教授。23岁时他出版了《但丁的误解》一书，成为研究但丁的权威。卡尔·威特的成功并非昙花一现，他就像有着庞大根系的大树，充足的营养使其终生都在进取和发展，他一生都在德国的著名大学里任教，在有口皆碑的赞扬声中一直讲课到1883年去世为止。

一、承认差异，从基础做起

“诚然，孩子的天赋是有差异的，但这种差异毕竟有限。在我看来，别说那些生下来就具备非凡禀赋的孩子，即使仅具备一般禀赋的孩子，只要教育得法，也能成为非凡的人。”卡尔·威特的父亲并非著名的教育家，却有着独特而鲜明的教育观：“对于孩子的成长来说，最重要的是教育而不是天赋。孩子最终成为天才还是庸才，不取决于天赋的大小，关键决定于他从生下来到五六岁时的教育。”

教育孩子要从基础抓起。我们现在的教学班每班有几十位学生，他们的天赋存在着很大的差异，作为教师不能忽视这一点。同时，我们的教学设计、教学目标要求、作业布置等也不能一概而论，因为学生的认知能力、理解水平、意志力等是存在很大差异的。作为教师要承认差异，并努力使所有学生能有所发展。

记得几年前我有一位学生，期中考试前，他的当老师的妈妈找了几道典型的数学题让他做，其中有一道题他不会，在妈妈耐心的讲解下，他顺利将题做了出来。第二天早上妈妈又让他把题目看了一遍，可巧的是当天上午的数学考试就有一道和这道题基本相同的题，结果他竟做错了，妈妈气得不知该说什么。

就是这个对数学极度不敏感的学生，对汽车却具有超强的记忆力，只要在路上看到汽车从身边过去就能判断出这是什么品牌，什么系列，有什么特点，如果看到一种新型的汽

车，他的激动之情马上写在脸上。于是，我单独为他开了一次班会，让他把汽车模型带到学校给同学们讲解。学生和我一样听得非常惊讶，对他佩服得直竖大拇指。差异的存在并不是教育者推卸责任的借口，而是教育的切入点。经过细致的观察，我们会发现，学生的兴趣爱好多种多样，在某一方面的短板并不影响其他特长的发挥，聪明的教育者并不是仅仅发现孩子不擅长什么，而是要帮助孩子找到自己的优势是什么，从而使孩子重树自信，健康快乐成长。

二、教育要尽早

当然，教育要尽早，并不是说要过早地给孩子教授学科知识，而是要把握教育契机，在孩子生长发育的关键期开发多元智能，为今后的学科学习奠定基础。根据儿童潜能的递减法则，一个人在成长过程中是有某种智力发展最佳时期的。这个最佳时期非常关键，它对人一生的智力发展都起着决定性作用，千万不要错过。对儿童早期智力开发的关键就是抓住最佳时期。

卡尔•威特的父亲认为对孩子的教育越早越好，他甚至在妻子怀孕期间就让妻子为孩子的健康成长调整饮食、控制情绪、优化环境等。在孩子出生后，为了尽早开发儿子的记忆力、想象力和创造力，卡尔•威特的父亲做了很多的事情，这些事情很琐碎，小到一个词语的记忆，大到和大人一起交朋友，还有生活中的点点滴滴，比如：让儿子尽早识别颜色，促使眼球转动和大脑发育；帮助儿子练习爬行，促进四肢发展和动作协调性；等等。他作为孩子成长的伴侣，陪伴孩子一起学习，一起成长。更重要的是，他从不轻视孩子的想象力和创造力，他认为想象力的发展和培养对每个人来说都是必要的。他鼓励儿子创造性地编写故事、改变游戏规则等，让儿子感到创新无处不在。

作为教师的我们和父母的角色有很大的不同，我们从初一接手的学生可能就已经出现了很大差异，有的已经形成了很多坏习惯，有的在小学时就产生厌学情绪，甚至有的孩子还存在心理问题等，面对这些，教师首先要给孩子更多的关爱，使他们愿意亲近教师，愿意相信教师，重拾丢失的自信和进取心。教育要尽早，要从入学的第一天就开始。教师的每一个眼神、每一个动作、每一句话都具有一定的教育作用，教育无处不在，无时不有。卡尔•威特的父亲对孩子的教育贯穿在日常生活中的一切事物中。吃饭时、玩耍时、睡觉前，甚至每次饭后的散步时间都成了孩子学习自然知识的好时光。这是一种良好的教育方式，让孩子养成了良好的学习习惯。我觉得学生良好习惯的养成，需要我们教师的重视。我们教师也应采纳卡尔•威特的父亲的教育方式：不一定非要局限在课堂知识的讲授上，应抓住任何能同学生接触的机会对学生进行各种内容的潜移默化的教育，例如培养学生良好的学习习惯、良好的素质、有规律的作息习惯、讲礼貌用语的习惯、尊重他人的习惯、爱护公物的习惯、讲究卫生的习惯、诚实守信的习惯等。

三、教育更要关注细节

我们都知道孩子小的时候要立规矩，对孩子要赏罚分明，讲究原则性。但很多孩子的规矩并没有立起来，反而越来越难管。书中举了一个例子，有一次散步，邻居史密斯太太发现女儿把裙子弄脏了，她冲着女儿大声责骂。看见女儿大哭后，她又塞给女儿一小块点心。卡尔•威特的父亲的提问发人深思，他问:“你为什么责骂女儿呢？”“她总是弄脏自己的裙子。”“可您又为什么给她一块点心呢？是为了表扬她的行为还是给她受责骂后的补偿呢？”史密斯太太哑口无言。卡尔•威特的父亲的话一针见血，不禁让人拍案叫绝。的确，要让孩子明确赏罚的界限，即什么行为是错误的，什么是正确的，否则赏罚就没有任何教育意义了。对于一些“禁令”，不能出尔反尔，否则孩子就会留下父母或老师的“禁令”是可以打破的印象。我在想，在教学工作中我是否也扮演了“史密斯太太”的角色呢？对学生赏罚是否分明？有的规矩一旦立下，行就是行，不行就是不行，教师要讲究原则性，言行一致，时间一长，学生就会自觉地树立分寸意识。

整本书没有高深的理论，有的只是家庭琐事和父母的关爱，正是这些小事蕴含着关爱生命的发展、为孩子一生负责的理念。简单的教育行为，简单的教育思想，不简单的是用心去做……又是一个温馨的读书夜，也许，在女儿身上没有获得的成就感会在学生身上实现，我将为此用心去做！

（李　丽）

用倾听表达关爱

——读《倾听着的教育》有感

初识李政涛教授，是在2010年春季华东师范大学的一次名师培训中。李政涛教授沉稳、严谨、不苟言笑，他的语速不快，吐字清晰，我们能够听清他的讲解并能跟上记录。他高且瘦，一身学者气质。那次培训中我记住了他说的一句话："爱自己就要栽培自己。"在之后的几年中，我时时想起这句话，并把这句话作为提醒自己进步的警示语。

《倾听着的教育》是李政涛教授以教育的方式，思考、言说与实践倾听。这不仅是对教育的追求，更是对生命认知的探索和对生命价值的追求。在序言"教育从倾听开始"中，李教授谈道："我能够师从叶澜先生，就与她对我的倾听有关。"可见，倾听伴随李教授自身的成长，在自己的求学之路上回味倾听的体验，才是真正站在被倾听者的角度感受到倾听的教育价值。"在那段孤独艰难的研究生岁月里，她是少有的能够通过倾听表达对我的关注和关爱的老师。"从这句话中，我们可以感受到倾听对于一个孤独的求学者是多么温暖的关爱啊！叶澜教授用倾听的方式表达对受教育者的关爱，她那严谨的态度、真诚的眼神、发自内心的回应，是对讲述者的尊重，更是对教育的敬畏。作为一名教育者，我也在深刻反思，我所走过的教育之路，是否做到了倾听？是否在倾听中实现了教育的追求？现撷取几朵思维的浪花与大家分享。

一、倾听，拒绝想当然的教育

从事教育时间久了，自我感觉什么样的学生都教过，对学生在哪个时间段可能会有什么样的思想和行为都了如指掌。正是因为经验丰富，才极有可能出现想当然的教育。所谓想当然的教育，就是以教育者自我认知为中心，以自己对

教育行为的预判为依据而进行的教育。很明显，想当然的教育中没有学生，这也必然会导致教育失聪。教育者兢兢业业、苦口婆心所进行的教育可能并不是学生所需要的，因此教育效果就会大打折扣。我们经常听到有的老师对学生说："你不用辩解，我知道你是怎么想的。"

有一次，我看到有位学生因迟到被老师呵斥，学生低着头一言不发。我问学生："为什么迟到？"学生说："我的自行车链子掉了，我用了很长时间才把链子上好。"我问："为什么不解释？"学生说："解释也没有用，反正老师也不相信。老师肯定会说我是在找理由。"是啊！可能老师看到的为自己迟到找理由的学生太多了，就想当然地认为所有迟到的学生都是因为懒散。看到学生成绩下降了就想当然地认为是因为没有努力。看到学生周末作业没有完成就想当然地认为是因为贪玩……想当然的思维禁锢了教育者的思维，遮蔽了教育者的视线，教育失聪就是这样发生的。其实，有的时候我们应该允许孩子们犯错，允许孩子们为自己的错误进行辩解，我们真的没有必要因为孩子撒个小谎就上纲上线，认为是个人品行问题，也大可不必因为孩子对异性同学的一丝好感就如遇洪水猛兽，围追堵截。作为教育者的我们可以回顾一下自己的求学及工作经历，是否也是大大小小的错误一路相伴呢？小学时也曾和同学打架，初中时也曾上课偷看武侠小说，高中时也曾暗恋心仪的异性同学，甚至因为老师冤枉自己的作文是抄的而和老师争吵……但是这些错误并没有让我们走上歧途。拒绝想当然的教育，让我们学会倾听，听一听孩子们成功的收获，听一听孩子们失败的懊恼，听一听孩子们为自己的错误寻找的理由，听一听孩子们错误背后真实的心态。倾听孩子们真实的心声，能避免教育失误，避免误解孩子，避免做出错误的判断。

二、倾听，让孩子们有机会真心表达

李政涛教授通过自己在人际交往中的经验及反思，深刻认识到："这样以倾听为底蕴和根基的生命，就是能够不断除却盔甲的生命，因而就是在终身自我教育中持续蜕变和发展的生命。"其实，不管是从教育者的角度，还是从自我教育的角度，倾听无疑都是实现教育功能的真正有效的方式。要真正让倾听成为真实的教育行为，首先要让孩子们有机会真心表达。要给孩子们表达的时机，要给孩子们表达的途径。所以，这么多年来，我一直坚持一个做法，就是每天找三到五名学生谈话，谈话的地点可以是办公室、教室、走廊、操场……谈话的话题各异，可以谈理想追求，可以谈困惑，可以谈同学关系，可以谈师生误解，可以谈家庭生活……不管什么样的话题，都要以孩子们自己的兴趣和关注点为中心进行引导发散。当然，倾听的方式有很多，例如通过日记、作文、书信等，我们可以通过多种形式倾听孩子们真实心声的表达。那些不便于当面交流的问题，因时间、地点等关系不能交流的问题，因为太过敏感不好意思交流的问题……都可以通过书面的形式表达。但是，不管怎样的问题，不管孩子们的认识是对还是错，哪怕很离谱的想法，教育者也不要阻止和打断孩子们，要给孩子们说的权利和机会。

但是，在日常教学工作中，教育者往往喜欢把话筒握在自己手中，因为这样才能突出教师的权威，才能既简单又高效。但这背后缺少了对受教育者作为人的尊重和关注。让

我们倾听一下孩子们的真实想法吧，千万不要自以为是地标榜和拔高自己。

回顾二十多年的教学生涯，自认为有很多成功的经验，但也有很多难以弥补的遗憾。我曾经有位学生，有一次把一本书弄丢了，他很着急，到处找。第二天，他兴奋地来找我，说："老师，别人说我的书在一班，有人见过，你帮我问问行吗？"我毫不犹豫地答应了。但是因为工作忙，我忘了问。这个孩子等了一天又一天。我已经彻底忘干净了。后来，这个孩子在作文中把这个事情写了下来，表达了失望的心情。我看了之后很痛心，孩子这样信任我，我却因为忙，忘了他嘱托的事情。孩子的事就是最大的事，答应孩子的事一定要做到。一件很小的事情可能会给孩子带来难以弥补的伤害。从那件事之后，我每天都会梳理和学生相处的点滴，让教育之路不留遗憾。至今，我的眼前仍然会不时浮现一幅画面：一个胖乎乎的男孩儿，喘着粗气推开我办公室的门，像发现新大陆一样，眼里闪着光，那眼光是希望，是信任，是嘱托……学会倾听吧，听听孩子们发自内心的声音，这声音可能是诘问、质疑、反驳……倾听，让我及时发现教育的失误，及时弥补失误带来的遗憾，及时调整自己的教育行为。倾听，让我走进孩子们的心中，让孩子们更加信任我、喜欢我，更加喜欢我所教的学科。

三、倾听，让生命拔节成长

教育者倾听的根本目的是倾听生命和呼应生命。教育一旦关注生命的成长，就解开了困扰教育者的死结。大自然中生命的成长都有其内在的规律，如春种、夏长、秋收、冬藏，每个季节都有各自的使命。毛竹生长的前 4 年只长 3 厘米，从第 5 年开始以每天 30 厘米的速度快速拔节，6 周就能长到 15 米，瞬间一片茂密的竹林就在眼前神奇地钻出来了。花开有声，流水无形，生命就是这样神奇。教育者，静下心来，倾听生命成长的声音吧！生命的成长是不以人的意志为转移的，每个生命都有属于自己的生长规律和节奏。在扎根积蓄能量时，千万不要拔苗助长；在突飞猛进地拔节时，也不能限制和压制。

在课堂教学中，教师只有学会了倾听，才能真正了解学情，设计更适合学生发展的教学活动。其实，生命的成长从来都不是依靠外力的。罗杰斯说过这样一句话："没有任何人可以教会任何知识。"我们经常在课堂上千叮咛万嘱咐，把我们总结的规律、方法毫无保留地和盘托出，但是孩子们却并不领情，因为这不是他们自己的东西。我们不可能代替他们去试错、去反思、去总结，可能试错、反思、总结的过程很漫长，但是只有经过这个漫长的过程深深扎根，有朝一日他们才能迅猛成长。

在一次考试后，我让得高分的同学分别总结和讲解自己做题的方法和思路。有的同学说做题前应先将试题浏览一遍，然后先做有把握的题；有的说阅读材料前先看题目，这样读材料时才能有的放矢；有的说组织答案时不能生搬硬套，要根据材料灵活选择，答案和材料不能脱节……很多学生提出疑问：这也没什么诀窍啊！这不就是老师经常说的吗？我说："这些方法确实很简单，也不是什么宝典，但是你真正做到了吗？你有没有根据自己的做法总结出更好的方法？"与其说这是经验交流会，不如说是一场大讨论，在这种师生、

生生相互诘问中，学生才会真正思考自己的哪些方法需要改进。学生说的过程就是探究总结的过程。教师倾听的过程就是协助生命成长的过程，教师倾听的姿态就是对生命成长最大的尊重。

东风送暖，芦芽破土，枝头笼翠，鸢飞童欢。生命的春天来临，所有的生命都有美好的未来。让我们用倾听表达关爱，用倾听呵护成长！

（李　丽）

盘点教学中的倾听误区

——读《倾听着的教育》有感

教育从倾听开始。读李政涛教授《倾听着的教育》，我收获很多。教师的倾听能力无比重要，只有让学生通过教师无微不至的倾听，感受到教师与他们同在，我们的教师才更能够感染学生，打动学生，改变学生和发展学生，才能充分展现教育的伟力。但在实际教学工作中，教师在培养倾听意识、提高倾听能力时，经常会犯一些错误，需要加以注意。

一、消极式倾听，或者说冷漠地对待学生的倾听

倾听，也有积极和消极之分。有时老师或因为有其他工作要忙，或因为并不关注这位学生，所以对学生的表达会心不在焉或者置之不理。某次在年级组办公室里，班里一位

调皮的小男生兴致勃勃地跑来说:“老师,我要告诉你一件事……”接待他的老师不耐烦地听完,说了句:“行了,我知道了,你回去吧。”态度敷衍,甚至都没听清楚孩子说的什么,这样的倾听无疑是不可取的。这样的倾听,是一种旁听,不能进入学生的生命之中,无法聆听其内在的真实的声音,而是站在学生的外面。教师应该关注学生,倾听他们的表达,让孩子们感受到老师对他们的回应,这样才有利于教育的进行。

身边有这样的老师,工作上兢兢业业、一丝不苟,非常敬业,每堂课都讲得口干舌燥,然而台下听讲的学生却一脸茫然,明显没有完全听懂。可是老师毫不关注学生,只顾自己讲,似乎学生的听与不听都与老师无关,这样的教学肯定是失败的,我们要积极关注学生的倾听。

二、轻易打断学生的倾听

课堂中经常会遇到这样的情况,老师让学生回答问题,答到一半,老师似乎不满意,直接粗暴地打断说:“停!你别说了,下一个。”教师这种高高在上的态度以及随意打断学生发言的表现,肯定会对学生造成伤害。尊重别人的表达,让对方把话说完,这是与人交往基本的要求。当学生认真听课时,我们要保持耐心和静心,不可随意中断孩子们的倾听。某次听公开课,授课老师讲得声情并茂,学生们听得也很投入,但是这位老师可能觉得课堂气氛不够热烈吧,突然停了下来,带着学生玩了一个小游戏。正在听课的学生很懵,游戏结束后又被游戏分散了注意力,半天回不到课堂听讲中。被打断的倾听再接续起来就非常困难了。

三、偏心的倾听

教师似乎都比较喜欢听话、成绩好的学生，也经常会把更多倾听的精力聚焦在他们身上。而对于那些调皮捣蛋、成绩不佳的学生，教师似乎缺乏耐心。实际上教育的对象是平等的，我们也应该平等地对待他们，在倾听的时候，一视同仁，不可偏听偏信。教师要关心所有的学生，对学生的各种声音都要倾听。课堂教学中，教师如果一味关注优秀生，就会导致教育效果不均衡，学生不能共同发展。同样，如果教师把过多的注意力集中在一些特殊孩子身上，也会影响教学效果。我身边就有这样一位女教师，工作态度很认真，十几年的教学经验也很丰富，但她有一个不太好的习惯——爱跟学生较真。课堂上只要有个调皮的孩子说话或做小动作，她必然会停下来说教处理一番，有时可能会因为一位学生的表现而耽误整节课的教学进度。后果就是，明明很认真的教师，教学效果一直不尽如人意，学生对她的评价也很一般。所以，倾听必须全面，不可偏听。

四、设计频繁变化的活动

听课的时候经常会遇到这样的教师，为了让课堂效果更生动活泼，精心设计了各种学生活动。一会儿看一段小视频，一会儿唱一支歌，一会儿又玩一个游戏，或者表演一个课堂剧……五花八门，热闹是热闹了，可一堂课下来学生学到了什么呢？似乎只记得游戏多好玩，歌曲多动听了。心理学家有一个研究结果：“专心是一个复杂的心理过程，分心后重新集中注意力需要 15 分钟左右。”频繁变化的活动会影响学生的倾听。我们在进行课堂设计时，也要精心设计活动形式，从教学的目标出发，而不仅仅是为了“热闹”，给学生一个宁静的倾听的环境。

五、错过倾听的黄金时间

有的教师会有这样的习惯，上课初始，先跟学生聊一会儿，如果聊的内容与课堂有关还好，偏偏聊的都是些与课堂无关的事情。教师讲得很热闹，学生听得也很上心，一般会跟教师热情互动，聊着聊着，几分钟甚至十几分钟就过去了，而课堂任务迟迟无法开展，学生也一时半会儿收不回心来。研究表明：课堂的前 20～25 分钟是注意力最集中的时段，也是倾听的黄金时间。如果这段时间利用得不好，整节课的教学效果都会受到影响。这也就是有的教师明明很认真，爱岗敬业，无私奉献，教学成绩却总也提不上去的原因所在。教师要充分把握和利用这一黄金时段，千方百计地营造学习氛围，让孩子们专心、耐心、静心地倾听。

教学中，我们要避免这些倾听的误区，不断提升自己的能力，做一个会“倾听”的教师。

（常明凤）

把愿望还给孩子

——读《了解孩子充满可能性的世界》有感

有这样一个笑话，孩子因为成绩不好，被妈妈骂笨鸟。孩子不服气地说：“世上的笨鸟有三种，一种是先飞的，一种

是嫌累不飞的……”妈妈问:“那第三种呢？”孩子说:“这种最讨厌,自己飞不起来,就在窝里下个蛋,要下一代使劲飞！”笑话的确很好笑,但也会令我们陷入沉思——孩子,真的需要我们强加指导吗？现实中很多父母都会像笑话中的妈妈那样,喜欢把自己所谓的人生经验、感悟、目标和期望都塞给孩子,期望孩子一出生就奋力向前冲,绝不能输在起跑线上。于是,从童年开始,很多孩子就在爸爸妈妈殷切的期望下开始“飞”了,一个个兴趣班、特长班、辅导班、训练营,孩子在我们的督促下一刻不停地磕磕绊绊地奔跑着,渐渐地忘记了开始为什么要奔跑,要跑到哪里去。这哪里是孩子在“飞”,这明明是孩子背负着父母在“飞”,你说累不累？其实孩子可能更喜欢慢慢地边走边看,或者停下来欣赏周围的美景。

《了解孩子充满可能性的世界》中有这样一段话:“对一些人来说,抚养孩子变成了一项自私、自恋的事业。有些父母(和老师)人虽在场,但是心却不在,他们早已沉溺在自私的需求和欲望中了。也有些父母(和老师)的生活似乎与他们孩子的生活和兴趣产生了竞争与冲突。”这样的情况在我所任教的基层学校特别多。很多父母生下孩子后就扔给爷爷奶奶去带,他们要么去工作,要么自己享受生活,好像孩子生下来就已经完成了任务。每个班里都有几个留守孩子,有的父母到很远的城市打工,好几个月不回来。他们对孩子所谓的关心,就是挣钱供孩子上学,供孩子吃穿。还有的父母虽然和孩子生活在一起,但几乎等于“不在”。孩子在学校什么情况,学习状态如何,心理变化怎样,他们毫不关心,甚至某些家长连孩子在几年级几班都不清楚。这样的家长和孩子的交往能顺利吗？经常听到家长们抱怨，现在的孩子越来越难管了，说什么也不听，根本不知道他们在想什么，太叛逆了……其实不是孩子叛逆，是你了解他们太少了。我们在教育孩子的过程中，要始终做到陪伴和关注，了解他们的发展状况，走进他们的内心世界。

最近在看毕淑敏的《心灵的力量》，书中提到一位做儿童心理研究的朋友，他发给孩子们每人一张表，让他们填写自己的优缺点和美好的愿望。孩子们很认真地填好了，把表交上来。他一看，顿时傻了眼——很多孩子填的是“优点零，愿望零”。我读到这里也非常震惊。孩子，本应该是这个世界上最可爱、最天真无邪的，本应该对这个世界充满了热情、想象与向往，未来就像夏天雨后彩虹般绚烂，像冬日夜晚繁星般神秘，有着无限的可能。到底是什么抹杀了他们的愿望，让他们在纸上写下沉重的“零”？我想，应该就是成年人对他们错误的指导和教育吧。每个生命都是独特的，孩子们有他们自己的思想，有他们要走的路，我们做父母或老师的，不应该用所谓爱的模具约束他们，要尊重孩子的个体发展，引导他们找到属于自己的目标和方向。爱，不是指挥，而是陪伴；不是苛责，而是鼓励。书中说：“没有愿望，必是一个死寂的世界。孩子不再期望黎明，因为每天都被功课塞满，晴天看不到太阳，阴天见不到雪花，日出日落又有何不同？不再留意鲜花，因为世界一片苍白，眼中暗淡了温暖的色彩。不再珍视夜晚，因为厚重的眼镜遮挡了星光，即使抬头也是泪眼蒙胧。不再盼望得到师长的嘉奖，因为那不过是成人层层加码的裹了蜜糖的手段……”这将是多么可怕的现象啊！

从历史和文化的角度看，在这个世界上生存和生活有许

多的可能性。孩子们从学校、媒体和我们的行为中感受着这一切。但是，他们必须经过亲身的探索、选择和行动才能发现自己的独特性和个性。我们可以从以下几个方面开启孩子人生的可能性。

第一，帮助孩子找到自己的兴趣。兴趣和爱好是孩子学习、求知的原动力。当孩子对某一方面知识产生兴趣的时候，他们一定会不断地接触、探究，使这个兴趣逐步被强化，变为较明确、相对稳定的志趣。志趣进一步发展，就会成为孩子终身为之奋斗的目标。作为父母或老师，我们要激发孩子的好奇心，培养孩子动手动脑的能力，让孩子接触有意义的兴趣爱好，逐渐引导孩子形成健康积极的兴趣爱好，并且培养孩子认真、坚毅的意志品质，启发和鼓励孩子思考，让孩子想办法克服困难，取得成功。最重要的是陪伴和鼓励孩子，而不是直接干预孩子的行为。

第二，鼓励孩子动手制作。父母在教育孩子的过程中，要改变以考分来衡量孩子的标准，因为孩子的素质不是单纯由成绩来表现的，现在的社会越来越强调实践能力的重要性。爱迪生小时候成绩特别差，被讥笑为智商不高的孩子，可是他的母亲并不这样认为，也没有因此对孩子失去信心。在母亲的精心引导和教育下，爱迪生建立了自己的实验室，每天动手做各种科学实验，最终成为世界上伟大的发明家之一。孩子学习书本知识的最终目的是用在现实生活中，成为自己立足于社会的基础和资本。所以，空有知识是不够的，还要学会将知识具化为实际可操作的实践。父母要减少为孩子做事的冲动。在生活中，只要孩子自己可以做到的，就让孩子自己做；在学习上，也要尽量让孩子自己完成，如孩子做作业的时候父母不要插手，让孩子自己将学到的知识更好地理解消化，这样孩子就会逐渐摆脱对父母的依赖，具备较好的动手实践能力。

第三，培养孩子的创新能力。创新能力是一个人成才、成功必不可少的才能。传统的教育方法是对孩子进行管制和说教，要求孩子不能越雷池一步。这样不仅不能培养孩子的创造性，还会严重束缚孩子的可能性，使孩子的个性差别逐渐缩小，棱角被磨平了，特点消失了，迫使孩子变成了听话的“小绵羊”。现代人才的培养要求我们为孩子创造一个发展的空间，提供一个开发潜能的机会，要求我们看到孩子各种各样的发展可能性，反对千篇一律，鼓励创新发展，鼓励孩子去思考、去创造。

如果我们都能学会用正确的方法来引导和教育孩子，尊重孩子的成长规律，去观察、倾听孩子，也允许孩子去行动、去实践、去创造生活，那么，孩子的愿望将不再是“零”，而是有千千万万种可能。

（常明凤）

“正面管教”的另一种解读：机动灵活，坚持原则

——读《正面管教》后的思考

上星期，李校长向我们推荐了《正面管教》这本书，我之前订阅的《山东交通广播读书汇》中有这本书，听过 15 分钟

的简单解读，感觉理解得不透彻，加之自己非常喜欢研究家庭教育，所以总想找到这本书仔细阅读。拿到李校长提供的完整电子版之后，顿时觉得雪中送炭，这本书就成了我寒假里的精神食粮。正面管教是一种既不惩罚也不骄纵的管教孩子的方法，既然称之为“管教”，那就包括两方面的内容，也就是管教的本质——管理和教育。“一千个读者，就会有一千个哈姆雷特”，不同的人有不同的角度，有不同的立场，就会有不同的解读。我的解读是八个字——“机动灵活，坚持原则”，这也许就是最有效的管教方法，也就是我们所说的正面管教。细品之后，有几点感想，与大家分享。

一、管教理念要与时俱进，机动灵活

书的第一章有这样一句话：“过去的好时光中有很多事情其实并不真就那么好。”我对这句话的感触很多，我们责怪现在的孩子难管，认为我们小时候好管，认为我们教过已经毕业的上一级学生好管，认为别人家的孩子好管，认为其他学校的孩子好管。事实上，我们小时候受到的教育的方式都是正确的吗？世代传承的中国传统家风、家训、家规文化中就没有糟粕吗？学校里老师的教育理念就没有值得反思的地方吗？

我写过一篇关于家庭教育的文章《家·香》，发表在2014年第20期的《青年作家》上。我在文章中讲到了自己小时候的一个故事：小学五年级放学回家的路上，需要经过一片麦地，看着地里绿油油的刚长出来的麦穗，几次都想摘一些拿回家。终于有一天，实在没有禁住烧麦穗的诱惑，摘了一把拿回家，想要父亲用火燎一下吃，结果美食没有享受到，还挨了一顿胖揍，被打得嘴角和鼻子都是血。我当时很难理解父亲这种过激的行为，父亲平静下来以后告诉我，他们那一辈人是经历过自然灾害的，是挨过饿，吃过树皮、树叶、地瓜秧子的，他们知道粮食的来之不易。所以父亲的这种做法，我后来慢慢释然和理解了，也就有了我文章中的那句："是父亲那厚实的一巴掌，让我知道了什么是'麦香'。"

把我挨打的事情放到现在这样一个物质丰裕的时代，就很难理解了。现在我如果因为女儿买了两个汉堡没有吃完剩了一个，又或者她把没有用完的铅笔丢掉了，甩手就给她一巴掌，打得她鼻子流血，那女儿肯定一辈子不会原谅我的。遇到这样关于节约的教育，我便从偏远山区孩子们的饮食、落后贫困地区的出行、支教老师的困难等方面进行引导，她也就知道了其中的道理。"严师出高徒""棍棒之下出孝子"这样的教育方式，在"家法制"的中国封建社会，有其合理的一方面，但进入法治社会，就要结合时代背景，与时俱进，机动灵活。

马克思讲"人自由、平等、全面地发展"，我想教育的初衷也应该是为了孩子们自由、平等、全面地发展。一方面，自由是相对的，不是绝对的。就像现在寒假里，你有先学习语文后学习数学的自由，也有先背诵英语单词后默写化学元素周期表的自由，只要你每天坚持学习就可以了。另一方面，平等是相互的，现代民主家庭的标志就是平等，要给孩子表达自己意愿的机会。

同样，在学校里，教育理念也要发生改变，与时俱进。我记得初中有几位调皮的学生被班主任拿着竹竿打屁股，那几位学生一星期没敢坐凳子，还不敢跟家长说。过去家里的孩

子多，父母也都为了生存而忙着工作，顾不上管孩子，在教育上的物质投入少，精神投入也少，加上他们自己的教育观念也跟不上，干脆就交给学校，交给老师去管。但现在不一样了，很多是“421”和“422”家庭，爷爷辈不想孙子辈像自己一样受苦受累，父母的学历很高，也有自己对教育的理解。所以，相应的学校教育不能仅仅局限在惩戒这个层面，而应该寻找更有效、更科学的管理方式。无论是科学论断，还是具体事例，《正面教育》都是一本可以直接拿过来用的书，对于处在教育迷茫中的家长和老师都有重要的借鉴作用。

二、管教方法要恪守底线，坚持原则

正面管教并非将关注的重点放在青少年的不良行为上，而是转为关注青少年的内心需求，进而发现真正的问题，采取科学的方法解决问题。这就告诉我们，要科学地使用正面管教的方式。管，管理，科学管理；教，教育，有效教育。管理，无规矩不成方圆；教育，有技巧也有底线。和善而不过度骄纵，坚定而不过度严厉。我认为管教的原则和方法主要有以下几个方面：

第一，建立情感联结。苏霍姆林斯基说过：“我把整个心灵献给孩子。”中外教育虽然风格不同，但爱的教育却是共通的。因此，一个成功的教育者，首先要爱学生，要有一颗能滋润学生心灵的爱心，如此方能与学生建立情感联结，而且这也是教师实施正面管教的第一步。

第二，不断交流沟通。心理学家莫维尔说：“情感如同肥沃的土地，知识的种子就播种在这个土壤里。”可见，积极的情感能调动学生的积极性和主动性，利于师生关系的和谐，更利于师生情感的建立，从而使学生易于接受教师的管教，并使管教发挥积极的作用。

第三，确定解决方案。学生出现的各种问题都是由特定的问题情境引起的。问题情境就是生活中出现在学生面前、使学生感到困惑又不能利用经验直接解决的情况。当面对这种情境时，我们要引导学生思考解决的方法，鼓励学生找到相应的策略，确定解决的方案，进而达到正面管教的目的。

三、管教前提要用心做事，爱心育人

我们学校的教风就是“用心做事，爱心育人”。我认为用心做事是正面管教的起点，爱心育人是正面管教的关键。我重点讲一下对爱心育人的理解，爱护学生是亲和力的基础，也是每位教师基本的职业素养，更是教师从事教育事业的基本前提。所谓爱护学生，是指热爱每位学生，不分尊卑优劣。教师只有发自肺腑地爱学生，才能真正地亲近学生、关心学生，才能激发学生对于真理的追求。教育家苏霍姆林斯基说过：“我们要像对待荷尖上的露珠一样，小心翼翼地保护学生幼小的心灵。”“热爱孩子是教师生活中最主要的东西。”“没有爱就没有教育。”一份调查问卷显示，83.45%的学生希望教师能够有爱心且和蔼可亲地平等对待每位学生，尤其是那些学习落后的学生。事实上，的确有的教师总是喜欢在学生面前一脸严肃，板着脸孔说话或训话，习惯性地给学生下命令，指挥学生做这做那，不能平等地对待全体学生，尤其是对于淘气、不听话、顶撞教师或是成绩不佳的那一部分学生。也的确有相当多的教师更为关注和喜爱那些更加优秀的学生。但实际上，那些学习落后的学生更需要得到老师的关爱。

用心做事，爱心育人，我认为可以从以下几个方面入手：一是用微笑创建良好的师生关系，二是用知识提升自己的人格魅力，三是用倾听捕捉学生的思维火花，四是用欣赏建立学生自信的精神大厦，五是用尊重培养学生创新的健全人格，六是用幽默化解师生的矛盾误解，七是用活动促进集体的融洽团结。

"用心做事，爱心育人"不是一句空话，是我们的教风，更是我们的教法。正面管教的本质就是机动灵活，坚持原则，用心做事，爱心育人。

（刘　鹏）

让孩子对未来满怀希望和欣喜

——读《正面管教》后的思考

这个寒假，既然不能行万里路，那就去读一卷书，继续完成《正面管教》的学习。

一、让孩子满怀希望，重获自信

传统意义上的学生管理是以惩罚和奖励为基础的管教，目的是控制学生。而正面管教的方法是让学生专注地参与到解决问题的过程中，而不是成为惩罚和奖励的被动接受者。

正面管教是双轨并行的模式，把学业的学习和社会情感能力的培养完美结合。正面管教帮助孩子在学校和人生中树立成功的三个信念：第一，我能行。第二，我的贡献有价值，大家确实需要我。第三，我能够以自己的力量做出选择，对发生在我自己身上的和我的群体中的事情产生积极影响。正面管教，可以帮助孩子在学校和人生中掌握四个成功的技能：一是我能自律和自我控制，二是我能与他人相互尊重地共事，三是我明白我的行为会如何影响他人，四是我能够通过日常的练习发展我的智慧和判断能力。

老师愿意放弃对学生的控制，转而以一种合作的方式与学生共同努力，是正面管教。老师要知道如何问更多的问题，并且更少地说教，要对学生的想法和观点产生真正的好奇心。我们在实践正面管教时，要让学生在鼓励下表达自己的观点，使他们有机会选择，而不是被命令，并和其他人一起解决问题，这样教室里的气氛就会改善，营造出合作协同和相互尊重的氛围。

教育者的神圣职责是确保没有一个孩子对学校丧失信心，并要确保入学前已经丧失信心的孩子通过学校和老师重获自信。而正面管教，就是这样一种思维模式的转变，我们要让孩子对未来满怀希望和欣喜。

二、让孩子充满敬畏，有归属感

用惩罚和奖励激发孩子的行为，其长期效果是使孩子丧失信心。惩罚造成的三个后果：反叛、报复和退缩。奖励和惩罚的管教方法往往会立即制止很多违纪问题，然而却没有考虑对孩子们造成的长期负面效果。当孩子们认为自己没有归属时，他们就会做出一些错误的决定。也就是说，他们为寻求归属感和自我价值感而选择了一种错误的方式，即我

们所说的不良行为。而正面管教，是要给孩子们大量的时间去练习，学会相互尊重。

三、让孩子享受游戏，积极尝试

孩子们都喜欢游戏。我们从游戏中可以学到什么呢？游戏的设置是让孩子们不断尝试，并鼓励他们从过去的错误中学习。生活与此没有什么不同。要让孩子们明白犯错误是学习的大好机会。隐藏错误，会使人封闭起来。良好的判断来自经验，而经验来自糟糕的判断。要教孩子们正确看待错误。方法一，让班里的每个人说说自己犯过的错误，以及从中学到了什么。方法二，做活动"鼓励来了"。"鼓励来了"这一活动该如何操作呢？先准备教具，包括卡片、钢笔或铅笔、袋子，然后按以下步骤进行操作：1. 发卡片。2. 提供例子，哪些事可能动摇你的自信。3. 让学生在卡片上写鼓励的话语，并告知学生自己写的卡片会被其他人带走。4. 收集卡片，将卡片装入袋子，并感谢每位学生。5. 下课时，让每位学生从袋子中抽走一张卡片。

有一个有力的工具叫作日常惯例表。当每天的事情有一个平稳的节奏时，生活对每个人来说都会更轻松。老师要学会问：日常惯例表中的下一项事情是什么？建议老师审视一下，在哪些方面能让学生们参与设立惯例。设立惯例的 5 个原则分别是：1. 每次专注于一个问题；2. 要在大家都平静下来时讨论问题，而不是在冲突发生时讨论；3. 要运用可视化的方式，比如表格和清单；4. 通过角色扮演进行练习；5. 一旦形成了一个惯例，就要忠实地遵循。要运用有限制的选择，遵循设立惯例的 5 个原则来设立可预期、一致且相互尊重的日常惯例。设立惯例的长期好处是产生安全感、平静的氛围和信任。

还有一个强有力的工具叫作鼓励表，内容包括：1. 哪些方面做得好？ 2. 要鼓励和支持学生做得好的那些方面，需要怎么做？ 3. 哪些方面做出改进会更有益？ 4. 要支持这些改进需要做些什么？流程：三方（学生、老师、学生父母）见面，人手一份鼓励表，在见面之前要填写好。见面之后，先让学生说说自己哪些方面做得好，然后一起进行头脑风暴，提出鼓励和支持学生在这些方面继续成功需要做的事情。接下来让学生说说自己哪些方面需要改进。与会的每个人都要说出自己的观点，再一起进行头脑风暴，提出鼓励和支持学生改进的方法。

四、让孩子专注长处，纠正错误

有一本书叫《用你的长处高飞》，讲了一则可爱的寓言：一只鸭子、一条鱼、一只老鹰、一只猫头鹰、一只松鼠和一只兔子上同一所学校。所有动物都要学习一门包括奔跑、游泳、爬树、跳跃和飞翔在内的课程。这些动物在其中至少一个方面有自己的优势，但在其他方面则注定失败。这本书的一个主要观点是只有通过专注于自己的长处，并控制自己的弱点，而不是消除弱点，才能造就卓越，所以我们要教学生们控制自己的弱点，并用自己的长处高飞。

有一个我们之前做过的活动，叫作“你是哪种动物”。再次复习时，我有了更深刻的感悟。老师们可以被分成乌龟型老师、变色龙型老师、狮子型老师和老鹰型老师。如果你是乌龟型老师，那么在学生犯了错误以后，你通常感受到的是

痛苦与压力，所以给你三条建议：一是设立惯例，二是与他人沟通，三是允许孩子们体验他们的选择所造成的后果。如果你是变色龙型老师，经常体会到拒绝与争吵，那么要调整自己适应别人，你需要设立界限和学生一起解决问题，并且要说出你的真实感受。作为狮子型老师，你经常体会到无意义与无足轻重，那么你需要放下对正确的执着，注重信任别人，并要有耐心。老鹰型老师经常会用批评与嘲笑的方式来对待别人和对待自己，这类老师要学会把事情分派给他人。

在这一阶段的学习中，我接触到了一个非常强大的表格，叫作错误目的表。一个行为不良的学生是一个丧失了信心的学生，通常有四种错误目的行为，包括：寻求过度关注、寻求权利、报复和自暴自弃。我们完全可以将班级中行为不良的学生与错误目的表进行比对。我们会惊喜地发现，这些行为不良的学生的确表现出这四种错误目的行为中的一种或者两种。同时，这个表格也给我们提供了很科学的解决办法，相信我们通过这个表格的学习，一定可以采取合适的方式应对班级中的行为不良学生。

结语：在不断的学习和思考中，我越发感觉到自己思维和知识的肤浅。教育的主体是不断变化的，我们应对的问题也是各不相同的，管教的方法也会不同，但“正面”这个词，只要我们把握好了，并“机动灵活，坚持原则”地加以运用，就会收到良好的教育效果。

（刘　鹏）

把爱的讯息传递给孩子

——读《正面管教》后的思考

继续学习《正面管教》这本书，有了一些新的思想，与大家共同交流学习。

一、利用尊重，赢得孩子

这本书的作者主要厘清了几个基本概念：孩子是社会人；行为以目的为导向；孩子的首要目的是追求归属感和价值感；一个行为不当的孩子，是一个丧失信心的孩子；社会责任感或集体感；平等；犯错误是学习的好时机；要确保把爱的讯息传递给孩子。我们只有在弄清这些基本概念之后，知道“为什么要这样做”，才知道“怎样做”。

在这几个基本概念里面，给我留下深刻印象的是“一个行为不当的孩子，是一个丧失信心的孩子。”当看到这句话时，心中不由得生出一种悲悯，眼前浮现的是这样一幅场景：一个天真的孩子，想告诉父母自己心中的所思所想，但是却不知该如何表达，而是以一种不恰当的行为表现了出来，这种行为招来的不是父母的理解和宽容，而是一顿臭骂、讽刺甚至毒打。当孩子一次次以不当行为去表达自己的想法时，父母一贯以惩罚待之，久而久之，孩子感到沮丧、悲伤，甚至开始怀疑人生，自暴自弃。许多“坏孩子”或许就是这样一步一步变“坏”的，这其中父母有着不可推卸的责任。

书中有这样一句话：“如果你能够牢记，在不良行为的背后，是一个仅仅想要有所归属并且不知道该怎样以一种恰

当、有效的方式来达到这一目标的孩子，你对不良行为就会有不同的感觉。”我也常常以这句话自勉，以便自己在面对孩子的失当行为时，能够时刻告诫自己，以“温和而坚定”的态度对待孩子。

另外，书中还给出了两条实用的建议：赢得合作的四个步骤和纠正错误的三个R。

赢得合作的四个步骤是一个非常好的方法，它能营造出一种让孩子愿意听、愿意合作的气氛，具体步骤如下：1. 表达出对孩子感受的理解；2. 表达出对孩子的同情，而不是宽恕；3. 告诉孩子你的感受；4. 让孩子关注于解决问题。

纠正错误的三个R是树立“勇于不完美”榜样的一个绝佳的方法，具体如下：1. 承认；2. 和好；3. 解决。

以上两个实用建议虽然步骤不多，但我们在实际操作时还需要吃透其精神，不断摸索实践，直到能够熟练运用并取得很好的效果。

书中还有一条也很重要，“要确保把爱的讯息传递给孩子”。

二、利用出生，鼓励孩子

在教育过程中，出生顺序对于教育方式也是有很大影响的。了解了出生顺序对于不同孩子的影响，可以理智对待不同出生顺序的孩子，有助于我们走进他们真实的内心世界，实现更好的教育效果。

每个家庭都是一个小小的世界，每个家庭成员都扮演着不同的角色，而且大多数孩子相信，为了有归属感和价值感，必须做到与其他兄弟姐妹不同。

我所熟悉的“家中排行第一”的老师们，通常在工作中能充分表现出成熟、有担当、要求完美、不计较个人得失等性格特点，这些是优势，但是无论在生活中还是工作中有时过于强势，喜欢发号施令，控制欲很强，这些是需要注意和改变的地方。学习了这本书后，第一次觉得出生顺序对于一个人的性格和行为特点影响那么大，这对于今后从教和与学生交流有很大的帮助。现在二孩家庭越来越多，以前的很多独生子女们随着弟弟妹妹的到来如今都变成了排行第一的“老大”，但我们会发现这些“老大”并没有“传承”前面所提到的性格特点和行为特点。

三、利用纠错，关注孩子

最惹人讨厌的孩子，往往是最需要爱的孩子。

行为不良的孩子通常有四种错误目的行为：一是寻求过度关注，二是寻找权利扩张，三是报复，四是自暴自弃。

理解这四种错误目的行为，能帮助大人们记住孩子是在通过不良行为告诉我们：“我只是想有所归属。”它们同样能帮助大人们了解，怎样以一种鼓励的方式帮助孩子解决问题，同时教给孩子人生技能。

这四种错误目的行为是递进式的。我们看问题的时候要重新复盘，看“冰山”下面的归属感和责任感。首先要找到“病灶”，才能对症下药。我们要的是根治，不能治标不治本。

赢得十几岁孩子合作的最好途径，只能是相互尊重，以相互平等的态度解决问题。只要我们用正面管教的方式对待孩子，孩子通常会在二十岁以后认同父母的价值观，并

且掌握脱离大人的监管之后所必须具备的更多的重要生活技能。

无论是接受错误、赢得合作的表达方式，还是对于孩子不良行为的应对方式，永远都要建立在“坚定而和善”的基础之上，我们需要营造一个相互尊重的氛围，而且所有的教育行为都要以帮助孩子“自立”为目的。

四、利用后果，提醒孩子

在学校教育中，我作为班主任经常需要发给学生一些带回家给爸爸妈妈签字然后带回学校上交的材料。我发现有的孩子每次都能按时、按要求上交，而有的孩子几乎每次都会忘记。在这类事情中，孩子经常性忘记老师布置的任务，大人也不给予及时提醒，导致孩子最终完不成任务，可算是“自然后果”。若老师与学生及家长提前约定好“如果作业或其他资料学生忘记带回学校上交，那么需要家长马上送到学校来”，因此而产生家长补交的结果，我认为则是“逻辑后果”。

在运用“逻辑后果”时一定要注意四个R，即相关、尊重、合理、预先告知。“相关”是指后果必须与行为相关；“尊重”是指后果一定不能包括责难、羞辱或痛苦，并且应该和善而坚定地执行；“合理”是指一定不能借题发挥；“预先告知”就是预先让孩子知道，选择什么行为会有什么结果出现。

但是，“逻辑后果”并不是处理所有问题的最佳方法。运用“逻辑后果”时要注意两个重要原则：一个是当“逻辑后果”能将孩子的行为转向一个有用的行为时，它才是有效的。另一个是要考虑到行为的错误目的。要有效运用“逻辑后果”，一定要理解孩子的行为以及长期效果，要理智，不可以简单粗暴，“如要让他做得更好，就要让他感到更糟”是一个荒谬的观念。

结语：利用正面管教，提升自己。

《正面管教》这本书就像一面镜子，能让每位读者清晰地认识到家庭教育存在的问题，还能寻根究底、有据可依，最后指明正确的方向。在阅读、反思、感悟过程中，我觉得自己受益匪浅。“纸上得来终觉浅”，我会尽自己最大努力把它运用到家庭教育和学校教育中去，运用正面管教的手段实现更好的家庭教育和学校教育效果！

（刘　鹏）

坚定心中的美好

——《做一个不再困惑的老师》读书心得

“一个温暖的思考者，带给教师的一束光。”初翻这本书，我就被这句话深深吸引，有冲动去追寻那束光，期待那束光可以照亮自己。

作者王维审是一位草根教师，如同其他教师一样，他的成长过程并不顺利，困惑伴随成长，但他是一位善于实践、反思、追问的教师，用自己独特的方式应对困惑。此书就是王老师教育成长的经验分享，把教师的教育困惑一一呈现，让更多的人在读书时收获启迪，减少困惑，坚定心中那份作为

教师的美好。

一、读书与写作

在书中有这么一句话："读书与写作，对于教师来说，本应该是像呼吸和吃饭一样自然而然的事情，在今天却变得这么稀罕和少有。"诚然，现在能够静下心来读书和写作的教师真的是少之又少，尤其是青年教师。在我们学校学科大教研时，我提出想带领大家共同读书这一想法，大部分青年教师都是反对的。他们都以太忙、教案写不完、没有时间为由拒绝了，在他们的意识里，好像是能够备好课、上好课、管好自己的学生、成绩不丢人就是作为教师的最大成功，无须读书。同时，也有一些教师了解读写的重要价值，但他们认为这些教育类的书籍都是枯燥无味的，仅仅具有理论高度，不具有实操价值。所以，观察身边的老师可以发现，能够主动读书的少得可怜，这是一种非常可怕的现象。

我周围有些老师跟我说："为什么我讲课的时候无话可说呢？让我讲解知识点可以，稍有要拓展的地方，我就会变得语无伦次。"因为知识储备不够，即兴说是说不出来的，只能说备课准备好的那些话，由此也显得课堂预设太多，生成太少。

所以，要读书。读书可以重塑我们的大脑，理顺我们的思维，带领我们走向更高、更美处。读书可以丰厚我们的人生，延展我们的底蕴，是我们修身养性的一种方式与姿态。然而，读书的意义不仅如此，在读书中我们还要能够读出"自我"。书是别人写的，但我们要读出自己来。读书的真正意义是把别人的与自己的相结合，思考、吸收别人的东西并转化成自己的东西。也可以说是，用别人的智慧来建构自己。一本书阅读完毕，合上书本，仔细梳理自己思维的脉络，将自己的思考、感触加入原有的认知体系，只有这样才能变成自身的积淀。

古人云，不动笔墨不读书。读书可以照亮自己，那么写作可以让我们认识自己。要善于记录读书过程中的思考，有些人在读书时确实能够碰撞出火花，而这种火花如果不记录下来只会稍纵即逝，回头再想，当时想了什么呢？不得而知。在读书时，要养成写批注、记笔记、写心得的习惯，随读随写，及时捕捉思想火花和写作灵感，如此阅读能力与写作能力就会得到有效的提升。

希望每位教师都能够将阅读变成自己生命的一部分，将读写变成自己的一种生活方式。

二、教师与学生

我们需要怎样的师生关系？

在书中，作者为我们讲述了一位新上岗教师的故事，这位新教师想与学生建立起朋友式的师生关系，但理想很丰满，现实却异常骨感。这也让我想到了我们学校的一批新上岗教师。

刚开学的那段时间，每每下课都能看到学生们围绕在新老师身边，有说有笑，热热闹闹，着实让我羡慕了一番。但好景不长，学生上课不听课、说话，竟然还随意走动，一节课得有十几分钟的时间在维持纪律，这让新老师们苦不堪言。为了维持课堂，他们不得不开始严厉制止，但是学生们并不买账，相反还认为老师学“坏”了，开始排斥老师，排斥老师的课堂。他们也如同作者笔下的新上岗教师一样迷茫了。

其实，单纯地将师生关系理解为“朋友”太理想化了。《菜根谭》中说：“恩宜自淡而浓，先浓后淡者人忘其惠；威宜自严而宽，先宽后严者人怨其酷。”此话不无道理。正如新上岗的教师，他们就属于先浓后淡、先宽后严，所以才会导致学生们“忘其惠”“怨其酷”。作者认为：师生关系从感情上说，应该要先淡后浓，以免喝完浓茶就不能品到茶香；从教师对学生的约束来说，应该是先严后宽，让习惯成自然，这样才能慢慢达到师生关系的良好状态。

学生为什么学不会？

首先，我们要思考一个问题：现在的孩子是越来越笨了，还是越来越聪明了？我们很多时候会听到老师们抱怨：现在的孩子越来越笨了，有时一个题目讲了十遍还是不会。是孩子变得笨了，学不会吗？我想不是，由于社会的不断进步与发展，现在的孩子是越来越聪明了。那为什么学不会呢？应该就是不愿意学。其实不存在学不学得会的问题，应该是愿不愿意学的问题。

在书中，作者讲述了学生不愿意学的原因有两个：一是“摁着牛头吃草式”的教学，二是“杀鸡取卵式”的管理。

“摁着牛头吃草式”的教学，形容的是有些教师喜欢将问题一遍遍讲给学生听，逼着学生做一套套的练习题，恨不得把自己知道的东西都塞到学生的头脑里，也不管学生愿不愿意接受。这样的教学，教师会很累，学生不接受就会显得学生“笨”。其实不是学生学不会，中小学的知识并不难，他们之所以会让教师觉得“笨”，是因为他们排斥了这位教师的教学，一旦产生排斥心理，教师是无法将知识“灌进”学生脑子里的。

“杀鸡取卵式”的管理，形容的是有些教师为了追求成绩，违背教育原则与规律，把教育窄化为教学，把教学窄化为课堂，把课堂窄化为某种教育模式，硬生生地把育人这种生动的艺术演变成流水线式教学，过分地关注教学成绩而不关注学生成长。试想教师只是将冰冷的知识“灌进”学生的脑子里，学生能愿意接受吗？

教育应该是有生命的，让学生拥有向前的信仰、追求的激情以及主动探寻的动力才是教育的根本。学生只要解决了不愿意学的问题，才能真正调动主动性与积极性。记住：世界上没有一种教育是靠纯粹的教学完成的，更没有哪种成功能够靠别人的逼迫实现。

三、教书匠与教育家

阅读这本书还引起了我对两个概念的思考，那就是教书匠与教育家。教书匠把教师看成一个职业，这个职业是用以谋生的工具，有一定的金钱酬劳，以完成一定的教学任务为自己的职责所在。这样的教师以书本知识为中心，把学生当作知识的容器，奉行题海战术，以提高成绩为目的。教书匠的教学特点就是：重知识，轻能力；重学习结果，轻学习过程。这样的教学是千篇一律、毫无新意可言的，会极大地影响学生学习的兴趣和主动性。然而，教育家不同，这里的教育家并不是指专家，而是指研究教育活动、能够以学生为中心的研究型教师。教育家认为教学过程是教学相长的过程，在这个过程中，不断进行反思，时刻更新自己的教育理念，敢于打破自己的定式思维，体会教育的新意，激发自己对教学的热情。如果说教书匠是将教师看成谋生的职业，那么教育家则将教师看成毕生的事业。

叶圣陶在《假如我当教师》一文中说："我如果当中学教师，绝不将我的行业叫作'教书'……若是这样便把我当教师的意义抹杀了，好像我与从前书房里的老先生并没有什么区别。其实，我与从前书房里的老先生是大有分别的，他们只需要教学生把书读通，能够去应考，取得功名，此外没有他们的事儿；而我呢，却要使学生会做人，能做事，成为健全的公民。"读完这些话，我不禁问自己："我是谁？"

回想自己当时成为思政课老师的初衷，我不希望我的学生仅仅成为学习的机器，我希望他们人格健全、身心健康，希望可以通过我的点滴努力培养他们的责任意识、社会意识、家国意识，让他们健康成长。而回想自己的教学历程，我也深知自己做得不够，需要在不断的反思中慢慢找到方向，努力使自己成为一名研究型教师。

从教书匠到教育家，不仅仅是名称的变化，而是我们对待教育的变化。切不要只把教育当成教书，教育是教师用一辈子来积淀、更新、发展自己，并因自己的发展而影响学生的过程。将教育作为一种信仰，找到作为教师的幸福，我们将会有不一样的感触。

教师的成长与困惑同在。读完此书，虽心中些许明了，但也依旧留有困惑。我会坚定心中那份教育的美好，在自己的教学实践中慢慢思考与探索，慢慢反思与追问，慢慢找寻从教书匠走向教育家的路。

（葛　璐）

倾听的魅力

——《倾听着的教育》读书心得

寒假，又开启了与孩子朝夕相处的日子。最初几天“你侬我侬”，然而好景不长，很快我明显感觉自己与孩子相处时毫无耐心，马上到一说话就烦的“境界”。所以重新翻开李政涛教授的《倾听着的教育》一书，希望自己慢慢静下来，认真倾听孩子的声音，找寻相处之道。

提到倾听，我想先讲两个故事：

一位孕妇某天偶然打开收音机，感觉自己腹中的胎儿踢了自己一脚，第二天还是这样，第三天还是这样。后来科学家发现，原来胎儿可以通过羊水的波纹倾听到外界的声音。

所以，听觉是人一生中最早拥有的感官。

一位老人正在弥留之际，但是他的儿子迟迟不能赶到医院。医生们都为老人坚强的生存意志而感动。后来，老人的儿子终于赶到了医院，他附在老人的耳边，轻声说了一句“Goodbye”，老人立刻安然而去。

所以，听觉是人一生中最后失去的感官。

大自然在赐予人类无尽的能源时，也赐予了人类倾听的心灵和耳朵，由此可见倾听的魅力。在教育中亦是，作为教师，我们面对的是感情丰沛但还不够成熟的孩子，他们往往难以用理智、清晰的语言表达自己的想法和需求，他们会通过情绪和情感来表达自身。所以当我们认真倾听时，我们可以听出学生的情感、思想、人际关系甚至疾病。

一、倾听中流露暖意

在教育过程中，有时我们不能或难以倾听学生的声音，造成教育失聪。倾听是教育的原点，要想真正走进学生的内心，就要从倾听开始。

有个有趣的访谈节目，其内容主要是主持人访问一群小孩子。有一次，主持人问了孩子们一个问题：将来想做什么？其中有个小孩子举手说："我想开飞机，做飞行员。"主持人说："那我问你个有挑战性的问题，假如有一天你开着飞机飞到大海上，忽然没汽油了，你会怎么办？"孩子说："我会让所有的乘客都系好安全带，我自己背好降落伞包赶紧下去，我……"他还想说但没有继续说下去，因为他已经被大人们的笑声打断了，大人们都自以为是地认为，人性中的恶是天真包不住的。但是，主持人并没有笑，而是继续听，他好奇孩子为什么会这么说。当孩子发现自己被聆听时，鼓起勇气继续说："我要从飞机上跳下去，找到汽油，赶紧飞回来拯救所有的乘客。"此时，没有人再笑了。

这个小孩子纯真而善良的流露，是因为主持人选择了倾听，倾听之中融入了对孩子的耐心和鼓励，给孩子创设了一个温暖的表达环境。试想，如果主持人没有继续听孩子的真实想法，而是将大人的自以为是继续下去，结果会是怎样呢？可能那颗稚嫩的心就再也找不到了。

倾听是沟通交流的开端，孩子需要的是被理解、被关爱、被倾听，而不是一句句的责怪。倾听孩子内心中最真实的声音，孩子通过我们无微不至的倾听感受到我们与他们同在，用我们倾听的丝丝暖意感染孩子、打动孩子、改变孩子和发展孩子，充分展现出教育的魅力。

二、倾听中感受生命

孩子的一段述说、一个句子或者一个简单的感叹词都是在表达自身的欲望和需求，都承载着孩子的情感。善于倾听的教师能够准确地听出学生内在的情绪感受，在教育中适时做出反应与调整。善于倾听的教师还能够从学生的声音中发现某种思想和观念的萌芽，当学生发现自己深藏不露的思想被老师倾听和认可时，学生与老师之间就能够建立更深一步的交往关系，从而使学生对自己充满信心。

在书中令我耳目一新的就是倾听学生的疾病。当学生发出异样的声音时，教师的耳朵将变成听诊器与探测仪，可以通过倾听找到学生存在于肉体或精神上的疾病，这时倾听就变成了一种诊断与治疗。

例如：作为教师，我们通常会听到学生的告状——“老师，他们欺负我。”面对这样的话语，我们可以听出什么？

他的需求：需要老师的帮助和保护。

他的情感：焦虑、愤怒、不满和失望。

他的思想：打人者应该受到惩罚。

他的疾病：恐惧、孤独。

他的人际关系：紧张、对立、班级内部的不和谐。

我们在认真倾听之后，分析了学生的各方面的情况，就可以对症下药，帮助学生解决这个问题，并且采用合适的方法维护班集体的和谐。

一旦教师选择了倾听，就意味着对学生的接纳，把学生作为一个鲜活的生命来接纳，这种接纳也代表着一种平等与尊重，这是生命与生命之间的平等，同时也是一个生命对另一个生命的尊重。一个真正的倾听者，始终要以欣赏的态度

倾听，欣赏每一个被倾听者声音的独特性，在倾听中学习。学生内心发出的声音具有复杂性，一个冷静的倾听者会从学生复杂的话语中直达学生心灵深处，去倾听他们的呼喊。教师的倾听应该是主动的倾听，这种主动性在倾听与精神生命的发展之间建立起实质性的联系，这就意味着作为倾听者不仅是旁观者，而且是行动者、创造者，教师可以通过倾听参与学生的成长。

教师倾听的根本目的是倾听生命和呼应生命。作为一个真正的倾听者，教师应该以一颗充满柔情的爱心，张开耳朵，满怀信心和期待地迎接那稚嫩的生命之音。

三、倾听中成就课堂

细观当下的课堂教学，教师倾听学生的发言有这样一些表现：一是对学生的发言漠然处之，生怕学生的发言影响教学进度，于是继续按教案预设的内容一讲到底；二是只做简单的肯定或否定，有时甚至未置可否，又转入下一个环节，对于学生的发言无从评价，更不用说发现其中闪光的思想和创新的火花；三是问题一提出，学生举手回答，教师一听与标准答案不同，直接问“还有其他答案吗”，有时连问几个没有结果，教师只好把答案和盘托出……在这样的课堂中，教师仍是权威的代言人，按照预先设定的框架教学，杜绝了沟通，根本没有细细倾听学生的心声，学生在这场“游戏”中可能仅仅学会了点滴知识，并未真正体会到课堂的生命。

要想我们的课堂教学有“生命”的气息存在，就需要教师从倾听做起。倾听是实施有效教育的基础和前提，教师要对学生进行有效的教育就必须倾听学生的呼声，了解学生的需求，在倾听中对话，实现言语交流、情感交融。

教师要做学生忠实的听众，认真地倾听学生发表自己的独特见解，营造一个自由、宽松的学习环境，让学生如痴如醉地探究、体验、交流……教师需要把自己的角色定为“导游”“主持人”以及“导演”等，不再独霸讲台，用和善欣赏的目光注视学生，倾听学生的心声，进行师生之间平等的心灵沟通。当师生的心扉彼此敞开，并随时接纳对方的思想时，双方的“对话”也就成为一种双方的“倾听”。倾听中也需要教师的细心、耐心，用心听出学生独到的见解、细腻的情感、深刻的思想等。同时，教师不要轻易打断学生的发言，要有充分的耐心，在教学中给学生留一些思考的时间，留一些发展的空间，留一些“空白”，让学生充分表达各自的意见，体验思想的交流碰撞，在碰撞中找寻课堂的“生命”。

学生的声音如同花开的声音，需要耐心等待。学会倾听，才能与学生实现心与心的沟通，才能呵护与滋润学生的成长，才能创造出教育的智慧与诗意。

（葛　璐）

师生之间需建立情感联结

——《教师的正面管教》读后感

“正面管教”是一种既不惩罚也不娇纵的教育方法，一直以来我对此都颇有疑惑，这到底是一种什么样的教育方法？

对学生或孩子来说真的有效果吗？带着这样的疑问，我踏上了《教师的正面管教》之旅。

作者用非常朴实的语言，通过一系列具体的案例分析，给读者提供了许多行之有效的方式和方法，可以说，这本书就是作者给我们一线教师提供的“正面管教工具书”。孩子只有在一种和善而坚定的气氛中，才能培养出自律、合作以及自己解决问题的能力，才能学会使他们受益终身的社会技能和生活技能，才能取得良好的学业成绩。要想实现正面管教的效果，第一步就是要建立师生之间的情感联结。

情感联结其实就是人与人之间建立的良好关系，师生之间的情感联结是开展有效沟通的基础。师生之间只有建立了情感联结，学生的学习积极性、课堂活动的参与度、学习的效率等才会得以提高，师生之间也才会多一分理解和信任，从而有利于教学任务的高质量完成，有利于教师引导学生形成良好的行为习惯，即促进教师对学生的正面管教。具体来说，师生之间建立情感联结的必要性有以下几点：

第一，促进学生形成归属感。归属感就是一种“家”的感觉，学生与教师建立情感联结，就会对班级产生归属感，自己就会真正融入班集体，产生“班荣我荣，班衰我耻”的集体荣誉感，从而愿意为班级付出努力，为班级添光彩。

第二，利于对教师产生信任。师生之间一旦建立良好的情感联结，师生之间的交流和沟通就会更加融洽，学生会更容易接受教师的管理，能够在和教师的各种合作中，更加亲近，尊重和信任教师，从而产生“亲其师，信其道”的良好效果。

那么，如何建立师生之间的情感联结？在这本书中我学到以下几点：

第一，要保持和善而坚定的态度。“没有爱就没有教育”，爱学生是教师的基本素养，教师必须要对学生一视同仁，尤其是那些学习习惯不是很好的学生，他们更渴望得到教师的关爱。所以教师尤其应该多鼓励赞扬待优生，增强他们的自信心，多与他们沟通交流。学生感受到来自教师的爱，就会情不自禁地愿意亲近教师，自然有利于师生间建立情感联结。此外，还要保持坚定的态度，教师应该树立并强化规则意识，制定并引导学生遵守规则。

第二，学会专注地倾听。教师在学生面前往往更习惯于滔滔不绝地说教，但实践证明，这种说教的效果并不明显。实施正面管教，专注倾听是教师的必备技能。叶澜教授曾说过：“要学会倾听孩子们的每一个问题，每一句话语，善于捕捉每一个孩子身上的思维火花。”教师在和学生进行交流时，一定要专注地倾听，在倾听中交流，在倾听中沟通。

第三，学会欣赏学生。人各有所长，每一个孩子都渴望被赏识，教师不应把成绩作为唯一的评价标准，而应在学生的日常生活、学习的点滴中，学会发现并欣赏学生的闪光点。正如莎士比亚所说，“赞赏是照在人心灵上的阳光”。

第四，给予学生尊重。教师给予学生充分的尊重，有利于师生关系的融洽，从而创设和谐的师生关系，还利于师生情感联结的产生和学生的心理健康。每个孩子都是独一无二的、有差异的，教师应该公平对待每一位学生，这是对学生最大的尊重。

第五，巧用幽默的力量。幽默是化解师生冲突、促进师生关系和谐的重要力量。教师在对学生进行管教时，恰当地

运用幽默，可以瞬间拉近师生之间的关系，建立情感联结，增强正面管教的效果。

在阅读《教师的正面管教》这本书的过程中，我边阅读边思考，重新审视了自己的教育方法和手段，深刻反思了自己在教育学生方面存在的各种问题，并及时进行了整改。可以说，这本书是真正的好书，在以后的工作中，我会经常拿出来拜读查阅，相信它能引领我的教学之路越走越宽广。

（黄莉莉）

师生之间要不断沟通

——《教师的正面管教》读后感

师生之间贵在真诚、尊重和信任，在此基础上建立情感联结，那么如何维系师生之间的情感？怎样促进师生关系的和谐？《教师的正面管教》这本书给了我们答案，那就是：要不断进行有效沟通。

教育的成功有很多种因素，其中师生之间的有效沟通是最重要的。通过沟通，不但可以顺利完成教学目标，而且有利于学生形成良好的行为习惯和正确的价值观。具体来说：

第一，有利于教学目标的实现。

众所周知，教学是一种双边活动，课堂上师生之间在一系列的有效互动中传递知识，这本身就是一种有效沟通。在这个过程中，教师是主导，学生是主体，二者必须相互沟通，相互配合。教师不能一人在台上唱独角戏，照本宣科地进行“填鸭”式灌输，而必须采用多种教学方法，多方面调动学生的积极性和主动性，在师生的合作互动中沟通交流、传授知识、提升能力。这样，调动了师生双方的积极性，有利于教学目标的实现，从而提高了课堂效率。

第二，有利于建立和谐的师生关系。

在平时的教育教学活动中，师生之间若能敞开心扉，真诚地进行沟通和交流，一定会增强彼此的信任，赢得和谐的师生关系。学生快乐时，和教师一起分享，可以师生同乐；学生遇到困难时，向教师倾诉，教师可为其指点迷津。良好的沟通能起到“润物细无声”的作用。所以，能与学生进行良好沟通的教师，往往能收获很多活泼可爱的孩子，从而有利于建立和谐的师生关系。

第三，可让学生学会处世之道。

“师者，所以传道授业解惑也。”教师，不仅要传授给学生知识，而且要“传道”，即传授待人接物的处世之道。师生之间的良好沟通，无形中就会传递给学生做人的道理、处事的态度和方法，这些其实都是可以让学生受益终身的宝贵财富。

可见，师生之间进行有效沟通意义重大，但在实际的教学活动中，师生之间却由于各种问题的存在导致沟通不畅，甚至发生冲突，从而影响师生关系的和谐。师生之间如何进行有效沟通？有哪些技巧和方法？《教师的正面管教》这本书给出了科学的解读。

第一，用恰当的方式表达爱。

相信每一位合格的教师都是爱自己的学生的，但并不是所有的教师都会表达对学生的爱，其实学生内心是非常渴望教师的爱的表达的。我们对学生的爱的表达不一定很直白，可以用委婉的方式表达出来。比如“你认真的态度，我真的很欣赏”“我如果有你这样一个孩子该多好”等类似的语言。把对学生的爱发自内心地表达出来，就搭建了师生沟通的桥梁。

有时，一个小小的手势就可以传递教师对学生的欣赏，一个轻轻的拥抱就可以安慰学生受伤的心灵，一个不经意的俯身就可以让学生感受到教师的关爱……适当借助身体语言向学生表达教师的爱，也能架起心与心的桥梁。

第二，科学运用音量、语气的作用。

在沟通和交流中，不同的音量、语气传递着不同的态度和情感。所以，教师要提升正面管教的效果，就得科学地运用音量和语气。

音量要适中，不宜过高或过低。在师生沟通过程中，说话的音量过高，会显得盛气凌人，让学生感到压抑，而过低会显得没有力量，所以一定要根据语境选择合适的音量。这样既能让学生感到放松，又能感受到来自教师的那份真诚，从而促进沟通顺利进行。

语气要因时因事而异。每一位学生都渴望得到教师的尊重和信任，所以师生沟通时语气一定要饱含尊重、信任和赞赏，从而让学生感受到被认可、被鼓励，真正触动学生的内心。

第三，学会倾听。

也许是职业病在作怪，教师在和学生沟通的时候，往往更习惯于说教。但实际上，就沟通的效果而言，善于倾听往往更重要。“上帝给了我们两只耳朵一张嘴，就是要我们多听少说。”这句西方谚语，在师生之间的沟通交流中同样适合。

在师生沟通的过程中，教师的目光一定要注视说话的学生，认真倾听学生说的每一句话，切不可目光游离，或者边写教案边与学生交流，这会让学生感到老师的漠不关心，影响交流的效果。同时，在倾听的过程中，教师要对学生的说法予以适时的回应，可以表达自己的看法，也可以提出问题，共同探讨，从而让沟通得以继续。

第四，灵活掌握多种沟通技巧。

沟通技巧也同样影响着师生之间沟通的效果。暗示会意法、共情法、自我暴露法、情绪疏导法、书信日记法、活动法、网络法等，都是我以后需要慢慢学习和实践的沟通技巧。

可以说，缺乏沟通的教育就不是真正的教育。这本书给我们提供了很多沟通的技巧和方法，可操作性极强，值得每一位教育者拜读。

（黄莉莉）

教育和希望

——《教育的情调》读后感

读《教育的情调》中《孩子教会我们心怀希望和保持开放》一文后，我想到了很多：学生们的状态呈现出不同的类型，有积极进取的，有消极厌学的。消极厌学的学生给我的印象更深刻：有的学生不服从学校管理，与老师、家长对着干；有的学生上课注意力不集中；有的学生总想着玩，不爱学习；有的学生写作业磨磨蹭蹭；等等。同时，也想到了不同家长和老师的教育方式以及对待学生各种问题的处理态度和方式，有些家长已经到了放任不管、束手无策的地步；有些家长已经心灰意冷，失去了教育信念……

孩子是未来的希望。作为教育者，我们必须对孩子们怀有期待和希望；我们必须以身作则，传播希望和信心。

一、教育的希望充满真爱

无论教师教育学生还是父母教育孩子，希望是一种动力，希望教会我们去教育，充满这种教育过程的情感就是真爱。真爱是一种纯粹、真诚的情感。“真”即真诚和真实，这是真爱的基础。它绝不建立在欺骗和幻想之上，不能有任何虚无主义的掺杂。“爱”是一种智慧。我爱你的英文是“I LOVE YOU”，具体分析这句英文可知，爱需要以下条件：I——Inject（投入），L——Loyal（忠诚），O——Observant（用心），V——Valiant（勇敢），E——Enjoyment（喜悦），Y——Yes（愿意），O——Obligation（责任），U——Unison（和谐）。

所以要将投入、忠诚、用心、勇敢、喜悦、愿意、责任，还有和谐贯穿于教育之中。正如北京师范大学顾明远教授所言：“教育情调的核心在爱，把爱献给每个孩子，在教育活动中就有了美好的情调。教育情调的表现在情，在教书育人的细微处见真情。”

二、教育的希望使信念更坚定

在我们的教育中，常出现“永不放弃”“抓好班内的最后一名”“一切皆有可能”“一切为了孩子，为了孩子一切”“一年的努力可以弥补八年的不足”等标语，我们要给学生希望，我们要在行动上陪伴每一位学生，尤其是那些问题学生，让他们看到希望，让他们敢于尝试、不断体验，在体验中增强信心，坚定信念。这样学生们定会在希望的引导下集中力量努力突破、拼搏进取。

在家庭教育中，希望就是我们为了孩子而变得更有耐心，更有信心，更加宽容，希望就是去体验孩子成长中的无数可能性。我们家长要学会陪伴，学会体验，学会培养，不断学习，不断改进反思，等等，这些就是一种真爱。有位家长曾说：一个孩子的自然成长中会遇到很多挫折，只要大人给孩子自主解决的机会，那么他们就会自动培养出高挫折商，并不需要额外的挫折教育。要尊重一个孩子受挫折的权利。另一位家长说：懂得真爱的父母会尊重孩子的独立选择，而不是替孩子做事情。总是“帮”孩子完成对他们来说困难的事，意味着父母破坏了孩子的探索过程，破坏了孩子形成“自我效能感”的过程，最终在孩子脑中形成一个逻辑——自己能否实现一件事取决于大人是否帮忙。

正如文中所说：“这种对希望的体验将教育生活与非教育生活区别开来。”从教育学的意义上说，这也使我们更清醒地认识到，我们只能对我们真正爱着的孩子抱有希望。希望给了我们一个坚定的信念：“我永远不会放弃你，你会过得很好。”

三、教育的希望强责任、促反思

教育的希望要求我们必须做到更好，希望在不断地激励着我们，使我们集中力量去努力创造、完善自我。

韩愈《师说》："是故弟子不必不如师，师不必贤于弟子。闻道有先后，术业有专攻，如是而已。"在师生交流中，在教学活动中，教师会不断发现自己的不足，甚至学到未知的东西，这些都会促使教师不断反思、不断改进，促进教学的进步与成长，这叫作"教学相长"。《学记》："学，然后知不足；教，然后知困。知不足，然后能自反也；知困，然后能自强也。故曰：教学相长也。"这句话的意思是说：学习之后才知道自己的学识不够，教人之后才发现自己的学识不通达。知道不够，然后才能反省，努力向学。知道不通达，然后才能自我勉励，发奋图强。所以说，教与学是相辅相成的。作为教师就必须不断学习，走"教学相长"之路，这是一种责任、一种使命。正如书中所言："我对孩子的责任感促使我不断地行动，不断地以这样一种方式来展示自我和引导自我：要让孩子能从我的身上看到一个成熟成年人的形象。"

教师还必须具有开放的胸襟，从"专政"的"演讲者"拓展为开放型教师，要善于从课堂教学的学生反应中总结所得、所需、不足，并且积极地反思，然后改善和加强。正如书中提到的："父母或老师需要开放性，以便成为自己并反思那些促使现在的自我得以形成的因素。"

总之，孩子教会我们心怀希望，这种希望不是那种被动的、遇到事情终会解决的乐观主义，这种希望包含承诺、责任和付出努力。即使在最荒谬、最痛苦的时候，我们也决不放弃我们的孩子和学生。如书中所言："对孩子们而言，那些对未来充满希望的人才是真正的父亲、母亲和老师。”

（陈万迎）

机智老师与智慧父母

——《教育的情调》读书心得

我喜欢《教育的情调》这本书，喜欢它的漂亮精致，喜欢它的小巧玲珑，对它爱不释手，就像对待刚出生的婴儿，时常把它捧在手心里来欣赏。

一、学做机智的老师

读“教育现象学”这一章节，我很有感触。好的老师能对教育情境保持高度的敏感性，教育现象学的首要任务就是恢复和提高成年人对生活的敏感性，让我们对生活保持一分好奇。老师要关注学生的细微的反常变化背后的原因是什么，对情境保持高度的敏感性。学生身上的共性问题是：找不到解决问题的办法，害怕影响自己在老师、同学心目中的形象。问题学生的身上不全是品德问题，老师要学会观察。

老师要学会站在学生的视角看问题，学生出现问题时老师一定要冷静，不要有意无意地伤害学生。有什么样的教育，就有什么样的未来。我们不仅要相信答案，还要知道答案是怎么来的；不仅要学习知识的结果，还要学习知识的过程。

作为一线教师，我们拥有丰富的与孩子相处的生活故事，这些生活故事会激发我们的教育反思，通过教育反思我

们会更好地理解教育生活。教育学的行动和反思就在于不断地识别对于某个孩子或一群孩子来说什么是好的、恰当的，什么是不好的、不恰当的。换句话说，教育生活是一种不断地进行阐释性思考和行动的实践。通过反思，我们会逐渐形成一种反思力，这种反思力能提高我们对教育情境的敏感性，促使我们在面对具体教育情境时做出机智的行为。

"有此师斯有此生，教道之常也。"蒙台梭利在《爱是我们最好的导师》中说："成人绝对无法想象，孩子们内心已经做好了服从我们的准备，他们的这个意志是非常坚定的，这是孩子的特征之一。"我们要注意自己的言行举止，因为我们做的每一件事以及说的每一句话，都会在孩子的脑海里留下很深的烙印。因为这个阶段的孩子是完全服从我们的，孩子对我们是又爱又崇拜。我们也要注意孩子的行为举止，一旦发现孩子的情绪不对，就应该加以正确的指导。

父母对子女的爱和教师对学生的爱是不一样的，不要说爱生如子，更多的爱是建立在尊重的基础上的。我们对学生的爱不是用来炫耀的，所谓的炫耀都是不自信或不成熟的表现。爱应该是发自内心的。

每一个孩子都是个案，不可复制，教育没有定律与铁律，因人而异，因具体的世界而异，因成绩而异。我们认识孩子之前，要先认识自己，要反思自己的教育教学行为。

二、学做智慧的父母

在《教育的情调》一书中，《孩子教会我们心怀希望和保持开放》一文中这样写道："作为教育者，为了孩子们和这个世界，我们必须以身作则，传播希望和信心。"我依稀记得儿子上初一的时候，军训会演，儿子突然不想去学校，他告诉我："妈妈我肚子疼，想请假。"我知道他在找借口，因为他认为自己肥胖的身体、不协调的动作会给班级减分。这种想法源于他在小学时因为动作不协调、过胖，老师不让他参加集体活动（这是我后来才知道的）。儿子有这样的想法，我作为教育者、作为妈妈很难过，因为我没有关注孩子，没有给孩子希望和信心，更为儿子的集体荣誉感和大局意识感动。我和儿子的班主任张老师提前沟通好，让张老师告诉儿子："你军训动作很规范，你不参加的话咱班得不了第一名，你的参与很重要。"儿子高兴地参加了军训会演，班级会演结果是第一名。今天想想，我当时的做法就是给儿子信心和希望。我们这些和孩子生活在一起的人不能做一个虚无主义者，我们不能放弃我们在孩子生命中的教育地位。

每次读这本书，都有不同的体会。每个孩子都有不同的花期，我们对孩子不能苛求千篇一律。我们要做的就是给他们希望。孩子让我们懂得，不管经历了多少失望，都要好好生活。这就是我们的信念。

（马秀杰）

信任让教学充满奇迹

——《第 56 号教室的奇迹》读书心得

我曾在聊城体育公园商务酒店聆听过雷夫老师的报告。本周我再次拜读了雷夫老师的书《第 56 号教室的奇迹》，浅

谈一下我的所思。

这本书给我的第一感觉就是一位平凡的老师在讲述自己二十多年来的教学经验以及感悟，其中并没有刻意煽情的文字，然而细细品来，字里行间渗透着雷夫老师二十多年的教育经验与教育智慧。一个小小的教室，竟然如此地吸引人，致使学生愿意提早两小时上学，而又延迟放学时间，即使毕业了仍不忘每周回到这个教室，它究竟有什么魔力？一个普通的基层老师，竟然获得了总统颁发的“国家艺术奖章”，感动了整个美国社会，这是一个怎样的会施魔法的老师？正如尹建莉在为本书写的序中提到的：“一间教室能给孩子们带来什么，取决于教室桌椅之外的空白处流动着什么。相同面积的教室，有的显得很小，让人感到局促和狭隘；有的显得很大，让人觉得有无限伸展的可能。是什么东西在决定教室的尺度——教师，尤其是小学教师。教师的面貌，决定了教室的内容；教师的气度，决定了教室的容量。”

让我深受启发的是，第 56 号教室之所以特别，不是因为它拥有了什么，反而是因为它缺乏了某样东西——害怕。反思现在的教育现状，为了课堂纪律，为了考试成绩，不仅学生，连老师都在害怕，大多数课堂都充满了“恐惧”的气氛。学生守纪是因为害怕受惩罚。在家里也是如此，家长们挖空心思逼迫孩子学习，对孩子又打又骂，完全不顾孩子的感受。学生长期处于一种“战战兢兢生活”的情况，这严重阻碍了学生的发展。老师也在害怕——害怕自己不被学生喜欢，害怕上课没人听讲，害怕自己管不住学生，害怕被同行嘲笑。在雷夫老师的教室里，没有“害怕”这两个字，他用信任取代恐惧，用信任建立起一座坚固的桥梁，使教室的一切变得不一样，使学生热爱学习，为他人着想，最终形成自己的行为准则。而其中重中之重就是师生之间的信任。那么如何建立这种信任呢？

一、言必信，行必果

雷夫老师在开学的第一天就让学生玩“信任”游戏（一位学生往后仰，其他学生在后面接着）。这个简单的游戏对我有很大的触动，只要有一次放手，别人就不会再信任你。在班级管理中，我比较健忘，经常将对学生的口头承诺忘得一干二净，等到学生跟我说时才记起来。现在想想就觉得惭愧，老师承诺了却做不到，何以要求学生说到做到。建立信任感不是一朝一夕的事情，而是在与学生的交往中逐渐建立的。就像雷夫老师所说的：“我们不需要对孩子长篇大论地谈我们多么负责任，而是要他们把信任放在我们肩上。”“孩子们以你为榜样。你要他们做到的事情，自己要先做到。我要我的学生和气待人、认真勤勉，那么我最好就是他们所认识的人之中最和气待人、最认真勤勉的一个。”这提醒我们“身教重于言传”，这些道理我们都懂，关键是没有真正做到。父母和老师要勇于负责，不要总是开“口头支票”去愚弄孩子，他们很聪明，一定会识破。

二、平等对待

雷夫老师讲到这么一个例子：因为某个孩子在教室里捣蛋，所以老师决定下午全班都不准打棒球。孩子们默默接受了处罚，但私底下却恨死了。看到这个例子我很有感触，这样的事情我就曾经做过。当时我在上体育课前把早上的数学作业收了上来，看到有个别学生作业没有交，就跟学生们说如果中午作业没交齐，这节体育课就不上了。最后还是因为有一位学生没有交而取消了整个班的体育课。其实这个班经常有学生不交作业，我当时很生气，根本没有想太多。现在想想，当时这么做确实不应该，体育课是学生们很喜欢的课，就因为一位学生而剥夺了所有学生的权利，学生们一定很失望而且很委屈。学生们整节课都在埋怨那个没交作业的孩子，我想他们不仅会埋怨那个孩子，还会埋怨我夺走了他们的体育课。虽然我用"铁腕"赢得了表面的胜利，但是却失去了人心。学生并不怕教师对其进行处罚，只是不喜欢受到不公正的待遇。

三、设身处地

雷夫老师曾提出给孩子们的忠告："你永远无法真正了解一个人，除非你能从对方的角度来看待事物……除非你能进入他的身体，用他的身体行走。"这何尝不是对我们的忠告呢？当我们理直气壮地批评学生，数落他们的不是时，站在他们的角度思考过吗？当我们碰到学生对讲了又讲的题目还是不会做时，脱口而出："这道题目我讲了多少遍了，你们还不会，上课有没有在听啊。"我们有没有想过以他们的水平是不是没有听懂。当我们在为待优生的成绩给自己班拖后腿而哀叹时，有没有想过他们这次的成绩跟上次比是否有进步。毕竟只要尽力，考试不是那么重要，就算考砸了，明天的太阳还是会照样升起。考不好只代表一件事：学生还没有弄懂题目，老师只需要再讲解一次。多站在学生的角度想想，会更理解学生，在今后的管理工作中会做出更适合他们的决策。

四、把握机会

一天之中，教师可能有很多个建立信任的机会，比如当学生忘了带作业时，教师选择信任，而不是惩罚。此时，教师从依规定实施惩罚的人变成受信赖的师长和朋友，这就是一个建立信任的大好时机。

雷夫老师的书让我大开眼界，让我知道教师是可以这样当的，学生是可以这样教的。雷夫老师的这本书用他二十多年来的教学经验生动地诠释了教育理论，如果将理论比作骨架，雷夫老师的经验方法则为这个骨架赋予了活生生的血肉，让我看到了生动活泼、实实在在的教学过程，为我改进自己的教学方法提供了明确可行的范例。虽然美国的教学环境和氛围与我们有很大的不同，但是雷夫老师的方法和理念是非常值得借鉴的，特别是理念。我想，把雷夫老师的教学方法和理念进行中国化或者说个人化，将会是我今后的教学努力方向。

（马秀杰）

拿什么来爱你，我的孩子？

——《教育的情调》读书随笔

最近在看一部电视剧——《三十而已》，作为一位年过

三十的妈妈，我最关注的就是剧中顾佳这个角色。她是一位为了孩子相当豁得出去的妈妈：她名校毕业，工作技能满分，却为了陪孩子成长自愿做起全职太太；她宁可背上巨额贷款也要住进市中心大平层，只为拿到孩子进顶级国际幼儿园的资格；她作为新晋富豪太太，甘心为幼儿园校董王太太做蛋糕、提鞋，只求对方能为自己的孩子写封推荐信……不得不说，这个角色让很多妈妈感同身受，这种感同身受源自“一个母亲总是希望给孩子最好的”这一思维的羁绊与突破。顾佳那句“这是我当妈的修行，不需要靠别人，就靠自己”戳中了很多妈妈的泪点。的确，当了妈妈以后，思考最多的就是“拿什么来爱你，我的孩子？”

在《教育的情调》一书中，我找到了答案。在书中的《孩子教会我们心怀希望和保持开放》一文中这样写道：“作为教育者，为了孩子们和这个世界，我们必须以身作则，传播希望和信心。我们这些和孩子们生活在一起的人不能做一个虚无主义者，我们不能放弃我们在孩子生命中的教育地位。”是啊，孩子是未来的希望。为了这个希望，我们必须用行动为孩子树立榜样。剧中顾佳儿子班里的女孩楠楠突发癫痫，吓坏了家委会会长家的孩子，为了个人利益，家长群里要求楠楠退学的信息接连不断，他们把一个患有疾病的女孩视为必定会伤害自家孩子的“怪物”，那种冷漠以及自私着实让人心寒。顾佳会为了儿子妥协，去伤害一个本就伤痕累累的家庭吗？思考再三，她在家长群里发了一段话：“我是许子言的妈妈，我想代表我们全家表态，我们愿意楠楠留下来，我的孩子也愿意和她同班上课。癫痫只是一种神经性疾病，没有传染性，没有攻击性。因为自己的孩子被发病情形吓哭，就剥夺另一个孩子接受正常教育的资格，这种歧视观念不应该从幼儿园时期就植入孩子们单纯的心灵，这比任何负面影响都消极。如果最终楠楠被强退，我们也不会把自己的孩子交给这种育人理念的幼儿园，谢谢大家。”随后，顾佳教育儿子要和楠楠友好相处，并教会孩子在需要的时候帮助她。事实上，顾佳和儿子在现场都有被吓到，但冷静下来以后，她却能用孩子能听懂的语言，拿奥特曼来打比方，告诉儿子：“害怕是因为我们没见过，而对方比我们要痛苦难受得多，所以我们更需要去照顾她。”她还用自己的实际行动告诉儿子，要学会尊重每一个人，即便他（她）有疾病，你也要学会正确面对，学会帮助需要帮助的人。有网友戏言：许子言是剧中唯一的好男人。而这个好男人背后站着的是顾佳这样以身作则、言传身教的好妈妈。

拿什么来爱你，我的孩子？也许我们没有家财万贯，没有名校加持……但是我们依然能以身作则，给予孩子爱和希望。剧中家境殷实的王太太哭诉孩子不和自己交流，相反，每集剧末卖小吃的一家三口其乐融融。鲜明的对比告诉我们“人间真实”是：再好的名校，都比不上父母对孩子的言传身教。美国思想家艾默生说：“孩子最终会成为什么样的人，主要取决于他从第一个教育者那里所接受的爱的质量、陪伴和榜样示范。”无论为师还是为母，希望我都能做到：以身作则，给孩子传递爱和希望！

（梁　静）

孩子的世界有无限可能

——《教育的情调》读书随笔

《教育的情调》，一本紫色封皮的小书，一共177页，不是鸿篇巨制，读起来毫无压力。读罢几篇才发现，这小小一本书却能寓金玉良言于故事中，对大言要义予以清晰浅显的诠释。其中《了解孩子充满可能性的世界》这篇文章，带给我很多对现实的思考。

一是妈妈圈的焦虑现象。望子成龙、望女成凤是父母对孩子最大的愿望，但是“虎妈”“狼爸”们为了孩子能读好书，不断地给孩子安排学习和活动，不停地让孩子去拼搏。那些从小就被父母安排各种培训的孩子们，他们可曾愿意用此后自己的人生找寻凌乱的童年记忆？那些沉溺在自私的需求和欲望中的“虎妈”“狼爸”们，是不是把抚养孩子变成了一项自私、自恋的事业？近日，一则“小学生研究结直肠癌获奖”的新闻成了热点，虽然处理结果已出，奖项撤销，小学生的父亲道歉，但是类似的事情却仍在发生。一些父母为子女“计深远”，调动自身各种资源，打通各路人脉，让孩子少走弯路，降低试错成本，只留下一条正确的路让孩子去走，甚至直接为孩子铺出一条捷径。这样做无疑扼杀了孩子尝试各种可能性的权利。殊不知，孩子不是为我们而活，他们有权利去试错、探索，体验各种可能性。

二是教师圈的公开课现象。有些教师认为，公开课要热热闹闹的，课上要有一群“答题小能手”，甚至不允许孩子害羞不说话、回答错误，学生回答问题最好站起来就能滔滔不绝，稍微一慢就感觉冷场了，就会成为课堂的“败笔”。有这种想法的教师是不是把教育变成了一项自私、自恋的事业？这样的教师通常自顾自地讲自己的课，在意自己在课堂上的表现，完全忽视了学生的需求、差异、困惑……人虽在场，但是心却不在，只是沉溺在自私的需求和欲望之中。语文教育专家李玉贵老师的几句话对我触动很大：“你教训的这些学生，其实他们的存在，也很有价值。碰见这样的小孩，我们永远只能假设我还不够懂他们，我还没有找到理解他们的路径，他们本身没有好坏……我们只是没有遇到这样的机会，我们总是用学科知识、学习的角度、听话的角度来判断，来感受，来回馈。我只是想让大家知道，每个小孩都不一样，只有我们谦卑，才会找到方法。”

不管作为老师还是作为父母，愿我们，都能体验到由于孩子的出现而萌发出的生活的希望，将对孩子的教育转化为自我教育。

（梁　静）

读《倾听着的教育》心得

我拜读了李政涛教授的《倾听着的教育》这本书，李教授从五个方面阐释了倾听的教育价值，即：倾听的教育意蕴、名师的倾听之道、教师的倾听能力、学生倾听能力的培养、大时代的倾听之难。本书的宗旨是：以教育的方式，思考、言说与实践倾听。倾听是教育生活的一部分，也是日常生活的一

部分，是我们每个人生活的一部分。作为一名有着 28 年教龄的教师，我也曾经迷茫过，不知道前方的路如何走。幸好有齐鲁名师李丽领航工作室的带领，工作室推荐了包括《倾听着的教育》在内的十几本书，这些书给我那颗浮躁的心以无限的慰藉，给茫然中的我照亮了前行的道路，指明了前进的方向，特别是《倾听着的教育》这本书，让我的教育思路更加清晰，教学的动力也更大。

在教学过程中，倾听无时不在，无处不在。如果不去倾听学生的心声，就会造成教育失聪的现象，它的表现及其根源是多种多样的。教育失聪现象会造成很多不良的后果，因此：我们要重视倾听的教育价值，应懂得倾听谁、倾听什么和如何倾听；我们要知道倾听的目的，通过倾听走入学生的内心世界，与学生成为良师益友的关系。在这本书里，李教授说："教育的世界，源于一个倾听与回响交织的世界。没有倾听的教育，不成其为教育，无回响的教育，也难言是真正的教育。"由此可见，倾听是多么的重要，懂得这个道理，我们会终身受益。我在反思自己作为一名初中道德与法治课教师是否重视倾听了呢？回顾以往的教学我发现：在上课的时候，我为了尽快完成教学任务会争分夺秒地讲解教学内容；在提问学生的时候，我担心学生回答不上来就对那些待优生敬而远之；有些学生还在那里冥思苦想的时候，我就会武断地判断他们不会回答，然后去提问下一位学生；只顾自己讲却不管学生学。这样的课堂让我感到非常苦恼，也深感压力很大。一方面担心教学任务完不成，另一方面又担心学生学不会。《倾听着的教育》中说："很多时候，我们言说太多，倾听太少，更多时候，我们喊叫太多，静默太少。"这不是自己的真实写照吗？在课上自己滔滔不绝地讲，不顾学生的感受，不去倾听学生的声音，学生已经听疲倦了，我还浑然不觉，注意力不集中的学生没有听懂，那些待优生听着味同嚼蜡，如坐针毡，最后收效甚微。我拜读了李教授的书以后开始改变自己的教学方式，把原来的“老师讲学生听”改为“学生讲老师听”，我课前预设好各种问题，让学生课上唱主角，我来当配角。一开始学生还不习惯，经过一段时间的实践，学生争先恐后地回答问题，俨然是一位“小老师”，我就成了一个认真听课的“学生”。我认真听学生讲解的每一个问题，仔仔细细做好笔记，从不放过每一个闪光点，及时给予学生恰当的评价，鼓励那些信心不足的学生讲下去。学生讲到精彩之处我会带领全体学生给予其热烈的掌声。我以小组为单位进行量化积分，以周为单位进行总结，对表现优秀的学生给予表扬。我采用这种“学生讲老师听”的教学方式以后，每位学生都能积极回答问题。学生为了能够为本组加分，在课前就进行了预习，查阅与教材有关的资料，唯恐自己在课上落后。在课堂上，学生成了“演员”，教师成了“导演”，展现给大家的是百花齐放、百家争鸣的景象，我看到这种情景心中油然而生一种幸福感。

李教授认为：培养学生的倾听能力，要从“不要”“不可”开始，把“不要干扰和影响学生的倾听”作为倾听教育的起点。反思自己的教学过程，之前我总认为学生是小孩子，不愿意倾听他们的话，特别是那些“惯犯”违反纪律的时候，更是不给他们辩解的机会，往往是对他们进行一顿训斥。这样做不利于对学生的教育，有时还会产生误解，使师生之间的交往陷入困境，教育的危机就会出现。有一次，我需要外出学习一周，出发前我把班级管理工作委托给了邻班的班主任房老师。第三天的时候，房老师给我打电话说，赵刚同学违反纪律了，偷偷跑出学校买了一袋糖和一包烟。房老师把东西放到我的办公桌上，想等我回去以后再处理这件事。等我回来的时候，房老师告诉我赵刚趁办公室没人的时候拿走了糖和烟，糖被分吃了，烟让另一位学生送回来了。我一听这些顿时就火了，心想："不仅趁我外出学习的机会买烟，还偷偷拿回去，真是和尚打伞——无法无天了。"我把赵刚叫到办公室，不容分说就大声训斥起来，直到他在那里哭泣为止。我读了李教授的书以后认真进行了反思，认为自己不应该拒绝学生的解释，老师要倾听学生的心声，而不是一棍子打死。老师也不要轻易打断学生的话，要静下心来听完学生的话。当时因为太激动，我没有做到倾听他的话，我认为他是"惯犯"，又做出这样的事情，感觉非常气愤。我当时不应该对学生有偏见，对于那些捣乱的学生，我没有做到耐心倾听。我不断反思自己，发现问题出在我没有去倾听学生的解释，没有了解事实的真相。后来我又把赵刚叫到办公室，给他一把椅子让他坐下，面带微笑地跟他谈最近的学习情况，慢慢谈到上次买糖和烟的事情，他告诉我是张斌让他买的，后来去老师办公室拿回东西也是张斌提议的。我听了以后，感到非常后悔，为自己的武断行为感到自责，我当面给他道了歉，并且告诉他："学生买烟是不对的，当有人胁迫你的时候你要跟老师说。"他也认识到了自己的错误，向我保证以后再也不犯类似的错误了。他心中的结打开以后显得很开心，我也感到很欣慰。我又用同样的方法和张斌同学进行了倾心交谈，听到了他真实的想法，其实就是好奇心促使他这样做的。我跟他谈了未成年人吸烟的危害，告诉他胁迫他人做违反纪律的事也是不对的。他看我真心帮助他，也非常感动，当时就写了保证书。这件事让我明白了倾听的重要性。作为教师，不能凭自己的主观判断去对待学生，无论多么生气，也要给学生说话的机会，也要尊重学生的人格，不要伤害学生的自尊心，要静下心来听听学生的真实想法，让学生充分展示自己的内心世界，形成亦师亦友的师生关系。

倾听是一种艺术，倾听是一种美德，倾听更是一种智慧。在今后的教学中我们要学会倾听的方法，掌握倾听的原则，养成倾听的习惯。倾听是教师必备的功课，归根到底，终身教育，就是要终身倾听。

（赵修德）

读《教育的情调》心得

《教育的情调》是加拿大作家马克斯·范梅南和李树英合著的一本书，我在刚读这本书的时候，总是感觉有些不适应，也许是译著的原因吧。这本书写的是许多生活中发生的真实教育案例，它们具有非常强的吸引力。这些案例就像引导我们去探寻教育情调旅程中的向导，向我们诉说着如何才能成为一名有情调、有敏感性、机智的老师，如何去关注孩子的独到之处，这些对于教育孩子具有重要的意义。

从内容上看，本书探讨了唤醒教育智慧应该关注的领域中“教育的敏感和机智”“了解孩子充满可能性的世界”“孩子好奇的体验”“表扬和肯定的重要性”“纪律的教育学意义”“孩子对秘密的体验”“气氛的作用”等16个话题。这些话题都是以学校和家庭教育中经常发生的事例为依据的，通过现象去分析教育的实质，让教师将理论与实践相结合，提升自己的教育智慧。

老师的心情好坏会直接影响学生学习的效果。如果老师上课的时候总是板着脸，一副严厉的样子，就会给学生造成一种压抑感，学生的学习效果就会不理想；如果老师上课的时候面带微笑，说话幽默，学生就愿意学，学习效果就会好一些。有一位老师在网上火了，因为这位老师在推门进入教室之前，特意在教室门口酝酿了一下情绪，当脸上出现微笑的表情时才自信满满地走进教室。当时的一幕正好被监控拍了下来，这位老师对自己的严格要求获得了无数网友的点赞。

在课堂教学中有时会发生突发事件，老师面对突发事件时不能慌乱，要能够做到妥善处理，这就是我们所说的教育机智。有一次，我刚走上讲台，就发现有几位学生在那里偷笑，弄得我丈二和尚摸不着头脑。我赶紧问最前面的一位学生为什么笑，他告诉我：“老师，您把扣子扣错了。”我低头一看，发现真的是把扣子扣错了，于是对学生说：“习近平总书记指出：‘青年的价值取向决定了未来整个社会的价值取向，而青年又处在价值观形成和确立的时期，抓好这一时期的价值观养成十分重要。这就像穿衣服扣扣子一样，如果第一粒扣子扣错了，剩余的扣子都会扣错。’习近平总书记告诫我们，人生的扣子从一开始就要扣好。我就是因为把第一粒扣子扣错了，所以导致其他扣子也扣错了，所以同学们要从现在开始好好学习，为将来打下坚实的基础，一定要系好人生的第一粒扣子。”我引用了习近平总书记的话及时地对学生进行了思想教育，这次意外事件收到了意外的效果。

在这本书中有一篇文章《了解孩子充满可能性的世界》给我留下了深刻的印象，文章告诉我们：“孩子不是为我们而活着的，我们却为他们而活着。”我们是孩子的老师，孩子也是我们的老师。因为孩子在不断地成长，在体验着生命，在体验着生活的各种可能性，所以我们应该去观察孩子，去倾听孩子。在现实生活中，我们往往会忽视孩子，有时会把自己的观点强加给孩子。我们应该走进孩子的内心深处，创造更多的机会去接触孩子。但是，我们在现实生活中并没有去陪伴孩子，由于我们的工作很忙，每天都有很多事情要做，于是我们就会找各种借口为自己解脱，却忽视了孩子的内心需求，往往会对孩子的话充耳不闻，更有甚者会去惊吓、辱骂、虐待孩子，或者否定、放弃孩子，这是多么悲哀的事情。“将来这些父母最遗憾的是：再也没有机会去弥补对孩子的爱。由于父母经常忙于自己的工作，忽视了自己与孩子亲密接触的机会，孩子就可能需要用此后自己的全部人生来寻找他们凌乱的童年记忆。”当我读到这段话的时候，两行热泪在不经意间流了下来，因为这正是我伤心的地方。我的孩子在刚刚满一周岁的时候就被他爷爷奶奶接走了，原因是我和我爱人都是教师，在 25 年前，学校没有双休日，甚至是两周才休息一天。我当时担任英语学科教师，既有早自习又有晚自习，一星期 20 多节课，根本没有时间照顾孩子。孩子的爷爷奶奶看到这种情况，就主动提出来把孩子接到他们身边。我们虽然不舍得让孩子离开我们，但也没有别的办法，只好让两位老人替我们照顾孩子。一晃就是六年，在这期间，我们很少与孩子接触，在孩子的童年里，爸爸和妈妈的概念是模糊的，孩子当时对我们没有太多的依恋，也许没有关于我们的快乐的童年记忆。今天的我只有对孩子的愧疚，无法弥补的父爱是我永远的伤痛。

2003 年春天，我国爆发了传染性非典型肺炎，这种病传播速度非常快，传染性极强，危害非常大，在当时的医疗条件下，人们一旦感染上这种病就有可能失去生命。那一年，我把孩子接了回来，这时孩子已经养成了一些坏习惯，在后来管教孩子的过程中，我发现已经错过了最佳的时间，孩子的性格形成期应该是 3～7 岁，孩子一旦形成了固定的性格，再进行扭转就非常困难了。在以后的数年教育和管理中，我们虽然付出了很多的心血，但是对孩子的教育效果一直不理想，孩子表现出强烈的叛逆心理，我们已经无法再走进孩子的内心深处，孩子很少和我们沟通与交流。孩子也不善于和其他人交流，性格比较内向，对于父母的管理比较抵触。我有时会采取简单粗暴的管理方式：恐吓、辱骂、训斥甚至是体罚。一开始的时候还能起点作用，但随着孩子年龄的增长，孩子的自主意识越来越强，根本不听父母的意见，我们总是感觉束手无策。孩子在童年的时候没有父母的陪伴，这对于孩子来说也许会是一辈子的缺失。孩子当时多么希望像其他小朋友一样天天守在爸爸妈妈身边，但是，那只是一种奢望罢了。孩子当时是多么的无奈、伤心、绝望，我已经无从知晓。

我根据自己的亲身经历奉劝那些年轻的父母们，无论你们工作多忙，也要把孩子留在自己的身边，尽量抽出时间多陪陪孩子，孩子需要父母的呵护和陪伴。对于年幼的孩子来说，陪伴是最好的爱，陪伴才会有安全感，陪伴才会有快乐的童年。希望做父母的不要留下终生的遗憾，希望孩子们有个快乐的童年，希望孩子的世界充满可能性！

《教育的情调》这本书中有许多感人的故事，我经过反复思考，提高了对教育情境的敏感性。我们只有通过思考孩子当时的情景，才能知道怎样做会对孩子有更大的帮助，才能让教学活动变得更加富有情调。

（赵修德）

·第三篇· 课例研究

课堂对话

——开启生命成长教育的钥匙

作为德育主阵地的初中道德与法治课堂，如何在教学中培根铸魂，实现德育功能？如何充分发挥学生的主体作用，让学生真正成为课堂的主人、成长的主体？

课堂对话是开启生命成长教育的钥匙，是充满人性化关怀的交流，是生活经验互鉴共享的总结，也是思维碰撞生成的基础。下面就以我在新疆生产建设兵团第十二师一〇四团中学执教的“敬畏生命”一课为例，谈谈课堂对话如何开展。

一、创设对话情境，营造平等和谐师生关系

教师来到一所陌生的学校，初次与学生见面，师生相互之间是陌生的，要想呈现一节内容丰富、思维深刻、情感充沛、影响持久的好课，课前的师生对话是必不可少的。教师要精心挖掘对话的切入点，找到师生共同的关注点，创设对话情境，激发对话兴趣。

第一次给新疆的多民族学生上课，我一直在思考如何让学生放下戒备心，快速接受我，和我这个来自万里之外的老师轻松对话。我决定从课前热身开始。我在到新疆之前就

收集了学生日常活动的照片，又上网搜集了新疆的美景、美食、风土人情等照片和山东各地特色风景照片，将这些照片配上歌曲《我们新疆好地方》制作了一个小视频。当孩子们走进教室，第一眼看到了视频上有自己的照片，顿时发出了欢快的叫声："哇！那不是我们班吗？""还有我的照片啊！"看着孩子们欢快地相互打趣，我笑着问："你们想知道我眼中的新疆吗？"接着展示出几个关键词：新疆印象、风景秀美、美食、热情好客、能歌善舞。我接着问："大家能用一句话给我介绍一下新疆吗？"孩子们在交流对话中心情变得轻松愉悦，争先恐后地向我介绍：新疆美味的葡萄干、羊肉串、美丽的天山……

接着，我进行了自我介绍，并邀请同学们到山东去旅游，长大后到山东去上学。听到我的邀请，孩子们更加兴奋了。

经过一番对话交流，师生初步建立了平等和谐的师生关系，孩子们从心底接纳了我，在我面前开始敢说敢笑，甚至还手舞足蹈，师生关系由开始的紧张、戒备，到后来的平等交流、民主对话，奠定了整节课深入对话交流的基调。

二、设计对话问题，挖掘教学资源育人功能

要使课堂对话能够围绕教学主题延展进行，对话的问题需要精心设计。

首先，问题设计要具有开放性。深入挖掘教学资源的教育功能，实现资源的有效利用。在课堂第一板块"生命至上，珍爱你我"的教学中，我首先展示了 2008 年汶川地震中的两组图片。一组是地震来临时山河撼动、家破人亡的情景和伤亡损失数字；另一组是党和政府把救人放在第一位，生命的

奇迹不断出现。在强烈的视觉冲击之下，我顺势提出两个问题："你对生命有了什么感悟？""你对生命又有什么感悟？"两个问题看似重复，其实却是对生命认识的两个角度。这样的问题设计具有开放性和延展性，答案是多元的。学生在交流中感悟到生命的脆弱、生命的顽强、生命的宝贵。

其次，问题设计要结合材料，但是不能拘泥于材料。脱离背景材料的问题会显得空洞，缺乏根基；问题仅限于分析材料就会落入模式化，限制思维发展。道德与法治课具有明显的时代性。教师要与时俱进，号准时代跃动的脉搏设计教学。

面对"生命"这个话题，教师不能把对话变成简单的知识问答，而是应该把对话作为点燃情感体验、情感认同的导火索，一个个小问题就是一颗颗火种，点燃孩子们崇真向善的美好渴望。于是，在这节课中，我设计了一系列基于时代背景的真实问题，让孩子们感同身受，有真话想说，有真情想表，生活中遇到的困惑和不解也在对话中获得启发。"国家花费大量资金救治高龄重症患者有价值吗？""逆行的医护人员、武警官兵、志愿者不顾自身危险去救他人是不爱惜自己的生命吗？为什么？如果你是他们中的一员又会如何做？"问题设计有梯度、有层次性，有广度和深度。师生在对话中，以真实事例和材料为切入点，进行层层分析探究，不断追问寻源，学会换位思考。对话中，有思考，有困惑，有疑虑，有辩论……师生之间、生生之间，围绕这些问题展开对话，从生命是脆弱的还是坚强的，到党和国家在灾难面前强有力的措施，再到为挽救生命逆行的医护人员、武警官兵和志愿者等，对话越来越深入，越来越具体。人民至上、生命至上的核心理念就像闪亮的金子在一个个真实事例中闪光，孩子们感动于身边故事的同时也在深深思考“生命的价值”这一深邃而有意义的议题，由此他们明白了，作为新时代的青少年，既要珍爱自己的生命，也要关心、关注、关爱他人的生命。

三、培植对话根基，引发源于生活的思考

真实的生活是课堂对话的根基。基于真实生活情境进行教学，学生才能感受到情感的真实，这是凭空捏造或者过滤之后的味同嚼蜡的假设情境无法实现的。

人民至上、生命至上，在大灾大难面前体现得格外明显，为了再现这些真实的场景，我设计了“新疆送教之安检路径”环节，历数了我从山东到新疆的过程中所经历的安检，并提出话题：为什么安检措施如此严格？如此严格烦琐的安检，大家为什么还要心甘情愿地配合呢？我敞开心扉和孩子们交流自己的真实想法，也历数了所遇到的种种不便。孩子们在与我的对话交流中，体会到严格的背后是真正对人民负责、对生命负责，引导孩子们学会理性思考，不能人云亦云。

四、巧用评价引导激发对话

对话的奇妙之处在于“对”，即对说的内容要有回应，有交流，才能激发说的欲望，才能理清说的思路，才能指导说的方式，才能达到说的目的。

对话不是简单的一问一答，也不是教师抛出问题诱导学生回答，而是一种交流、一种碰撞。要避免学生为了寻找让老师满意的标准答案，而揣度老师的意图，投其所好。巧用

评价是引导和激发对话并保证对话不偏离主题的有效方法。

首先，要宽容学生的错误答案，不追求统一标准。如果教师只是把关注点放在答案的对错上，就会引导学生寻找标准答案，而不是真实地表达思想、阐述理由。要对学生的回答进行客观公正的评价，如果有不同的见解也可以进行平等交流："你说得有道理，但是我有另外一种想法，你来听听合适不合适？"

其次，要进行真实的描述性评价，而不是简单直接的定性评价。引导学生侧重于阐述内容的真实性、观点的合理性，而不是简单地评价对与错。例如，"你的表述太真实了，让我有种身临其境的感觉。""你考虑得真的非常周全。""你能够换位思考，我真的非常感动。"这样的评价除了是对对话内容本身的认可，还是对表达者继续进行的一种鼓励。

最后，评价引领对话方向。课堂对话要围绕目标进行。很多教师不敢让学生充分表达，原因之一就是学生说得多了，容易偏离航向，浪费时间，导致整节课松散，目标不明确。教师在与学生的对话中要善于捕捉有用的信息，通过评价，引导学生及时纠偏、放大或拓展。例如："我觉得这事并不像你想象的那样完美，会不会有特殊情况存在？""你再现了当时的场景，但是我们更想知道你当时的想法。"

教育指向学生的生命成长，课堂对话是情感的交流、心灵的互动、思维的碰撞，是生成性的建构。课堂对话是滋润生命成长的雨露，滋根养魂，润心育德。

（李　丽）

道德与法治课堂整体性设计与思考

——“网上交友新时空”课例研究

在平时的听课中，我们发现有些教师在授课的过程中思维混乱、逻辑不清，学生听课也是云里雾里、不知所言，只是机械地按照教师的要求标画相关内容，并没有真正参与到课堂思考之中，游离在内容之外。为什么会出现这样的课堂状态？究其原因应该是教师忽视了课堂整体性设计，备课过程中没有很好地深入研究教学内容的逻辑结构，没有把握教学内容的层次性，在问题设计中也忽略了学生的认知规律与能力。课堂整体性设计是指对课堂教学进行系统规划，将课堂作为一个系统，它的特点是强调整体性，通过设计层层递进、环环相扣的教学系统促进学生的有效学习。下面以“网上交友新时空”（部编版教材《道德与法治》七年级上册第二单元第五课第二框，以下简称“本课”）为例，感受课堂整体性设计之妙。

一、板块整合，独具匠心

板块化教学是一种清晰而又灵动的教学设计思路，教学过程、教学内容以板块状并列，同时按照一定的逻辑结构循序渐进。每个教学板块集中一个方面的教学内容，板块组合完成一课的教学任务，既丰富又全面，既实在又有效，能够科学有序地推进课堂教学进程。在本课中，教师按照教学内容，独具匠心地把整节课划分为三个板块，即“遇见”“认识”“领悟”三个篇章，分别对应“遇见你，开辟新时空”“认识你，了

解你利弊”“领悟你，学会交网友”。三块内容环环相扣，层层深入，注重了教学的整体性，使得教学思路清晰，教学主线明了，展示了课堂的结构之美。

教师将课堂导入巧妙地设计为“遇见”这一板块，展示了 12 幅图片（均为学生平时在网络中经常接触的 App 图片），让学生按照一定的标准分类，并说出分类标准。通过分类，让学生认识到互联网为我们提供了一个交友的平台。此活动设计是基于学生认知的有效活动，学生们表现得非常积极。在导入环节充分调动起学生学习的积极性，让学生有意愿继续下面的学习，去探究网上交友的利弊以及学会网上交友。

在“认识”和“领悟”两个板块的设计中，教师采用了一例贯底的教学思路，以“胖妞”这一人物作为主线，开启探究之路。

二、一例贯底，妙不可言

一例贯底，正如其名，通常是以一个人、一件事或者一个话题为主线，根据教学内容设计多样的情境，引导学生深入思考，帮助其理解教学内容。一例贯底层次清晰、丝丝入扣，使得教学内容整体性非常强，有助于学生整体把握理解所学知识，形成系统化的知识体系。

教师在本课中创设了“胖妞”这一人物主线，以第一人称的形式，借助“胖妞”与网友的故事让学生去对话互动、探究体验。这一设计不仅收获了令人满意的教学效果，还很好地激发了学生的学习兴趣，丰盈了学生的情感体验。

本课第二板块：认识你，了解你利弊。

【人物介绍】我是胖妞,从小对这个名字并不在意。但最近有个大大的烦恼。因个子矮、身材胖,我被同学取了个“丑小鸭”的绰号。本来我就性格内向,现在变得越来越自卑,我渴望着友情,却害怕与人交往……

思考:胖妞为什么而烦恼?

首先教师为学生介绍一位“新同学”——胖妞,这位同学是带着烦恼来的,然后让学生了解胖妞的烦恼。

【胖妞的希望】前不久,妈妈为我买了一部自己的手机,就是这部手机,为我打开了一个新的世界。我注册了一个QQ号,希望通过这个QQ号交到知心的朋友。为此,我还选了一个美丽女孩的图片作为头像,并精心填写了个人资料。

思考:从中可以看出网络交友平台的什么特点?

此情境设计与学生生活联系密切。在此,教师对学生做了一个小调查“你的QQ名字是什么?”由此让学生更好地理解网络交友虚拟性这一特点。

【网络奇缘】我刚注册QQ不久,一个名叫“鹿南帅哥”的陌生网友便通过同城搜索功能申请加我为好友。说实话,感觉很奇妙,平时生活中根本没人理会我,网上却遇见主动加我好友的人。更巧的是,我们还是老乡……所以我和网友聊得越来越投机,不知不觉中我好像已经习惯了每天对这个“鹿南帅哥”吐露心声,我觉得和这位网友聊天很放松、很自在。

讨论与分享:

1. 网上交友的哪些特点使胖妞愿意向这位网友吐露心声?

2. 网上交友给我们带来了哪些积极影响?

教师在此设计了小组合作活动，有效的小组活动让每一位学生都能深入思考，积极参与，提高了学生的思维积极性。同时，教师能够融入学生的小组活动中，及时了解学生的讨论情况，并在学生展示中适时进行追问，使教学不时迸发出交流的火花。

【烦恼又来了】最近，我的网友好像变了一个人，跟他说话，他或者用一个表情符号回应，或者直接不在线。我既疑惑又失落。我的同桌告诉我，网上的交往都是虚假的，下了线谁也不认识谁，不能当真。

思考：

1. 胖妞的网友发生变化的原因会是什么？

2. 互联网让胖妞与网友的关系更近了吗？

3. 虚拟世界的交往能否满足我们的情感需要？

教师设计这一反转情境，让学生也跟着“胖妞”一起陷入了疑惑与失落当中。在此设计三个问题层层深入，让学生深刻理解网上交友虽然能够满足我们一定的心理需要，但是虚拟世界的交往难以触摸现实生活中的真实。

教师设计胖妞与网友短暂的交往时光，在一个反转中让学生认识了网上交友的利与弊，但故事仍在继续……

本课第三板块：领悟你，学会交网友。

【网友再现】然而接下来一连几天，“鹿南帅哥”都没上线，看着他灰白的头像，我像丢了魂一样，做什么都无精打采……漫长难挨的等待后，网友终于上线了……

网友出现是为了跟胖妞借钱，胖妞毫不犹豫地给对方打了过去。教师在此处以聊天截图的方式为学生呈现。

思考：

1. 怎样评价胖妞的网友的做法？

2. 怎样评价胖妞的做法？

学生看到聊天截图的反应特别大，教师此处的设计将课堂推向高潮，两个问题同时出现让学生能够全面地看待问题。

又可以天天聊天了，不知不觉中我已经对这个“鹿南帅哥”吐露了许多心声，把自己的很多不愿意让他人知道的隐私和自己家里的情况都告诉了他……

思考：胖妞在与网友交往的过程中，应注意什么问题？

故事递进式演进，让学生意识到网上交友的过程中应该学会自我保护。

【网友要求见面】“鹿南帅哥”要约我见面了，好激动啊！我终于可以见到他了，很期待。然而这时我同桌又一次告诉我，不能去见网友，还让我看了一段视频。

看完视频后我久久不能平静，不敢相信，但又不得不信。想了很多，我决定不去见面了。

思考：

1. 胖妞可能考虑了哪些原因不与网友见面了？

2. 你如何点评胖妞这次的做法？

教师在此处设计的视频非常巧妙，视频的使用使得学生更直观地认识到与网友见面可能会遇到的伤害和问题，引起学生重视。在问题设计上让学生开阔思维，多方面考虑，有效地调动学生的积极性。

【胖妞的反思】时间一天天过去，我与网友的聊天渐渐少了。我开始反思，我意识到自己很多行为是错误的，是不可取的。

教师的设计以胖妞自身的反思作为结尾。通过一系列网上交往事件，胖妞自身有了深刻的反思，认识到虚拟交往难以触摸生活中的真实。

教师将胖妞作为本课的主线，围绕胖妞设计各种故事情境，带领学生感悟故事的跌宕起伏，慢慢领会网上交往的真谛，在授课过程中充分调动了学生的积极性，学生有话说，想表达，敢表达，课堂氛围活跃。

三、意识提升，理性交友

道德与法治课不仅是一门知识课，也是一门导行课，是一门关于如何做的生活方法课，学习的落脚点应该是落实到学生意识的提升，最终影响学生的行动。对一节道德与法治课进行评价，更多的要看它对学生的意识与行动的持续影响。仅仅讲授知识的课不是一节完整的课，课堂整体性一定离不开对于情感的提升以及行动的引导。

本课的情感、态度与价值观目标是培养恰当运用网络进行交友的意识，树立净化网络环境的责任意识，强化规则意识，慎重结交网友。教师在最后环节设计了“照亮自己”的小活动，让学生根据自己的网上交友经历对比网络交友与现实交友的差异。这一环节意在引导学生提升意识，进一步明确责任意识、规则意识，使自己能够在网络交友中做到慎重。

最后，为了巩固提升，教师将本课内容整理成顺口溜，让学生齐读，将课堂气氛再次推向了高潮，学生的情感也进一步得到了提升。如此，使得整节课更加完整，整体性更强。

运用联系的观点、整体的视角设计教学，是实现整体性课堂的重要途径。教师在设计本课时非常注重从整体上把握一节课，设计的整体性非常强。首先，板块设计与思考中注重整体性，“遇见”—“认识”—“领悟”三个板块层层递进。其次，教学内容中以一个人作为主线，一例贯底，迅速让学生融入。最后，情感提升，导之以行，使得一节课更加完整。合理的整体性课堂教学设计顺应了学生的认知发展，有助于提高学生学习的有效性，实现学习效益的最大化。

（葛 璐）

追求有“度”的生命教育

——“活出生命的精彩”课例分析

顾明远先生认为，从生命发展的视角来说，教育的本质可以概括为提升生命的质量和提升生命的价值。提升生命的质量，是指通过教育让人有文化，提高人的生存能力，使人过上有尊严的幸福的生活。换言之，也就是通过生命管理丰盈生命，使其更具厚度，让每个人都成为“我自己”。提升生命的价值，是指通过教育提高人的思想品德，让人能够为社会做出贡献，为人类做出贡献，这样生命才更有价值，意指因为有“我”的存在而让这个世界变得更加美好，把生命中的爱和光亮全部焕发出来，使得生命更具温度，更有宽度。不久前，我校李老师执教了一节有“度”的生命教育课——“活出生命的精彩”（部编版教材《道德与法治》七年级上册第十课第二框，以下简称“本课”）。本课追求有“度”的生命价

值教育，在生命厚度、温度与宽度上对学生加以引领，意味深远。

一、榜样，感受“度”的力量

本课的核心教学目标是学会正确对待生命中的贫乏与充盈、冷漠与关切、平凡与伟大，创造有意义的人生，活出生命的精彩。为了真正落实这一核心教学目标，教师在导入环节选取的人物是“人民英雄”称号获得者陈薇。人物选取注重前沿性、典型性。在陈薇身上，完美体现出个体生命的充盈、对待他人生命的关爱以及平凡人生中的伟大。教师借助视频情境让学生对陈薇有了更深刻的认识，并借助问题“你认为陈薇是一个怎样的人？”让学生畅所欲言，感受、理解活出生命的价值需要生命具有厚度、温度及宽度。在本课中，教师轻松引出课题，在上课伊始就直奔教学主题，引发学生对于生命价值的思考。

接着，教师分别从厚度、温度、宽度三个角度带领学生去探究如何创造自己生命的价值。

二、厚度，充盈自己的生命

在“学习新课”环节完成第一部分教学内容“充实生命的厚度”时，教师借助故事情境、记者采访两个活动，引导学生认识生命的贫乏与充盈，从而积极追求个人生命的充盈。

（一）借助故事情境，感知生命充盈

教师在此讲述了19岁女孩医院备战高考的故事，抛出问题：“从女孩身上你学到了什么？”通过故事与思考引发学生了解生命充盈的点滴表现。

（二）借助现场采访，发现生命贫乏

话锋一转，进行一个小活动：现场采访“你是如何度过假期的？”采访活动设计了小记者这一角色，学生的参与度很高，也乐于表现自己。在采访中了解到，有些学生在家的时间更多地想着打游戏、吃喝玩乐，对于假期作业存在很多应付的现象。教师在小记者采访中及时捕捉教育点，对学生进行及时的疏导与纠正，体现了教师较强的应变力。同时，从学生的点滴生活中引出生命贫乏的表现，让学生感受到在假期期间不好好学习是虚度了光阴。

由此，学生更加想知道如何才能让生命告别贫乏，更加充盈。这一问题，教师又抛给了学生进行思考，此时学生的回答则更具深度，因为这是经过前期铺垫的，学生深刻理解了充盈的生命会带来不一样的价值体验。对于这块的教学，教师是成功的，层层递进，循循善诱，不是让学生被动地接受观点，而是让学生在自身的情感体验中悟出生命道理。

三、温度，传递生命温暖

在“学习新课”环节完成第二部分教学内容“触摸生命的温度”时，教师借助真实情境、现场辩论、诗歌朗诵三个活动，引导学生学会关心他人，拒绝冷漠，传递生命温暖。

（一）借助真实情境，感受人间温暖

2020 年 12 月 11 日，在河北石家庄，一位高龄老人在经过路口时不慎摔倒。就在老人摔倒期间，过往的车辆以及路人虽然发现了老人摔倒，却无人肯上前将老人扶起。

教师首先让学生品读冷漠路人的故事，让学生感受生活

中其实存在着很多冷漠现象，并提出问题："如果此时你在现场，你会怎么做？"学生渐渐出现两派观点："扶"与"不扶"。此时，教师停止了"扶"与"不扶"的探究，接着揭示故事后续：

经过了很长一段时间，一名骑电动车的女子发现了老人这一情况，立刻上前对老人进行救助，并且在第一时间拨打了120以及110。最终在医生以及警察的帮助之下，这名老人被送到了医院。

揭示后续后，教师深情诉说：这个世界是充满爱的世界，这个人间是温暖的人间。

（二）借助辩论活动，明晰"扶"的意义

对于前面"扶"与"不扶"的两派，教师机智地组织教学活动，让两派进行自由辩论。此时的辩论并没有辩论赛的正规，教师的主要目的是引导学生在针锋相对中，认识到面对类似情境是要扶的，并且要讲究策略。教师还对多种策略进行了解释，让学生也深刻认识到生命的意义不仅是关注自身的发展，而且要关爱他人。只有共同去消融这个世界的冷漠，我们才能营造一个互信、友善、和谐的社会。

（三）借助诗歌朗诵，升华情感体验

被人关爱是一种美好的享受，关爱他人是一种高尚的品德。关爱是一种态度，它会让人变得可爱而温存；关爱是一种艺术，当你学会它时，你已是一位真正的艺术家；关爱是一个火炉，让人从中得到温暖。学会关爱别人，你就拥有了一个奇异的三棱镜，哪怕是一缕微弱的阳光，都会折射出斑斓的光彩。

在这里，教师引入诗歌《关爱他人》，让学生朗诵。小小关爱，传递大大温暖，关爱别人，这个社会便会折射出斑斓光彩。通过朗诵，有助于增强学生内在心理感受，从而在生活中从小事做起，落实关爱他人的行动。

四、宽度，平凡铸就伟大

在“学习新课”环节完成第三部分教学内容“丈量生命的宽度”时，教师借助识伟大人物、敬战“疫”英雄两个情境，引导学生认识到，生命虽然平凡，但也能时时创造伟大。

（一）借助伟大人物，识伟大价值

教师在此设计视频情境，播放《他们，获授共和国勋章》，让学生思考：他们的伟大体现在哪些方面？让学生了解到伟大在于创造和奉献，在于创造出比自己有限的生命更长久的、不平凡的社会价值，为我们留下宝贵的物质财富和精神财富。

话锋一转，与伟人相比，更多的人可能是默默无闻的。

（二）借助战“疫”英雄，敬平凡生命

教师在此以多幅图片的形式为学生徐徐拉开画卷，分为武汉人民篇、志愿者篇、公安干警篇、医务工作者篇、人民解放军篇、基层干部篇、科技工作者篇、社区工作者篇等，抗疫期间各行各业的人都参与其中，为了祖国和人民，平凡的生命也做着不平凡的举动，每个人都是英雄。所以当个体生命和他人的、集体的、民族的、国家的甚至人类的命运联系在一起时，生命便会从平凡中闪耀伟大。

在本课的最后环节，教师结合所学，让学生就如何活出

生命的精彩规划具体行动。学生写下具体规划，交流展示后，教师寄语：

生命有一种精彩——超越自我。

生命有一种精彩——默默奉献。

生命有一种精彩——乐于助人。

生命有一种精彩——造福人类。

希望学生们在人生的长河中一步步去实现自己生命的价值，让自己的生命更具厚度，更具温度，更具宽度，活出生命的精彩。

（葛　璐）

生活化是道德与法治课堂的生命力

道德与法治课的教学目标是引导学生树立正确的世界观和价值观，过积极健康的生活，因此在教学中把更多生活化的素材引入课堂，通过各种途径构建生活化的课堂，切实提高初中道德与法治课的实效性，对现行的课程改革具有十分重要的意义。这就要求教师在教学过程中联系生活，反映生活，为生活服务，做到教学的生活化。研究生活化教学目前已成为广大教师普遍关注的课题。那么，如何构建生活化的道德与法治课堂呢？下面我就以“网上交友新时空”这节课为例，探讨这一话题。

一、导入生活化：易激发学生的学习兴趣

新课导入的目的是调节课前紧张的氛围，激发学生的学习兴趣，充分调动学生参与课堂的积极性，所以从学生感兴趣的、熟悉的日常生活入手，就显得尤为重要。

本课是这样导入的：

师：课前，老师对咱班同学网上交友情况进行了一个小调查，下面我公布一下调查结果，使用QQ的同学占100%，使用微信的同学占96%，拥有超过三个群的同学占100%，至少是一个群的群主的同学占79%。根据调查结果，我们不难发现，网上交友在同学中非常普遍。那么网上交友为什么这么受欢迎？我们应如何对待网上交友过程中各种各样的困惑？如何谨慎结交网友呢？今天我们就一起来探讨“网上交友新时空”这个话题。

由课前对学生网上交友情况的调查导入新课，自身活生生的事例和数据更易引起学生的共鸣，从而水到渠成引入“网上交友”这一话题。“从生活到教学”，课前引入贴近学生生活的案例，使学生的学习从熟悉的生活原型、感兴趣的问题情境着手，这对整节课的教学效果起着至关重要的作用。

二、素材生活化：更能引起学生的共鸣

理论联系实际是道德与法治课的生命所在。五彩斑斓、丰富多彩的社会现实生活为道德与法治课提供了取之不尽、用之不竭的生活素材。在教学过程中，道德与法治教师一定要充分发掘生活中的各种资源，选择贴近学生生活的内容，以帮助学生更好地理解所学知识。

师：互联网好像无所不能，我们可以利用网络搜索学习

资料,查找相关信息,而且它超越了时空限制,把天涯海角、素不相识的人连在一起,互联网为我们网上交友提供了一个平台,那网上交友的特点有哪些呢?我们先一起来看几幅图片,请看大屏幕……

师:《见面才识庐山真面目》这幅图片体现了网上交友的什么特点?

生:虚拟性。

师:网上交友看不见、摸不着,有的与实际情况不符。

师:《男女老少皆朋友》这幅图片体现了什么特点?

生:平等性。

师:在网上可以和长辈、名人、高官等平等交往,没有高低之分。

师:《想和谁聊和谁聊》这幅图片体现的是什么?

生:自主性。

师:网上交往不受时间、空间的限制,可以自由选择交往对象。

小结:网上交友的特点——虚拟性、平等性和自主性。

所选的几幅图片都来自学生的生活实际,真实体现了当今人们网上交友的现状和特点,只有选取生活化的素材,才能够引起学生的共鸣,从而使学生更加兴趣盎然地进行学习。

三、课堂组织形式生活化:充分调动学生参与课堂的积极性

教学实践表明:根据教学内容和学生的心理特点、个性差异等采用生活化的课堂教学组织形式,不但深受学生喜

爱，而且能给人耳目一新的感觉，从而能实现良好的教学效果。

师：那么网上交友对我们有怎样的影响呢？老师的一名学生甜甜，她现在对网上交友有很大的困惑，让我们一起来了解一下，请看大屏幕……

一向沉默寡言的甜甜，进入初中后，第一次月考很不理想，面对父母的指责、老师的批评、同学的冷眼，她感到很孤独，于是甜甜在网上认识了一名叫“冰冰”的大哥。“冰冰”不仅给他介绍了好多学习方法，而且还不断安慰和鼓励甜甜，让甜甜感到特别感动和温暖。甜甜尝到网上交友的甜头后，又结交了不少“好友”，但与这些“好友”的聊天花去了很多的学习时间，面对即将到来的期中考试，甜甜不知该怎么办才好。

思考：甜甜的困惑是什么？到底网上交友是利大于弊还是弊大于利？

师：了解了甜甜的情况后，老师决定以“网上交友的利与弊”为题，举行一场班级辩论赛。正方观点是网上交友利大于弊，反方观点是网上交友弊大于利。小组内先准备3分钟，自由辩论发言5分钟。

针对网络交往的利弊问题，教师设置了辩论环节，采用这种生活化的课堂组织形式，极大地调动了学生学习本课知识的积极性和主动性，从而使学生更深刻地认识到：网上交友有利有弊。

总之，在新课程理念的指导下，初中道德与法治课堂的生活化教学能有效地培养学生的学习兴趣，提高学生学习的主动性和积极性，有利于整体提高教育教学质量，这正是道德与法治课堂的生命力所在。

（黄莉莉）

打造“崇真、向善、尚美”的课堂

真善美是人类社会永恒的追求，培养真善美统一的人格是教育的终极目标。思想政治教育既是一门指导人们形成正确思想和行为的科学，也是一门蕴含着真善美的艺术。初中道德与法治课教学应当以“崇真、向善、尚美”作为根本宗旨和基本要求，把对真善美的追求体现在具体的教学过程中。下面以刘鹏老师在青岛市城阳区实验中学执教的“关爱他人”（部编版教材《道德与法治》八年级上册第三单元第七课第一框，以下简称“本课”）展示课为例，探讨怎样精心打造“崇真、向善、尚美”的课堂。

一、崇真：道德与法治课的本质要求

陶行知先生认为道德教育的首要任务是“教人求真，学做真人”，他认为教学活动首先要围绕“真”字展开，教师的任务是“千教万教，教人求真”，学生的任务是“千学万学，学做真人”。“真”是思想政治教育一切活动开展的基础，是其本质要求。“崇真”要求我们在道德与法治课上摈弃一切假大空，让真实的道德力量浸润课堂、滋养心灵，以真事、真理、真情示人和育人，唯有如此，才能让孩子发出最真实的声音，提出最真实的诉求，表达最真切的感受。

本课在教学中播放了视频《谢谢你，每一个平凡的中国人》。在视频中，各行各业的人们在自己的岗位上兢兢业业、不吝付出。孩子们看到这些真实的画面，感悟到“微尘”就在身边，每个人都可以成为“微尘”。

二、向善：道德与法治课的力量之源

“上善若水，水善利万物而不争”，是老子对生命的一种诠释，也是对生命的一种态度，是道德与法治课的力量之源。道德与法治课教学中的“向善”，首先要求教师要有善意和善行。教师应以无私的善意，真诚、友善、平等地对待每一位学生，这样学生才能“亲其师，信其道”。另外，教师必须在师德和师风上严格要求自己，为人师表，率先垂范，用自己的理想信念、道德情操和职业修养感染学生，以达到“春风化雨”“润物细无声”的效果。道德与法治教学与一般的教育教学活动有所不同，其教学目的的实现不仅需要理论和知识的支撑，更需要教师用自己的一言一行、一举一动去影响学生。

在本课中，刘老师以“微尘”为线索，设计了“谁是‘微尘’”“寻找‘微尘’”“发现‘微尘’”“不是‘微尘’”“都是‘微尘’”五个环节，环环相扣、层层递进，引导学生感受关爱的力量。刘老师还把自己参与的公益活动作为课程资源，现身说法，用真实的善行打动学生，在学生心中播下善的种子。“桃李不言，下自成蹊”，相信刘老师的善行善举一定能够给学生留下深刻的印象，进而对学生将来的为人处世产生积极、深刻的影响。

三、尚美：道德与法治课的魅力所在

“尚美”，在词典中的解释为崇尚和谐之美。美好的事物

能给人愉悦的情感体验，激发向善前行的精神力量，这正是道德与法治课的魅力所在。道德与法治课教学中的“尚美”，要求教师能够发现美、感受美和创造美。世上不是缺少美，而是缺少发现美的眼睛。身处这个伟大的时代，只要我们用心观察、体会和感悟，就会发现生活中有数不胜数的美好的人、美好的事、美好的风景。我们不仅要善于发现这些美好，还要善于把这些美好按照逻辑体系和理论体系的要求组织起来，以恰当的形式呈现出来，让学生感受到这些美，并从中汲取“尚美”的前进力量。

在本课中，刘老师的课件从内容到表现形式，从字体的大小变化到图片的选择，无不展现出画面的灵动、跳跃之美，回应着现代中学生对美的期望以及培养学生美感的需要。除画面美之外，本课还充盈着音乐美，伴随教学环节的推进，时而温情、时而高亢的音乐，撩拨着学生的心弦，增强了课堂的情感渲染力。另外，刘老师看似漫不经心的板书，在他最后的描画下，变成了一张温暖的笑脸，跃然于黑板之上，尽显板书之美。更为重要的是，刘老师娓娓道来的优秀传统文化、红色革命文化、社会主义先进文化，充盈着学生的精神世界，尽显人性之美。为了能在道德与法治课中激发学生对美好生活的热爱之情，培养美感、进行美的熏陶势在必行。这需要我们在教学内容、教学方法、教学语言以及外在形象等各个方面真正用心地去发现美、创造美、分享美。

2019 年 3 月 18 日，习近平在学校思想政治理论课教师座谈会上要求，思政课教师要在学生心中埋下真善美的种子，引导学生扣好人生第一粒扣子。我们要用自己的行动倡导社会主义核心价值观，用自己的学识、阅历、经验点燃学生对真善美的向往，精心打造“崇真、向善、尚美”的道德与法治课堂。

（梁　静）

培养学生的高阶思维能力

所谓高阶思维，是指发生在较高认知水平层次上的心智活动或认知能力。高阶思维能力是进行高阶思维活动所需的一种综合能力。目前国内外研究者普遍认为分析、评价、创造属于高阶思维，开展分析、评价、创造活动所需的能力即高阶思维能力。高阶思维能力往往表现为统整提炼、实践应用和批判创新等能力，同时需要学习者行为和情感的高投入。培育学生的高阶思维能力是推进课程改革、培养学生核心素养的应有之义。下面以“依宪治国”专题复习课为例，谈一谈如何培养学生的高阶思维能力。

一、绘制思维导图，培养学生的自主构建和统整能力

在课前，教师要求学生根据复习主题绘制了思维导图。复习课一开始，教师请学生上台展示自己课前绘制的思维导图，并依据它带领大家回顾相关知识。学生绘制的思维导图不尽相同，体现了他们对复习专题的“再认识”“再解读”。通过这种方式，教师让学生梳理所学知识，并形成对专题知识的整体认知。如果这一环节是由教师完成的，学生只是被动地听和记，则很难真正地完成对知识的理解和吸收。因此，

教师需要放手让学生自己绘制思维导图，对相关知识进行分析和重整，发现并理解知识间的内在联系和逻辑关系，把学习活动从浅层推向深层，提高他们的自主构建能力，培养高阶思维能力。

二、提供真实案例，激发学生的批判性思维

在这节复习课上，教师提供了这样一个真实案例，一位司机因着急将病人送往医院而逆行，结果被交警依法处罚。司机不服，拿出手机对着交警拍摄，并说："我是因为着急送病人去医院，迫不得已逆行。你们执法也要讲人情，我不怕你！我要拍下视频曝光你！"交警回应道："你拍吧，我也不怕你！"视频播放后，教师提出问题："你怎样看待车主的'不怕'和交警的'不怕'？谁的'不怕'更合理？"有的学生认为，交警的"不怕"是因为自己在依法办事，有的学生认为车主的"不怕"是因为宪法的一项重要原则为"国家尊重和保障人权"。不同学生基于各自的认知对这一案例发表不同的看法，课堂上自然地出现了激烈辩论。在教师的引导下，经过一番争论后，学生最后基本达成共识：公民行使自由和权利有边界，依法执政体现了宪法的核心价值和追求。还有学生补充：交警依法办事时既要合法也要合理，在依法处罚逆行司机后，应协助其送病人到医院就医。毋庸置疑，经过这场辩论，学生的辩证思维得到锻炼。由此可见，教师在课堂中提供真实案例，并设置开放性问题，引导学生运用所学知识表达自己的观点，能够激发他们的批判性思维。

三、创设和谐氛围，助推学生行为和情感的高投入

在这节课上，教师力求关注到每一位学生，通过设问、追

问、鼓励学生补充回答等多种方式创造和学生互动的机会。对于学生回答中的闪光点，教师及时给予表扬，并鼓励其大胆质疑，不断将思维引向深处；对于不甚理想的答案，教师在肯定合理之处的同时，引导学生发现自己思维过程中的缺漏，以及时修正。学生在这样的课堂氛围中很容易感受到来自教师的尊重和认可。这种平等和谐的氛围能够激发学生的思维活力，使得他们可以在轻松愉悦的氛围中积极参与课堂，提高学习效率。

在初中道德与法治课堂教学中，教师应主动担起培养和促进学生高阶思维能力的责任，探索课堂教学方式，培养学生的自主构建和统整能力，激发学生的批判性思维，助推学生行为和情感的高投入，让学生在课堂探究中实现知识的自我建构与学习迁移，从掌握知识走向提升素养。

（梁　静）

用“情境对比”教学让课堂变得充盈

——“网上交友新时空”课例研究

情境教学在道德与法治课堂上可以发挥重要的作用，起到意想不到的作用。情境教学是指利用外界的环境，实现和学生心境共鸣的教学方法，这个环境可以是人为的，也可以是客观存在的。在教学中，只要根据学生的年龄特点和心理特征，设置适当的情境，引起学生的情感共鸣，就会获得良好的教学效果。既然情境教学能够引起学生好奇、好动、好问的心理特征，使他们乐于学，那么该运用什么样的手法创设情境呢？在日常教学中，我发现利用情境对比的方法，可以让课堂变得充盈。杜甫有句诗“朱门酒肉臭，路有冻死骨”，穷人与富人之间贫富的悬殊、阶级的对立，经过作者的艺术概括，显得集中而又典型，对比极其鲜明。这种对比让人们的感悟更深刻，对封建社会剥削的认识也就更透彻。下面以我的一节区级示范课“网上交友新时空”（部编版教材《道德与法治》七年级上册第二单元第五课第二框，以下简称“本课”）为例，对“情境对比”教学加以说明和解释。

课堂是一次美好的约会，情境对比一：熟悉 vs. 陌生。

我把每一次和学生的见面都当成一次美好的约会。互相认识这个环节，适合在公开课、优质课上与学生不熟悉、不了解的情况下使用。到一个陌生的学校，跟一群陌生的学生一起上课，如果老师准备得不充分，便很难和学生在课堂上互动，学生也一定很难配合好讲课老师。所以，在本课的前几分钟，我准备了一个便利贴，让每位学生写上自己的名字，贴在自己的胸前，我也写上我的名字放在胸前，然后大家互相认识。我喊了十几位学生的名字（这里有个小技巧，剩下的名字一会儿提问用，这样就把全班学生的名字差不多都可以叫一遍），又问学生我的名字，学生们齐声回答，很响亮，一下子就拉近了距离。老师把自己打造成学生熟悉的老师，老师把陌生的学生当成自己熟悉的学生，同样的教学环境，熟悉和陌生的感觉不一样，教学效果也就不一样。一节道德与法治课，把学生带入他们所熟悉的一些情境中，他们就会有安全感，也愿意在课堂上展示与发挥。

课堂是一首优美的歌曲，情境对比二：快闪 vs. 慢放。

我学习和借鉴了梁静老师的快闪，在课堂上动静结合，快慢对比，效果很好。为了调动学生的积极性，本课的开头设置了教师简介、本课介绍两个环节。播放自制幻灯片，利用快闪的方式，节奏很快。学生集中精力，记住了老师的名字和本节课的关键词。同时，告诉大家这种交友方式叫“自我介绍”，然后由传统交友方式过渡到新交友方式，抓题目中的“新”字。

之后在起立宣誓、“三个一工程”(优秀传统文化、红色革命文化、社会主义先进文化，列举与本节课有关的故事)环节放慢节奏。从“友”这个字讲“刎颈之交”“竹马之交”“布衣之交”等关于友谊的优秀传统文化；从毛泽东和周恩来的友谊讲革命友谊、红色文化；从林丹与李宗伟的对手、朋友的关系讲奥运精神、先进文化。课堂是一首歌，节奏有快有慢，才能让人体会跌宕起伏、张弛有度、婉转悠扬的美妙。

课堂是一把记忆的钥匙，情境对比三：无网 vs. 有网。

这些正值初中的孩子在出生时网络就已经出现，他们不知道没有网络的日子是什么样，于是，我做了一个视频《那些年，没有网》，把我们“80后”没有网络的年代展示给了学生。捉迷藏、推铁圈、摔四角、小人书、跳皮筋、纸飞机、玩弹弓等20世纪八九十年代丰富的生活场景，配上现在孩子们听过的网络歌曲，学生们看得全神贯注，听得津津有味。时间推移，到了2000年，又是一个视频《那些年，有了网》，讲到我们这些老师最早接触网络的时候，从聊天室到“红色警戒”，从ICQ到OICQ，再到现在的QQ和微信，让学生知道老师也曾“为网痴狂”。然后提出一个问题：“同学们，我和我的小伙伴在没有网络的年代，也可以过得很快乐，但现在一些孩子

们没有了网络，就会变得无精打采。请同学们讨论一下，没有网络的日子，你和你的小伙伴是如何‘续命’的？”学生们列举了很多，如和朋友打篮球、踢足球，约同学去新华书店看书，练琴，组乐队，游泳，跆拳道，和小伙伴去逛街，等等，在列举的过程中，学生们渐渐发现，原来没有网络，他们也可以生活得很快乐。并且通过学习，学生们知道有了网络，生活变得丰富多彩，网络伴随着科技的发展变化很快。这样，就对网络以及网上交友有了更理智的认识。

课堂是一场心灵的旅行，情境对比四：网上 vs. 网下。

通过上面的讲解，学生们已经知道了网上交友是一种新的交友方式。手机，是网络社会中人们必不可少的交流工具，有人甚至说手机就是现代人身上的一个“器官”。我设置了“低下头，爱不见”和“抬起头，看见爱”两个环节，“低下头”和“抬起头”又是两个不同的情境。播放人们玩手机忽略了亲情的视频，小女孩的那句“我们说说话吧”触动人心。山上和山下的风景不同，网上和网下的生活不同，课上和课下的学习不同。我们要有上山时的冲劲，也要有下山后的悠闲；我们要有网上交友的真诚，也要有网下交流的快乐。我把道德与法治课分成了经济之旅、政治之旅、文化之旅、社会之旅、生态之旅，每一节课都想让学生们身在教室，心在旅行。

课堂是一顿丰盛的大餐，情境对比五：课本 vs. 中考。

本课在讲到网上交友利弊的时候，本来想设置一个辩论环节，但总觉得这节课的辩论方式在十年前自己就用过，缺少新意。于是思来想去，利用了 2016 年聊城市中考题中的《切勿“刷”丢了亲情》这个漫画。当时这个题的分值是 18 分，让考生们写出 200 字对“刷手机”年轻父母的劝诫。很多学生都说这个题很难，无从下手，我就利用本课进行了分析。如果将课本比作一个“菜市场”，中考就是“食神大赛”，课本给你提供了各种“食材”，你的任务就是把这些“食材”利用好，做出一道受阅卷老师好评的丰盛“大餐”。每节课都是教师教给学生“做菜”的过程，教给学生如何用所学知识解释生活中的实际问题。只有熟悉课本，把基础知识掌握好，了解各个章节之间的逻辑关系，才能按照中考的要求做出一道道美味佳肴。

在本课中，除了以上对比，还有小组与小组之间的对比，有“80后”与“08后”的对比，有网络利弊的对比，有古代和现代的对比，有国内和国外的对比。本课最后结尾是教师寄语，也是用了对比的方式：“无网，我们在现实生活中快乐成长；有网，我们在无限世界里追逐梦想。网上，我们谨慎防范，理性明智交往；网下，我们珍惜友谊，真诚地久天长。”

情境对比，首先是要有情境。经过本课的准备，又经过课后反思，总结了以下几个方面与大家交流。

一是借助师生经历创设情境。教师和学生的经历不同，对于一件事情的理解也会不同，教师可以根据自己的经历去讲述，设置自己熟悉的情境，会讲授得更好。让学生们结合自己的经历，设置他们熟悉的情境，就会引起学生的共鸣，激发调动学生的积极性和主动性。

二是借助课件视频展示情境。鲜艳的色彩、生动的画面最能吸引学生的注意力，精心设计的课件可以使教学内容直观、形象，使学生很快进入教学情境中，达到理想的教学效果。

三是借助丰富的语言进入情境。备课时，教师要特别

注意各教学环节之间过渡语的设计，使环节之间连接得更紧密、更恰当。教师抑扬顿挫、充满激情的语言必能激起学生学习的欲望，让学生积极主动地参与其中。

本课的主线依然秉承崇真、向善、尚美的教学理念，在最后的板书环节，让板书“美”起来，将“无网”“有网”“网上”“网下”“网络”“交友”等几个词连在一起，形成一个花盆，让我们浇灌自己的友谊之花，也算是与传统板书的对比。

有情境对比的课堂，是一次老师与学生美好的约会；有情境对比的课堂，是一首快慢和舒缓兼备的歌曲；有情境对比的课堂，是一把打开你和我记忆的钥匙；有情境对比的课堂，是一场身心相结合的灵魂之旅；有情境对比的课堂，是一顿色香味俱全的知识大餐。

“他山之石，可以攻玉”，我们不也是在与别人一次次的对比中发现差距、认识自己、改正不足、不断进步的吗？

（刘 鹏）

提高教育实效性的有效途径：情感共鸣

——“关爱他人”课例研究

朱小曼教授在《情感德育论》中讲道：“共通感是人们由于对某种道德现象有相似的解释、相似的理解而产生同感和共鸣的情感体验。”她认为德育过程中产生共通感是最重要的情感效应。“共鸣”“情感共鸣”“共感”“共识”“认同心理”等，这些都是共通感的表现。人与人之间的沟通交流，最好的方式是情感交流，教育的过程实际上是师生情感交流产生共通感的过程。“将心比心”“以心换心”“感同身受”是情感交流的有效方式。教育不能缺少感情，没有感情就没有教育，引发学生情感共鸣是提高教育实效性的有效途径，所以我们应当重视情感共鸣在教学过程中的运用。下面就以我在青岛城阳区实验中学的一节示范课“关爱他人”（部编版教材《道德与法治》八年级上册第三单元第七课第一框，以下简称“本课”）为例，对情感共鸣理论加以说明和解释。

本课主要学习为什么关爱他人以及怎样关爱他人。关爱他人是现代公民的基本素养。通过引导学生感悟关爱对他人、社会和自己的意义，培养学生的关爱情怀；通过逐步阐明关爱他人应有的情怀、应把握的尺度、应讲求的策略方法，使学生掌握关爱他人的艺术，并将关爱他人落实到行动中。对于情感共鸣理论，在本课中主要是通过设置“家乡”这样的场景体现出来的。我们都希望得到别人的关爱，别人也需要我们的关爱。“微尘”是青岛的一张名片，青岛的孩子都熟悉，选取这样一个示例，更能激发学生的兴趣，引发学生的思考，引起学生的共鸣。大多数学生基本认同关爱他人的正向意义，在现实生活中能够主动关爱他人。但是有的学生受家庭环境的影响，养成了以自我为中心的习惯，把得到他人的关爱当成理所当然的事情，在自己陷入困境时渴望得到他人的关爱，但当看到他人身处困境时却以“这又不关我的事”为借口一走了之。所以，在本课的教学设计中，以学生观看视频的自主感悟活动为主，通过让学生对日常生活事例进行思考、讨论与总结，增强学生关爱他人的意识，树立关爱他人的情怀，并在实际生活中付诸行动。

本节课的开头有三个小的环节：

环节一：提前认识学生。在便利贴上写上名字，各自粘在自己胸前，营造一个“心理场”。在勒温的理论中，“心理场”是个很重要的概念，他吸收了物理学中“场”的概念，将其运用到心理学中。我认为教室是一个“场”，存在个体间的相互吸引和排斥。每一次的教育活动都构成了一个浓郁的“情感场”，教师在“情感场”中是情感力的主导力量，教师要有吸引力，不仅仅是讲授内容上的吸引，还有语言、行动、感情、情绪等的吸引。仅有几位学生认同的“场”是小场，只有全班同学都参与，“场”才会越来越大，教育氛围才会越来越浓厚。让学生与教师互相认识，拉近师生距离，学生在情感上才会更加认可和接受我这样一个陌生的老师。

环节二：课堂宣誓——“作为一名道德与法治课程的学生，我会认真学习优秀传统文化，我会大力弘扬红色革命文化，我会积极宣传社会主义先进文化。我要做知法、学法、守法、护法、用法的好公民，我要做具有中国灵魂、国际视野的社会主义接班人。”这也是在营造一个“场”，一个气场。宣誓是契约精神的体现，每个人都是这节课的一部分，都要为上好这节课努力。

环节三：“三个一工程”。摘选与“关爱他人”有关的优秀传统文化故事、红色革命故事和社会主义先进文化故事。

进行完以上环节，开始进入正课的学习。因为是在青岛讲课，我就先用视频《一分钟，青岛在发生什么？》导入。同学们会看到青岛栈桥、音乐广场、青岛港口等本城市的特色地方。视频里有一个片段“微尘”，拉近师生距离，引出“微尘”。

师：青岛除了音乐广场、栈桥、青岛啤酒、海尔、海信，还有一张城市名片，就是“微尘”，老师这一次有个任务，就是想找到“微尘”。

任务环节一：谁是“微尘”？

学生观看电影《微尘》片段，提出问题“谁是‘微尘’？”（思考、讨论、总结）

设计意图：从最早的报道追根溯源——谁是“微尘”？

任务环节二：寻找“微尘”。

让学生们说说还能在什么地方找到“微尘”。

总结提升：关爱他人可以让自己收获幸福。这种幸福有的时候来源于自我价值实现的愉悦感。还有的时候，这种幸福来自他人的感激。

设计意图：化抽象为具体，通过典型案例及学生亲身经历的探讨，帮助学生懂得：关爱他人也可以让自己收获幸福。

任务环节三：发现“微尘”。

播放3段视频——《有些温暖，用心看见》《有种美丽，叫作习惯》《有段等待，留一盏灯》。

（研究课题：崇真、向善、尚美的特色政治课堂理念，主要体现“向善”这方面。）

总结提升：为什么要关爱他人？1. 关爱传递美好情感，给人带来温暖和希望，是维系友好关系的桥梁；2. 关爱是社会和谐稳定的润滑剂和正能量；3. 关爱他人，收获幸福。

关爱他人不仅幸福了他人和社会，也幸福了我们自己。因此，我们说，关爱他人是一种幸福。

设计意图：让学生知道关爱无时不在，无处不在。

任务环节四：不是“微尘”。

通过电影《我不是药神》，引出“我不是‘微尘’”，但我

做了一些关爱别人的事情。展示关于学校关爱、社会捐款、家庭关爱的图片。

（研究课题：崇真、向善、尚美的特色政治课堂理念，主要体现“崇真”这方面，来源于老师自己的经历。）

总结提升：关爱他人并不是一件简单的事，而是一门需要运用智慧、讲究策略的艺术。关爱他人，要心怀善意，要尽己所能，要讲究策略。

设计意图：化复杂的社会生活为具体情境，引导学生通过小组合作对具体观点和问题进行价值判断和辨析，做出价值选择，树立正确的价值观。关爱他人要具备一定的态度（心怀善意）、能力（尽己所能）和方法（讲究策略），坚守关爱。

任务环节五：都是“微尘”。

通过观看视频《谢谢你，每一个平凡的中国人》，让大家感悟“微尘”就在身边，每一个人都可以成为“微尘”。

总结提升：结合时政，体会人与人之间的关爱。

设计意图：渲染突出主题，体味关爱的美好，树立关爱他人的意识。

最后是板书设计的亮点——“笑脸”。

（研究课题：崇真、向善、尚美的特色政治课堂理念，主要体现“尚美”这方面，让板书更美丽。）

本课学习为什么关爱他人，以及怎样关爱他人，所选事例通俗易懂，含义明显，贴近学生生活，通过讨论、辨析明确事理。本课的问题皆源于学生的真实困惑，引发学生的情感共鸣，找到学生心灵深处的自我需求，以此为起点，引导学生充分讨论交流，进行价值辨析，结论的生成自然而顺畅。“关爱他人”这节课以“谁是‘微尘’”的问题开始，拉近师生距离，帮助学生认识“微尘”，真正实现教育价值内化。整个过程中以情动人、以理服人、分拨析理，实现价值认同和价值内化，强化学生关爱他人的践行意识，帮助学生树立关爱他人的情怀。

受王有鹏老师上次讲座的影响，在坚持自己特色课堂崇真、向善、尚美的课程理念的前提下，力求构建“线索立交桥”。

线索 1：谁是“微尘”→寻找“微尘”→发现“微尘”→不是“微尘”→都是“微尘”。

线索 2：我的关爱——家庭、学校、社会，关爱无处不在，无时不在。

线索 3：整个课堂围绕崇真、向善、尚美三个词展开。

人的全面发展是贯穿于马克思主义理论始终的一个基本命题，道德教育的本质就是人文，是以对人性的充分信任与期待为基点的。我们今天谈的情感共鸣问题体现了以人为本的教育理念，学生需要什么，我们就给学生什么，以学生的自由全面发展为目标而进行的一切活动都应该提倡和鼓励。

（刘　鹏）

让学生成为课堂的主体

——以“我们的情感世界”一课为例

随着教育理念的不断创新与改善，学生的主体地位越来越受到重视。突出思想政治教学中学生的主体地位，提高学

生学习的主动性，是思想政治教学新理念的必然要求。但在以往及现阶段的教学实际中，学生的主体地位仍未完全得到尊重。教学中，教师应以学生为主体，激发学生的学习兴趣，使其自发地参与教学，真正实现把学生培养成为德智体美劳全面发展的时代新人。

教育的根本目的是育人。新的教育理念强调以学生发展为本，倡导在教学中让学生真正成为课堂教学的活动者、思考者、探究者，发挥学生的主体性。下面以“我们的情感世界”（部编版教材《道德与法治》七年级下册第二单元第五课第一框，以下简称“本课”）为例，对此加以探讨。

一、创建民主和谐的课堂氛围，把课堂交给学生

轻松、愉快的学习氛围会对学生产生积极的影响。在课堂中，应努力营造民主和谐的课堂氛围，促使学生迸发出想象、创造力的火花。在教学工作中，教师要改变传统的灌输式思想，正确定位师与生的地位。教师不仅仅是知识的传授者，还是学生学习的引导者与服务者。陶行知先生说：“所谓教师之主导作用，重在善于启迪，使学生自奋其力，自致其知，非谓教师滔滔讲说，学生默默聆听。”叶圣陶先生也说过：“教是为了达到不需要教。”在教学中，教师应充分尊重学生、相信学生，要善于启发学生去独立思考，而不是直接告诉他们答案在哪里。古人云：“授人以鱼，不若授之以渔。”教会学生学习的方法，往往能达到事半功倍的效果。

本课在教学各个环节都设计了学生参与活动，放手让学生去设计、组织展示、评价，允许学生有不同的观点，鼓励学生探求的欲望和热情。学生在活动过程中释放出不可估量的潜

能，从而使各方面能力在自由的空间里得到自由的生长。

二、创设情境，让学生成为课堂的主体

学生的主体性体现在自主性和主动性。主动性来源于对所学内容的兴趣，爱因斯坦说："兴趣是最好的老师。"我们可以充分利用一切可用的资源，如时政新闻、经典故事、热点材料、歌曲、图片等，激发学生参与学习的热情。与课本中严肃逻辑的理论知识相比，发生在身边的事更能引起学生的关注和兴趣，更容易引起他们的共鸣。本课主要通过情境设置，利用精美图片、典型案例视频、歌曲等方式，激励学生参与课堂学习。

（一）学生感悟导入课堂

活动一：欣赏系列图片。

问题：结合教材，谈谈生活中你都有哪些情感体验？

学生甲：我的家乡在鲁西一个宁静的小村，这里有我快乐的童年、淳朴的乡亲，我爱我的家乡。

学生乙：我爱我的老师，他教会我们知识，引领我们做人，老师，谢谢您！

学生丙：我非常喜欢小动物，我家有一条金毛犬，它是我的好朋友。

……

学生积极踊跃发言，畅谈自己的情感体验，主动性得到了充分发挥。在这个活动中，学生通过自己的亲身生活体验，感受情感的丰富多彩，我们通过情感来感受世界、感悟生活。

活动二：诗词中的情感世界。

问题：我们喜爱的诗词当中也蕴藏着丰富的情感，你可

以发现它们吗？

学生甲：先天下之忧而忧，后天下之乐而乐。体现了忧国忧民的爱国情感。

学生乙：人生自古谁无死，留取丹心照汗青。表现了视死如归的大无畏精神。

学生丙：海内存知己，天涯若比邻。表达了对友谊的珍视。

学生丁：谁言寸草心，报得三春晖。表达了对母亲的热爱和感激之情。

……

诗词名句是学生们非常熟悉、喜欢的内容，以诗词为切入点，学生们很容易参与其中，侃侃而谈。在对诗词名句的感悟中，学生们加深了对丰富情感的理解。

（二）教学过程中的学生主体性

教学是教与学的有机统一，教师是主导，学生是主体。在课堂教学中，我们可以通过改进教学方法，让学生动起来，以调动和发挥学生学习的积极性。结合教学需要，我们通常会设计多样的课堂活动，如辩论赛、课本剧、访谈等。教师应鼓励学生积极参与课堂活动，多动脑思考，大胆发言。课堂活动的设计应具备以下功能：1. 有利于学生集中注意力，激发学习兴趣；2. 启发思维，发展智力；3. 及时反馈评价，调动教学经验；4. 提高参与能力，发展学生探究、学习的能力。

活动三：学生讲述自己的故事——“我心中的好老师”。

问题：你对老师的情感有哪些变化？这些变化对你有什么影响？

学生积极讨论，合作探究，得出结论。情感反映我们对人对事的态度、观念，影响我们的判断和选择，驱使我们做出行动。

学生在探究过程中，自然而然地感受到了情感对我们的积极作用。与教师的单纯说教相比，学生自发得出的结论更有助于他们获得新知。

活动四：欣赏视频《时间都去哪儿了》。

问题：在视频中，我对妈妈的情感发生了怎样的变化？为什么会发生这样的变化？

学生甲：童年时非常依恋妈妈。

学生乙：青春期开始讨厌妈妈的管教和唠叨，渴望逃离。

学生丙：长大后开始体会到妈妈的良苦用心。

学生丁：有了孩子后，更加理解妈妈，想要回报妈妈。

……

母亲是我们生命中重要的亲人，视频材料通过一生的情节发展，让学生们产生共鸣，很多学生都看哭了。学生在这样的情境中，就会有非常多的话可以表达，参与度很高。同时，学生也感受到了情感会伴随生活经历不断积累、发展。在生活经验的不断扩展中，我们的情感才可能更加丰富、深刻，我们的情怀才可能更加宽广、博大。

（三）学生活动促提升

在课堂最后，本课设计了“收获大家谈”活动，由于整堂课一直是学生活动在推动，教师只起到了恰当的引导作用，所以学生的感悟也非常丰富和深刻。

学生甲：通过这节课的学习，我更爱我的妈妈了，我会用以后的时光来陪伴她、回报她。

学生乙：生活中有无数人为我们无私奉献，向他们致敬！

学生丙：我爱我的祖国，我会为她的繁荣美丽贡献力量！

……

本课让学生认识到情感的丰富多彩，教师要利用好情感的作用，培养学生正面的情感体验，克服负面影响。让丰富的情感世界使我们的学习、生活更加美好。

在教学中发挥学生主体作用，调动学生的自主性和创造性，能够激发学生学习的内在动力、动机、求知欲和自信心。著名教育家陶行知先生说："先生的责任不在教，而在教学生学。"教学过程中充分发挥学生的主体作用，是新课改的必然要求，也是每位思政课教师必须具备的基本素养。我们只有尊重、信任学生，充分调动学生学习的主动性和积极性，为学生提供发展的空间，才能激发学生的潜能，促进学生健康全面地发展。

（常明凤）

精心设计课堂活动，让道德与法治课"活"起来

——以"男生女生"为例

在新课程改革背景下，生活化教学的理念融入了各个学科的实际教学中，初中思政课也应当实现教学生活化，加强课堂活动教学。"让学生从做中学习，在活动中发展"，已成

为思政教学改革的一大热点。在课堂中突出学生主体地位，积极引导学生大胆参与课堂活动，让学生在活动中学会认知，学会思考，学会学习。下面以“男生女生”（部编版教材《道德与法治》七年级下册第一单元第二课第一框，以下简称“本课”）为例，对此加以探讨。

一、丰富的课堂活动贯穿整个教学过程

课堂活动是为课堂开展服务的，有其目的性。我们设计活动的初衷应是借助活动手段，达到教学设计的目的，根据教学目标和重难点的需要，设计相应有效的学生活动。

（一）引起学生的学习兴趣，导入新课

兴趣是最好的老师，学生只有对所学内容感兴趣，才会集中注意力，投入其中，从而展开探究与思考。在每堂课开始之初，教师都会设计导入环节，部分教师会在这个环节设置学生活动，从而顺利展开新课。活动的内容大都与所授内容相关，在整个课堂设计中起导向作用。教师设计导入型学生活动时应充分预设学生活动的效果，并及时引导学生产生与新课的连接。

本课教学内容为“男生女生”，在建设和谐校园的主题内容中具有非常重要的地位，同时承接了上一课关于男女青春期生理和心理变化的部分内容，也为下一节课学习做铺垫。在导入环节，教师设计课堂活动：欣赏一首小诗——《男孩女孩》。

男孩是本巨著，记着一生的英勇潇洒；

女孩是首小诗，载着无比的温文尔雅。

男孩像块坚石，大风大浪掠过，石块儿依存；

女孩像颗星星，无际黑暗难掩星光点点。

男孩爱穿一身牛仔外出兜风，女孩爱撑一把花伞雨中散步。

男孩把试卷丢一边大喊轻松快乐，女孩小心翼翼把错题订正。

男孩爱骑快车满街穿梭显威风，女孩爱叽叽喳喳走马观花看闹市。

如今的男孩女孩呀……各撑半边天。

学生们自由诵读这首与他们生活很贴近的小诗，气氛轻松愉快。大家在诗句中很容易地感受到了男孩与女孩的不同，此时教师适时引导思索：男孩与女孩一样吗？我们该怎么对待呢？自然地过渡到了本课的学习。

（二）探究性学习活动，加深理解，活跃气氛

在学习本课第一目“他和她”时，教师设计课堂活动“忆一忆”。请大家回忆自己小时候喜欢的玩具或者游戏。引导学生思考：男生与女生在喜欢的玩具、图书和游戏方面有哪些不同？回忆童年是多么快乐的事情，学生们积极踊跃发言，女孩子谈到芭比娃娃、拼图、毽子，男孩子说起乐高、机甲、玩具枪支和汽车……课堂气氛非常热烈。大家在畅谈中发现：男孩与女孩喜欢的东西有共性，但差异也很明显。于是教师及时点拨：男生与女生有很大的差异，既表现在生理上，也表现在性格特征、兴趣爱好、思维方式等方面。

这一类学生活动的目的是加深对教材知识的理解。在教学过程中，通过学生活动给学生更多的参与机会和表达空间，让他们积极发表自己的看法。必要的时候教师进行点拨或纠偏，让学生明确探索方向，更好地解决问题。

（三）拓展提升型活动，开启深度学习

本课的教学目的是提高学生的性别认识能力，以正确的态度对待性别差异，从而不断完善自我，让自己变得更加优秀。为此，教师设计了一个男女生互动活动"我来夸夸你"。请大家在小组交流后，自由选择一位本班的异性同学来夸一夸，并说出理由。活动中，同学们表现得很慎重，并没有因为是夸赞别人而信口开河。大家很认真地点名了一位异性同学，并说出了对方的闪光点，其中：有大家熟悉的，也有大家并不了解的；有大家看得到的优点，也有不为大多数人所知的长处。这个活动让学生们更加了解了身边的异性同学，并深刻感悟到：与异性交往对我们的成长有这么多的好处和意义！

教师总结：青春期的男生女生是阳光下最美的花朵，学会与异性相处，取长补短，优势互补，我们才能相互帮助，相互学习，共同进步。本节课在完成活动的推动过程中达成了教学目标，完成了学科育人的任务。

二、设计课堂活动的几点思考

（一）选择恰当的活动形式

思政课的活动形式繁多，可以是语言表达类活动，如课堂辩论赛、讲故事、分角色朗读、分享读书（文）心得体会等，也可以是表演展示类活动，如迷你小剧场、"跟我学一学"、小游戏等，还可以是探究思考型活动，如"猜一猜"、制作画报插图、小组讨论等。教师需根据课堂需要选择恰当的活动形式，选择标准可以是以下几点：

第一，实用性。选择课堂活动的首要标准是实用性，实际操作中有的老师纯粹为了吸引学生眼球或者引起其他听课人的注意而特意选择花样繁多的活动，开展起来热热闹闹、轰轰烈烈，但活动过后却收效甚微，学生对于活动的目的茫然不知，与整节课要呈现的知识内容或学习目标联系不大，这样的课堂活动并没有存在的必要，属于无效活动。

第二，便于操作性。选择学生活动必须符合学生的年龄、认知等实际情况，便于课堂实际操作。课堂活动一般选择简单、易操作、便于即时完成的活动，那些耗时较久、很难即时得出结论的活动并不适合选入课堂。

第三，趣味性。课堂活动要生动有趣，才能达到更好的教学效果。教师在设计课堂活动时，应选择学生感兴趣的方式和内容，这样才能更好地发挥学生的积极性和主动性，使学生更好地关注课堂，高效完成课堂任务。本课课堂活动“我来夸夸你”，既贴近学生生活，又是他们平时不善于说出口的，所以大家在活动中兴致满满，参与度也很高。

选择课堂活动还应遵循探究性、开放性、实践性等原则，只有恰当选择适合教学内容的活动，才能更好地发挥活动教学的积极作用。

（二）开展有效的课堂活动

选择好恰当的活动方式，下一步就是在教学中顺利开展了，这是决定课堂活动是否有效的关键一步。进行课堂活动需要关注以下几个方面：

第一，学生的参与度要高。课堂活动的设计目的是达成教学目标，让学生真正走进课堂、走进教材，从中受到启迪，得到教益，有所收获。这就要求每一位学生都必须参与其中，只有部分学生关注的课堂活动不能算是成功的。在实际教学中，教师应根据学生情况，在设计课堂活动时设置不同层次的要求。

第二，活动时长要适当。课堂时间是有限的，要让学生在有限的时间内完成既定的学习任务，那么教师在设计活动时就必须考虑时长。教学中有的老师忽略了这一点，导致活动占用时间太久，无法完成授课任务，要么草草收场，要么拖延下课，这都是要不得的。

第三，活动设计符合教学要求。在设计课堂活动时，要充分考虑活动设置的目的，课堂活动要达到设计效果，那些单纯为了好看或者好玩而设计的活动即无效的课堂活动，既浪费时间，又影响教学进度。

初中道德与法治课是推行德育教育、推进学生整体素质提高的重要手段。开展丰富有效的课堂活动不仅能充分调动学生的积极性和主动性，使课堂充满活力，而且能提高学生的思维能力，实现立德树人的教育目的。

（常明凤）

以人物为线索，串联课堂教学

——以“新民主主义革命的崛起”一课为例

在历史漫长的发展演进过程中，人始终是推动其前行的主角，但传统的课堂教学往往用背景、过程、结果等流程来贯

穿始终，使鲜活生动、有血有肉的历史在课堂中变成了罗列知识点、抽象记忆的骨感课堂，更增加了学生学习的难度，也降低了学生学习历史的兴趣。基于传统课堂的现状，可以适当运用以人物为线索、串联课堂教学的教学法。

在历史教学中突出历史人物能让学生感受到历史的生动性。以人物为线索，把零碎的史实有效整合，能让学生认识到完整的历史。下面以“新民主主义革命的崛起”一课为例，探讨以人物为线索，串联课堂教学。

【教学思路】

思路依据之一：课程标准指出，“在人类历史发展中，涌现出一大批重要历史人物。他们以其各自的个性和活动，从不同侧面有力影响了人类的发展进程。”

思路依据之二：从学生学习的趣味性考虑，历史人物是历史进程的亲历者，以他/她为线索，选择典型材料，将历史人物的亲身经历与教学目标适当结合设计问题，启迪学生智慧，使学生感受体悟历史的鲜活生动。以史为鉴，帮助学生认识历史人物、反思自己、做好自己。

思路依据之三：从历史考试命题分析，时间、地点、历史人物、历史事件等是考试考查的重要内容。

思路依据之四：有效整合教材内容，灵活变换教学方法，对学生的课堂学习具有新颖、独特的效果。

因此，我在设计“新民主主义革命的崛起”一课时做了这样的处理：将本课分为五四风雷、中国共产党诞生、国共合作与北伐战争三个子目。陈独秀都是亲历者，更是主要参与者、领导者，以他作为线索，选择典型的史料，串联本课，可以增加课堂的亲切感、生动性、故事性，符合学生的认知水平。

【课堂导入】

用 PPT 播放近代以来中国人民反抗外来侵略、反对封建势力的斗争经历。播完之后，展示两幅图片——洪秀全、孙中山。提出问题：他们分别领导了什么革命或运动？结果怎样？

设计意图：通过复习学过的知识，让学生明确历史过程的连贯性，知道农民阶级没有担负起反侵略、反封建的革命任务，没有改变中国半殖民地半封建社会的性质，资产阶级也没有完成反帝反封建的革命任务，那么，中国人民的命运将何去何从？从而导入本课。这样设计可以使学生前后联系历史，把握学习历史的整体性。

【过程设计】

PPT 展示材料：

中国近代历史中，陈独秀作为一个无法绕过的历史文化符号，其思想和阅历，能够大致上反映新民主主义革命崛起过程中曲折复杂与艰难困苦的状况。

——任建树《从秀才到总书记》

设计意图：通过史料，引入陈独秀与新民主主义革命的崛起过程（五四风雷、中国共产党诞生、国共合作与北伐战争）之间的紧密联系，为本课课堂整体环节的设计做好铺垫。

PPT 展示材料：

一、感触陈独秀（陈独秀年谱）

1879 年，生于安徽，幼年丧父，随祖父习四书五经。

17 岁（1896 年），中秀才第一名。

36 岁（1915 年），在上海创办《青年杂志》，发动新文化运动。

40岁（1919年），领导五四运动，被誉为“五四运动总司令”。

42岁（1921年），1921年7月在中共一大上，被选为中央局书记。

48岁（1927年），犯了右倾错误，大革命失败。

50岁（1929年），被开除党籍。

63岁（1942年），在贫病交加中逝世。

设计意图：选取陈独秀一生中重要的事迹，尤其是与本课联系密切的重大事件，让学生既有对人物认识的整体感，又能逐渐认识到陈独秀与本课三个子目的关联性。

PPT展示材料：

二、风云陈独秀（1919—1927年）

1. 北方吹来五月风——陈独秀与五四运动（1919年）

2. 披荆斩棘缔造党——陈独秀与中国共产党诞生（1921年）

3. 巨人握手促合作——陈独秀与国民革命（1924—1927年）

设计意图：让学生整体感知陈独秀作为本课中心人物，贯穿本课三个子目，更加明确本课的基本框架。

PPT展示材料：

1. 北方吹来五月风——陈独秀与五四运动（1919年）

陈独秀这个人他是有功劳的，他是五四运动时期的总司令，整个运动实际上是他领导的，他与周围的一群人是起了大作用的。

——《毛泽东选集》

① 百度搜寻：1919年的陈独秀身处的是怎样的一个时

代？（背景）

② 图说历史：1919 年的陈独秀领导了怎样的一场伟大运动？（过程）

③ 史料分析：陈独秀领导的这场运动给我们留下了怎样的精神财富？（意义）

依据材料，概括五四精神。

材料一 1919 年 6 月 28 日，为阻止中国代表出席签字仪式，中国的留法学生和华侨一起包围了中国代表的住处。并组织敢死队，扬言，不论哪一个代表，敢迈出住处一步，当扑杀之，并商定了预备偿命的人的名单。

——《近代外交史》

材料二 我们物质生活上需要科学，自不待言，就是精神生活离开科学也很危险。

——陈独秀

材料三 民与君不两立，自由与专制不并存，是故君主生则国民亡，专制活则自由亡。

——李大钊

材料四 解放就是压制的反面，也就是自由的别名。自己从种种束缚的、不正当的思想习惯迷信中解放出来，不受束缚，不甘压制，要求客观的解放，自动的解放，正是解放的第一要义。

——《陈独秀文集》

设计意图：精选典型史料，让学生明确陈独秀与五四运动的关系；以问题为导向，设计渐进性问题，指导学生读懂材料，培养他们从材料中准确提取有效信息的能力和论从史出的素养，理解五四运动的背景、过程和意义。

PPT 展示材料：

2. 披荆斩棘缔造党——陈独秀与中国共产党诞生（1921年）

关于陈独秀这个人，今天可以讲一讲。他是有过功劳的，……披荆斩棘，做了启蒙运动的工作，创造党。

——《毛泽东选集》

"北李"送"南陈"　相约建党

1920 年 2 月旧历新年前夕，北洋政府准备再次逮捕陈独秀，李大钊挺身而出，扮作人力车夫护送陈独秀秘密离京，经天津潜回上海。途中即"商议建党"。陈独秀离京返沪，放弃优厚待遇，舍身建党，如"鱼入大海，鸟上蓝天"。

——《中国共产党的七十年》

PPT 播放中国共产党第一次全国代表大会的相关视频，设计问题：

中国共产党成立后，中国革命的面貌焕然一新。"新"主要体现在（　　）。

① 以马克思主义为指导思想

② 以武装斗争为主要手段

③ 以无产阶级为革命领导

④ 革命任务发生根本变化

A. ①②　　B. ②③　　C. ①③　　D. ②④

设计意图：精选典型史料，让学生明确陈独秀与中国共产党诞生的关系；通过播放视频，让学生从中提取信息、解决问题，培养学生归纳概括有效信息的能力。

PPT 展示材料：

3. 巨人握手促合作——陈独秀与国民革命（1924—1927年）

陈独秀是促成国共统一的首要人物。为统一全党认识，发表了多篇文章，在他的努力下，最终推动了第一次国共合作的建立。……他从思想上对国民党进行善意的批评，希望他们能依靠广大民众，组织真正的革命军。

——《二十世纪史纲》

① 陈独秀为促进合作做出了怎样的努力？（条件）

② 地图展示：陈独秀促成的这次合作的主要成果有哪些？（高潮——北伐）

③ 材料分析：国民革命运动失败的原因。

依据材料分析国民革命失败的原因。

材料一 1927年7月，上海，某报童：号外！号外！蒋介石、汪精卫发动政变，外国军队也纷纷出动，屠杀共产党员，国共合作破裂，国民革命运动失败啦！先生，买份报纸吧！

——《近代上海变迁记》

材料二 此后我们的人力务全用在民众方面，万勿参加政府领导工作。只是注意政治宣传的事，而不可干涉到军事行政上。

——1926年11月陈独秀《给鄂区的信》

材料三 大革命失败的主要责任实际上是共产国际。中国共产党是共产国际的一个支部，中共中央和陈独秀没有独立自主的权利。

——《大革命的失败与陈独秀的责任》

设计意图：精选典型史料，让学生明确陈独秀与国民革命的关系；以问题为导向，设计渐进性问题，指导学生读懂材料，培养他们从材料中准确提取有效信息的能力和论从史出的素养，理解国民革命运动的背景、过程和失败的原因。

PPT 展示材料：

三、回望陈独秀——千秋功过任评说

依据材料评价陈独秀：

“推倒一世豪杰，扩拓万古心胸”，1903 年，青年陈独秀所写的这 12 字座右铭，是他终身奋进的写照，他舍身为民，与时俱进的精神值得学习。

功绩：他是新文化运动的发起者，五四运动的总司令，马克思主义的积极传播者。他是中国共产党主要的创始人和第一代领导集体的核心。

陈独秀在大革命时期所犯的错误，源于时代、革命阶段、实践基础等一系列历史局限，是中国共产党人探索适合中国国情革命道路中不可缺少的一环。陈独秀所犯错误同样是探索过程中的错误。

问题提醒：评价历史人物标准——历史唯物主义（放在当时那个时代，不以今天为标准）和辩证唯物主义（一分为二看待）。

设计意图：让学生掌握对历史人物的评价方法，同时，对陈独秀有一个全面完整的认识，以此对学生进行情感态度价值观的教育。

PPT 展示材料：

本课小结：新民主主义革命的崛起（1919—1927 年）

一个开端：五四运动

一个政党：中国共产党

一次合作：第一次国共合作

一次高潮：北伐战争

一场教训：要掌握革命领导权和武装

设计意图：本课的教学设计是以陈独秀的经历贯穿整个过程，通过总结回归本课的教学目标，完成本课的教学任务。

【课后反思】

第一，精选课程。以人物为线索串联课堂教学，要结合课程内容和结构，主题集中、时间跨度大概与人物一生的时间比较吻合的课程较适合。

第二，精选人物。并非每一位历史人物均适合作为教学案例，要选择具有典型性和代表性的人物，同时要结合学生对所选取历史人物的熟悉程度。

第二，精选史料。要合理整合教材，将人物经历与教材知识点有效结合，这是课堂教学过程设计的关键。这就要求精选典型史料与教材知识点相结合。

总之，以人物为线索串联课堂教学，在帮助学生认识历史的鲜活性、生动性，总结历史经验教训，汲取历史智慧和提高品格修养方面有积极的促进作用，同时有利于历史教学目标的实现，因此，在教学改革中是值得借鉴和推广的一种教学方法。

（陈万迎）